前言

作为散户投资者，要想在股市投资中获取更丰厚的利润，就一定要找准买卖时机。理论上，如果投资者在主力入驻时紧随其后买入，在主力离场之前清仓出局，就能保证收益的最大化。那么，如何来判断一只股票有主力入驻和主力何时离场呢？

相对来说，比较准确的一种方法就是分析筹码分布图。

筹码分布也称为流通股票持仓成本分布，它反映了在不同价位上投资者的持仓数量。而筹码分布图就是清楚展示各个价位筹码分布情况的图形。只要投资者会看筹码分布图，掌握筹码分布的变化规律，就可以分析出主力的持仓成本，还能很好地洞悉主力的坐庄过程。这对散户制定投资策略来说，具有非常重要的指导意义。

也正是因为筹码分布图相对其他炒股技术来说，准确性更高，因此越来越受到技术派投资者推崇。为了让更多散户投资者了解这门投资技术，读懂筹码、看清行情，并在实战中用好筹码分布图以指导操盘策略，从而在股票投资活动中赚取更多收益，笔者编著了本书。

全书共六章，可大致划分为三部分。

◆ 第一部分为第 1～2 章，主要针对筹码分布技术进行介绍，不仅包括筹码分布技术的入门必备基础知识，也包括筹码分布技术的实战应用。通过对这部分内容的学习，可以让读者更加详细地了解筹码分布技术。

◆ 第二部分为第 3～5 章，主要介绍筹码分布技术与其他技术的结合使用，具体包括筹码分布技术与 K 线、整理形态、常见技术指标的结合应用。通过对这部分内容的学习，可以让读者更精准地寻找买卖时机。

◆ 第三部分为第 6 章，主要介绍如何通过筹码分布图来追踪主力，具体内容包括了解主力、监测主力成本以及主力在建仓、洗盘、拉升和出货各阶段的筹码分布变化。通过对这部分内容的学习，可以帮助读者更好地识庄跟庄，达到与庄家同步，赚取更多收益。

为了兼顾没有炒股技术基础的投资者，笔者在讲解过程中，基于真实的行情走势，列举了丰富的实例，通过细致、深入讲解，让读者在实际的炒股环境中学习并掌握筹码分布技术的相关应用。

最后，希望所有读者通过对书中知识的学习，提升自己的炒股技能，并在实战中运用相关技术正确指导实盘操作，收获更多的投资收益。任何投资都有风险，也希望广大投资者在入市和操作过程中谨慎从事，规避风险。

编　者

2021 年 12 月

第1章　追根溯源：筹码分布技术快速入门

在股市投资中，通过对筹码进行分析，可以更加清楚股市变化的内在规律，帮助投资者提高获益的概率。那么，股市中的"筹码"到底指什么呢？它是如何表现的呢？

1.1 筹码分布技术概述 2
1.1.1 认识筹码分布和筹码分布图 2
1.1.2 认清筹码分布图的本质 5
实例分析 模拟筹码转换过程 6

1.2 筹码分布图的重要看点 7
1.2.1 看懂不同的分布图 8
1.2.2 看懂筹码的集散度 11

1.3 筹码分布图的五大指导意义 12
1.3.1 分辨主力的持仓成本 13
实例分析 利用筹码分布图分析深中华A（000017）中主力的持仓成本 13
1.3.2 判断股价的支撑和压力大小 15

分布技术实战操盘详解

|实例分析| 利用筹码分布图分析深圳能源（000027）股价回落的支撑..........16
|实例分析| 利用筹码分布图分析农产品（000061）股价反弹的压力..........18
1.3.3 研判行情的真正顶部和底部..........19
　　|实例分析| 利用筹码分布图分析沃华医药（002107）股价的真正顶部..........20
1.3.4 把握主力进出场的信号..........22
1.3.5 理解主力操盘过程..........24

第2章　掌握形态：筹码分布实战技法攻略

　　筹码分布技术的实质应用就是观察筹码分布图的形态，因此，要想更好地使用筹码分布图来分析个股的走势变化，提高买卖点的研判准确性和可靠性，就有必要对筹码分布的形态进行掌握。

2.1 筹码分布图的4种基本形态..........26
2.1.1 形态1：筹码高位密集..........26
　　|实例分析| 吉艾科技（300309）筹码高位密集分析..........26
2.1.2 形态2：筹码低位密集..........28
　　|实例分析| 川能动力（000155）筹码低位密集分析..........28
2.1.3 形态3：筹码低位锁定..........30
　　|实例分析| 南京公用（000421）筹码低位锁定分析..........31
2.1.4 形态4：双峰形态的筹码分布..........32
　　|实例分析| 江铃汽车（000550）上涨双峰操盘分析..........33
　　|实例分析| 法尔胜（000890）下跌双峰操盘分析..........35

2.2 筹码分布形态的4个技法应用..........37
2.2.1 技法1：上峰不移，跌势不止..........37
　　|实例分析| 中百集团（000759）下跌到历史支撑位时上峰不移分析..........38

目　录

　　　　实例分析　益佰制药（600594）下跌过程中的多个上峰不移分析............40

　　　　实例分析　三木集团（000632）上峰筹码转移时机分析........................42

　　　　实例分析　韶钢松山（000717）上峰筹码消失但未突破阻力位............45

　　2.2.2　技法 2：下峰锁定，升势未尽..46

　　　　实例分析　*ST 恒康（002219）下峰不移行情继续分析.......................47

　　2.2.3　技法 3：筹码密集，强弱有别..50

　　　　实例分析　科大讯飞（002230）股价向上突破高位筹码密集区买入分析...51

　　　　实例分析　民和股份（002234）股价向下跌破高位筹码密集区卖出分析...53

　　　　实例分析　聚力文化（002247）股价向下跌破低位筹码密集区卖出分析...56

　　　　实例分析　特发信息（000070）股价向上突破低位筹码密集区买入分析...58

　　2.2.4　技法 4：双峰填谷，高抛低吸..60

　　　　实例分析　宜华健康（000150）双峰填谷高抛低吸操作分析............61

2.3　筹码分布形态的 4 个实战要点...63

　　2.3.1　要点 1：低位密集峰的反复..63

　　　　实例分析　美锦能源（000723）跌破低位密集峰后快速拉升买入分析...64

　　2.3.2　要点 2：注意突破及突破后的回调..66

　　　　实例分析　星期六（002291）突破低位筹码密集区

　　　　　　　　　及回踩筹码密集区买入分析...67

　　2.3.3　要点 3：拉高过程中的多个密集峰..69

　　　　实例分析　顺丰控股（002352）拉高过程中多个密集峰持股待涨分析...70

　　2.3.4　要点 4：高位密集峰后的下跌发散..73

　　　　实例分析　垒知集团（002398）股价跌破高位密集峰后发散行情分析...74

第 3 章　抓买卖点：筹码分布与 K 线实战应用

　　利用 K 线及 K 线组合的变化可以快速研判股市行情变化，从而准确把握

III

个股买卖点。而筹码分布图是对市场平均成本的反映和分析，因此，二者的结合可以更加准确地抓住买卖时机，使投资收益最大化。

3.1 认识股市 K 线技术 78
3.1.1 剖析 K 线的结构形成 78
3.1.2 了解 K 线的类型划分 79
3.1.3 常见单根 K 线形态及其市场意义 81
3.1.4 常见 K 线组合形态及其市场意义 84
3.1.5 5 种经典的反转形态及其市场意义 88

3.2 经典底顶 K 线组合与筹码分布结合实战 97
3.2.1 经典底部 K 线组合与筹码分布实战 97
实例分析 中集集团（000039）阳包阴组合与筹码分布图结合分析买点 ... 98
实例分析 东方盛虹（000301）多方炮组合与筹码分布结合分析买点 100
3.2.2 经典顶部 K 线组合与筹码分布实战 103
实例分析 京粮控股（000505）平顶线组合与筹码分布图结合分析卖点 ... 103
实例分析 一汽解放（000800）阳孕阴和空方炮组合
与筹码分布结合分析卖点 105

3.3 常见反转 K 线形态与筹码分布结合实战 108
3.3.1 V 形底形态与筹码分布实战 108
实例分析 *ST 众泰（000980）V 形底形态与筹码分布结合分析买点 109
实例分析 ST 银河（000806）V 形底扩展形态与筹码分布结合分析买点 ... 112
3.3.2 倒 V 形顶形态与筹码分布实战 114
实例分析 东方能源（000958）倒 V 形顶扩展形态
与筹码分布结合分析卖点 116
3.3.3 双重底形态与筹码分布实战 118

实例分析 沃森生物（300142）双重底形态与筹码分布结合分析买点.....119

  3.3.4 双重顶形态与筹码分布实战....................................121

   实例分析 平潭发展（000592）双重顶形态与筹码分布结合分析卖点.....122

  3.3.5 头肩底形态与筹码分布实战....................................124

   实例分析 东方日升（300118）头肩底形态与筹码分布结合分析买点.....125

  3.3.6 头肩顶形态与筹码分布实战....................................128

   实例分析 亚光科技（300123）头肩顶形态与筹码分布结合分析卖点.....128

  3.3.7 圆弧底形态与筹码分布实战....................................131

   实例分析 长源电力（000966）圆弧底形态与筹码分布结合分析买点.....132

第 4 章　瞄准时机：筹码分布与整理形态结合

  股价的移动是由多空双方力量大小决定的，遵循"保持平衡→打破平衡→新的平衡→再打破平衡→再寻找新的平衡……"这样的规律。而整理行情通常就是保持平衡的那段走势。分析整理走势有助于投资者在股价打破平衡时及时把握买卖时机，获取更大收益。

4.1 经典持续整理形态及其市场意义....................................136

  4.1.1 三角形整理形态..136

  4.1.2 楔形整理形态..139

  4.1.3 旗形整理形态..141

  4.1.4 矩形整理形态..143

4.2 常见整理形态与筹码分布结合应用....................................144

  4.2.1 上升三角形整理形态与筹码分布结合..............................144

   实例分析 奥园美谷（000615）突破上升三角形

   与筹码分布图结合分析买入时机....................................145

4.2.2 下降三角形整理形态与筹码分布结合 147

实例分析 唐人神（002567）跌破下降三角形

与筹码分布图结合分析卖出时机 148

4.2.3 上升楔形整理形态与筹码分布结合 150

实例分析 宜华健康（000150）跌破上升楔形

与筹码分布图结合分析卖出时机 150

4.2.4 下降楔形整理形态与筹码分布结合 152

实例分析 常山北明（000158）突破下降楔形

与筹码分布图结合分析买入时机 153

4.2.5 旗形整理形态与筹码分布结合 155

实例分析 南玻A（000012）突破上升旗形

与筹码分布图结合分析买入时机 155

4.2.6 矩形整理形态与筹码分布结合 157

实例分析 中金岭南（000060）突破上升矩形

与筹码分布图结合分析买入时机 158

第5章 精准操盘：筹码分布与技术指标组合

技术指标分析是依据一定的数理统计方法，运用一些复杂的计算公式，来判断股价走势的量化分析方法。本章则挑选几个比较大众化的技术指标，讲解其如何与筹码分布进行结合，实现精准操盘。

5.1 MA指标与筹码分布形态组合分析 162

5.1.1 MA指标基础概述 162

5.1.2 股价偏离5日均线出现单日筹码峰 167

实例分析 冰山冷热（000530）上涨高位股价偏离5日均线

出现单日筹码峰卖出分析 167

5.1.3 均线多头排列后短线回落出现筹码单峰密集形态..................169

实例分析 英特集团（000411）下跌低位多头排列后短期回落

出现筹码峰买入分析..................170

5.2 MACD 指标与筹码分布形态组合分析..................173

5.2.1 MACD 指标基础概述..................173

5.2.2 MACD 底背离结合低位密集峰抄底..................178

实例分析 国际医学（000516）MACD 底背离后的低位密集峰

买入时机分析..................179

5.2.3 MACD 顶背离结合高位密集峰逃顶..................182

实例分析 深赛格（000058）MACD 顶背离后的高位密集峰卖出时机分析...183

第 6 章 追踪主力：透过筹码分布特点识庄

任何一只股票，只有主力操作，散户才有赚钱的机会。而主力的运作手段又是影响股价变化的关键因素，因此，追踪主力是散户股市投资中必须要掌握的一门投资技术。而筹码分布是主力成本变化的重要刻画，因此从筹码分布图上来追踪主力相对来说更加准确。

6.1 解密股市主力..................186

6.1.1 认识什么是主力..................186

6.1.2 了解主力操盘的 4 个阶段..................188

6.1.3 了解主力的坐庄路线与操盘特点..................188

6.2 监测主力筹码的 3 个关键点..................190

6.2.1 关键点 1：监测主力筹码的原理..................190

实例分析 湖北宜化（000422）监测主力筹码原理的分析..................191

6.2.2 关键点 2：运用横盘法监测主力筹码..................193

筹码 分布技术实战操盘详解

    实例分析 长安汽车（000625）横盘法监测主力筹码 193

  6.2.3 关键点3：运用下移法监测主力筹码 195

    实例分析 长春高新（000661）下移法监测主力筹码 195

6.3 解析主力建仓的筹码分布图 197

  6.3.1 低位温和吸筹建仓，筹码逐步集中 197

    实例分析 美锦能源（000723）低位温和吸筹建仓的筹码分布分析 198

  6.3.2 打压建仓，筹码快速聚集 201

    实例分析 达安基因（002030）打压建仓的筹码分布分析 202

6.4 解析主力洗盘的筹码分布图 206

  6.4.1 震荡洗盘，筹码逐步集中 207

    实例分析 北方华创（002371）宽幅震荡洗盘的筹码分布分析 207

  6.4.2 打压洗盘，部分低位筹码上移 209

    实例分析 亚厦股份（002375）打压洗盘的筹码分布分析 210

6.5 解析主力拉升的筹码分布图 213

  6.5.1 暴涨拉升，筹码跳跃上移 213

    实例分析 章源钨业（002378）暴涨拉升的筹码分布分析 214

  6.5.2 对倒拉升，筹码滚动上移 216

    实例分析 双象股份（002395）对倒拉升的筹码分布分析 217

6.6 解析主力出货的筹码分布图 220

  6.6.1 震荡出货，筹码缓慢上移 220

    实例分析 长江健康（002435）震荡出货的筹码分布分析 221

  6.6.2 边拉边出，筹码快速上移 223

    实例分析 垒知集团（002398）边拉升边出货的筹码分布分析 224

第 1 章
追根溯源：筹码分布技术快速入门

"筹码"一词在博彩业被使用，它其实是一种计算数目的用具。在日常生活中，筹码还代表一个人可以谈判的本钱。在股市投资中也有"筹码"这个词，而且通过对筹码进行分析，可以更加清楚股市变化的内在规律，帮助投资者提高获益的概率。那么，股市中的"筹码"到底指什么呢？它是如何表现的呢？带着疑问，我们走进本书的第一章。

○ 筹码分布技术概述
○ 筹码分布图的重要看点
○ 筹码分布图的五大指导意义

筹码分布技术实战操盘详解

1.1 筹码分布技术概述

筹码分布技术是炒股技术中非常重要的技术分析手段之一。对每只股票来说，在一定时期内，其流通盘一般都是固定的，因此，无论流通筹码在盘中如何分布，其最终累计量必然等于总流通盘。

因此，通过筹码分析可以很好地反映个股的成本分布。这也是为什么越来越多的股票投资者青睐这门技术。

> **理财贴士** 流通盘在什么情况下，其总量会发生改变
>
> 虽然说在一定时期内个股的流通盘是不变的，但是当公司有增发新股、配股或者限售股上市时，就会改变个股的流通股本，即个股的流通盘发生了改变。

1.1.1 认识筹码分布和筹码分布图

对于不熟悉这门技术的投资者来说，首先要区分清楚筹码分布与筹码分布图。

（1）筹码分布

一般情况下，普通人对筹码的理解就是一种可以兑换成资金的代替交易物。在股市投资中，投资交易就是在不同价位阶段，不同投资者之间的持股数量与资金的相互转换。因此，在股市的这场博弈中，持股数量就是每个投资者的筹码。

在不同的价位阶段都有不同的持股数量与资金进行交换。这些价格在不同时间点的分布数量就形成了股票在这一时间点的持仓成本大小。因此，"筹码分布"还有一个准确的学术名称——流通股票持仓成本分布。它反映了在不同价位上投资者的持仓数量。

追根溯源：筹码分布技术快速入门 第1章

（2）筹码分布图

筹码分布图就是筹码分布状况的图形化展示。筹码分布图便于投资者对一段行情中筹码分布的情况进行具体分析，从而帮助投资者了解当前主力的持仓成本，为制定买卖策略提供可靠的依据。

在炒股软件中的右下角单击"筹"按钮即可将右侧的盘口界面切换到筹码分布图界面，如图1-1所示。

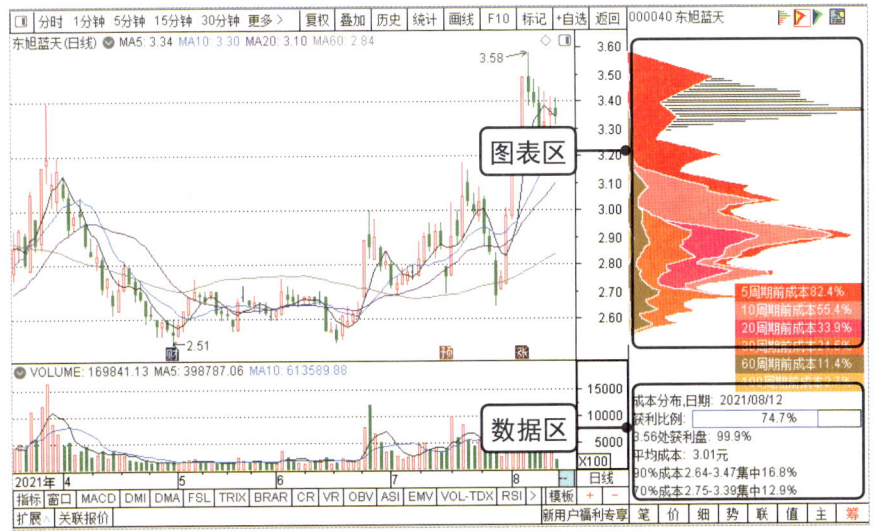

图1-1 炒股软件中的个股筹码分布图

从图中可以看到，筹码分布图包括两个部分，即上方的图表区（俗称"火焰山"）和下方的数据区。下面分别来认识这两个区域。

◆ 图表区

在通达信炒股软件中，默认情况下显示的是远期筹码分布图。在这个分布图中，不同颜色显示不同周期前的成本分布。具体如下：

①金黄色：100周期前的成本分布。

②暗黄色：60周期前的成本分布。

·3

③橙色：30周期前的成本分布。

④紫红色：20周期前的成本分布。

⑤粉红色：10周期前的成本分布。

⑥大红色：5周期前的成本分布。

在图表区中还可以看到一些黑色的柱线，这些柱线代表的是该股当日新产生的筹码分布情况，这种柱线在实际分析时用处很有限。

为炒股软件应用不同的配色方案，当日新产生的筹码分柱线显示的颜色不同。图1-2所示为炒股软件设置成红黑配色方案，其软件的背景色为黑色，此时柱线显示的是白色。

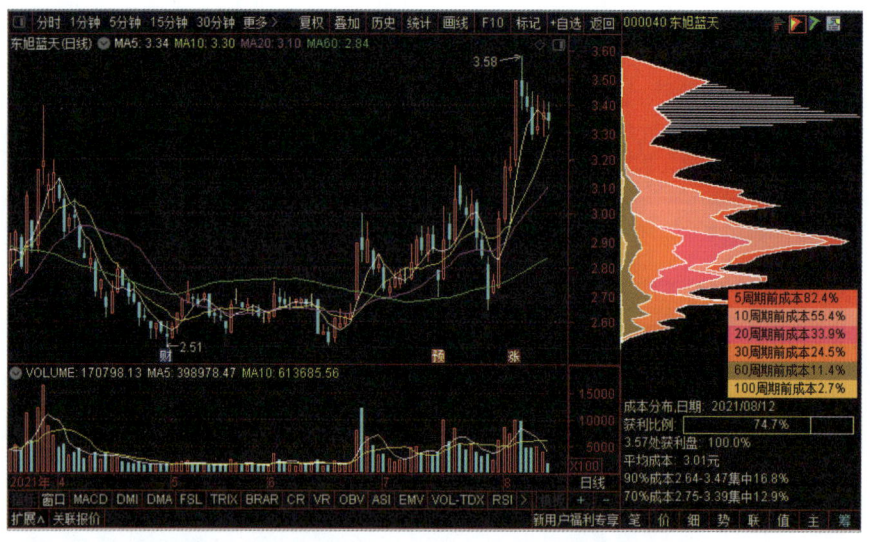

图1-2　炒股软件中的个股筹码分布图（红黑配色方案）

需要特别说明的是，这里的周期是指当前K线图的时间周期，默认显示的是日K线图。这里的100周期就是指100个交易日之前的成本分布，如果切换到小时K线图则表示是100个小时前的成本分布。其他项以此类推。

◆ 数据区

在筹码分布图的数据展示区中包含了多项数据，是筹码分析的重要内容。各项的意义如下：

①**成本分布日期**：用于显示当前鼠标光标停留的K线日期。

②**获利比例**：以当前价位（指鼠标光标停留处的K线价位）为基准，市场中获利盘的比例。获利比例越小，说明市场中处于亏损状态的投资者越多；反之，则说明市场中大多数投资者处于盈利状态。

③**获利盘**：以当前价位（指鼠标光标停留处的K线价位）卖出，可以获利的股票数量。这里的数据为百分比数据，表示该价位获利股票数量占该股票总流通股本的比例。

④**平均成本**：在当前价位（指鼠标光标停留处的K线价位）下，该股中筹码的平均买入成本。

⑤**90%（或70%）成本**：不同持股成本的投资者中，90%（或70%）的筹码所集中的价格区间，这代表了多数投资者的持股成本，可以作为后市操作的依据。

⑥**集中**：筹码在某个价格区间的密集程度，它可以反映投资者的持股成本究竟在哪些价位，是发现股票潜在支撑位和压力位的重要指标。

1.1.2 认清筹码分布图的本质

个股行情的走势变化从表面上看是股票的价格涨跌变化，但是其内在本质却是市场中的筹码数量的变化。

换而言之，一轮行情的上涨与下跌主要是筹码在不同价位进行不断转换造成的，股价的上涨与下跌只是行情的表象，而筹码数量的转换才是其本质。

为了更好地理解这一过程，我们来看一个案例。

实例分析

模拟筹码转换过程

假设某只股票的发行总量 30 000 股（实际股票发行量会远大于此数值），现有 A、B、C 共 3 位股东，他们购买股票的方案如下。

A 股东在 7.00 元时买入 5 000 股，在 8.00 元时买入 3 000 股。

B 股东在 8.00 元时买入 9 000 股，在 9.00 元时买入 4 000 股。

C 股东在 10.00 元买入 6 000 股，在 11 元时又买入 3 000 股。

将这 3 位股东买入股票时的价格和股票数量绘制到一个坐标系中，以纵坐标轴表示价格，每个圆形代表 1 000 股，可以得到图 1-3 所示的一个简单的筹码分布。

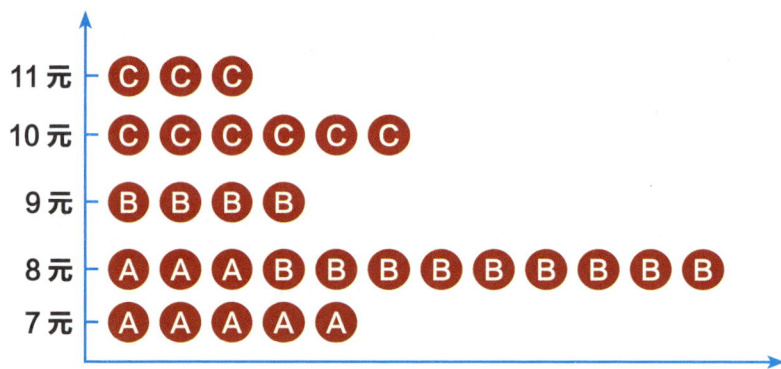

图 1-3　初始状态下 3 位股东的筹码分布情况示意图

从上图可以看到，该股在 8.00 元价位上的筹码最多，有 12 000 股，其次是 10.00 元价位上的 6 000 股，7.00 元价位上的 5 000 股，9.00 元价位上的 4 000 股以及 11.00 元价位上的 3 000 股，总的筹码数量为 30 000 股。

随着行情发展，股票交易不断进行，筹码也会在不同价位上进行转移。例如，B 投资者在 11.00 元时将 8.00 元的筹码全部卖出，被 D 投资者全部买进，8.00 元筹码会向 11.00 元转换 9 000 股，此时筹码分布示意图如图 1-4。

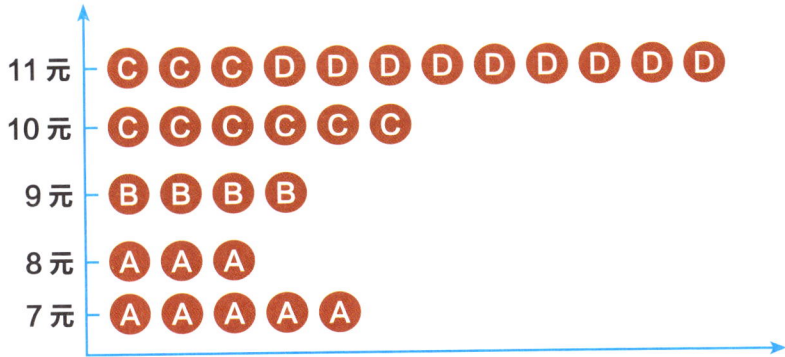

图 1-4 转换之后的股东筹码分布情况示意图

从图中可以看出，转换后大部分筹码集中到了 11.00 元，但总筹码数量仍然保持在 30 000 股不变。

这也解释了我们前面说的：在股票流通盘固定的情况下，无论其价格如何变换，以及如何在不同的投资者之间转移，在一定时期内，其筹码总数始终是不变的，等于该股票当前的所有流通股本。

这里我们是通过特殊的数据来理解筹码转换的过程，在实际的股票交易过程中，行情软件已经将各价位的筹码进行了统计计算，并以图形的形式显示出来。这就是筹码分布图的本质。

1.2 筹码分布图的重要看点

在前面介绍筹码分布图时，我们已经对筹码分布图的结构有了初步的认识，也对其中的一些图形和数据进行了认识。但是，要想真正学会使用筹码分布图，还要重点关注以下几点。

1.2.1 看懂不同的分布图

默认情况下，筹码分布图显示的是远期筹码分布情况，相关图形的意义我们在前面已经介绍过了。在炒股软件中，还提供了另外两种筹码分布图，一种是盈利筹码与亏损筹码分布图，另一种是近期筹码分布图。

（1）盈利筹码与亏损筹码分布图

在筹码分布图的图表区单击右上角的第一个按钮即可切换到盈利筹码与亏损筹码分布图界面，如图 1-5 所示。

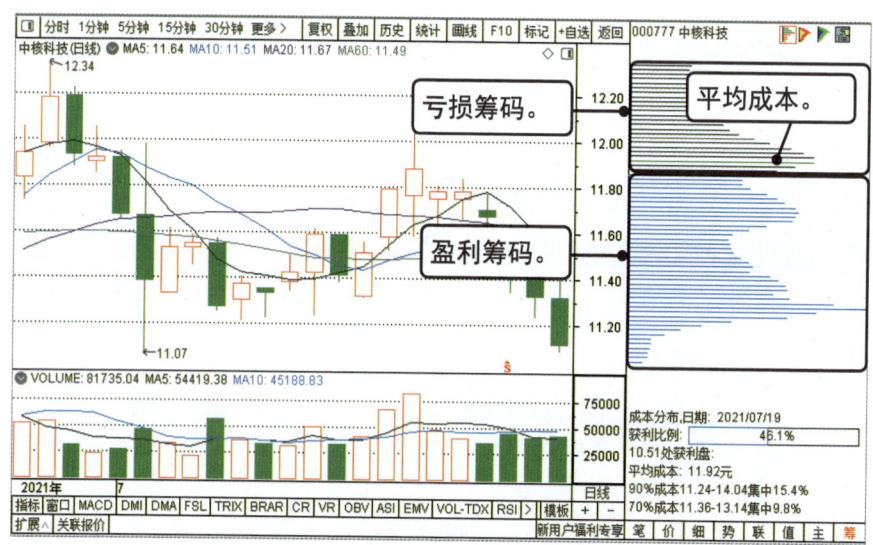

图 1-5　盈利筹码与亏损筹码分布图

在盈利筹码与亏损筹码分布图中，每一条线条的长度代表筹码（持仓成本）在这一价位的比例。随着鼠标光标移动到不同的 K 线上，线条的长短会发生变化，指示不同时候的持仓成本分布状况。

通过这一条一条的线条就构成了持仓成本的分布情况。在盈利筹码与亏损筹码分布图中，线条的颜色又分为黑色、蓝色和绿色，不同颜色的意义不同。具体介绍如下：

黑色线条：表示在鼠标指向的 K 线当前股价下处于亏损的筹码，即投资者买入价格高于当前指向 K 线当日的收盘价，也称为套牢盘。

蓝色线条：表示在鼠标指向的 K 线当前股价下处于盈利的筹码，即投资者买入价格低于当前指向 K 线当日的收盘价，也称为获利盘。

绿色线条：表示市场所有筹码的平均成本。

如果是黑色背景的炒股软件，分布图中的线条颜色是不同的，此时图中的白色线条代表亏损筹码，黄色线条表示盈利筹码，市场所有筹码的平均成本还是绿色线条，如图 1-6 所示。

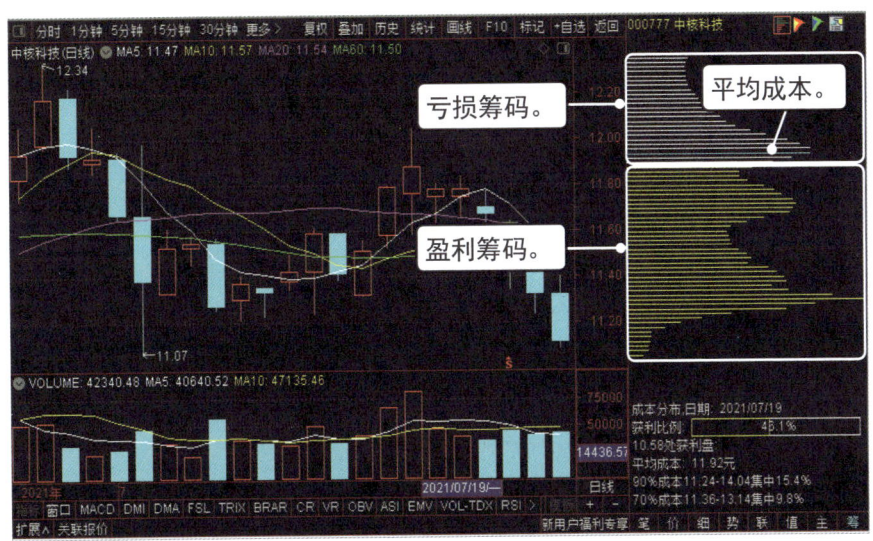

图 1-6　盈利筹码与亏损筹码分布图（黑色背景）

有些时候可能会听到黄白线图，就是指的黑色背景的炒股软件中的盈利筹码与亏损筹码分布图。

（2）近期筹码分布图

近期筹码分布图将显示近期持仓成本分布情况，在筹码分布图的图表区单击右上角的第 3 个按钮即可切换到该分布图界面，如图 1-7 所示。

筹码 分布技术实战操盘详解

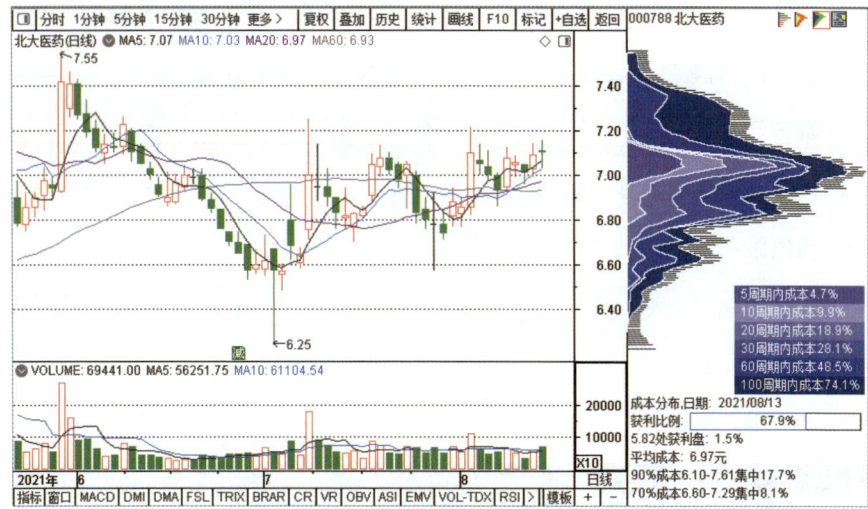

图 1-7　近期筹码分布图

　　从上图可以看到，近期筹码分布图和远期筹码分布图非常相似。近期筹码分布图是用不同颜色显示 5、10、20、30、60、100 周期内的成本分布，显示的色彩是由浅蓝到深蓝，时间越短、蓝色越浅，时间越长、蓝色越深。越近时间的筹码比例越高，表示近期买入这个股票的资金越多。

理财贴士　*设置筹码分布图*

　　在筹码分布图的图表区单击右上方的第 4 个图标将打开"成本分布设置"对话框，如图 1-8 所示。在其中可以对成本算法、成本线划分精度、近期和远期成本分布图显示的内容等参数进行设置，但建议一般不作更改。

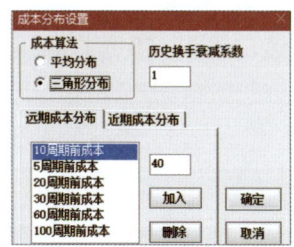

图 1-8　"成本分布设置"对话框

10.

1.2.2 看懂筹码的集散度

从前面的学习我们了解到，筹码分布图类似于条形图，每一条线段都代表一个成本，不同的线条堆积在一起会形成各种形态的图形。从集散度来看，筹码分布可分为密集形态和发散形态两种，具体意义如下。

（1）密集形态

当股票在某一狭窄价格区间上长时间停留，出现较大成交量时，筹码会集中到这一价格区域，对应的筹码分布图上会形成一个很高的山峰，其两侧基本没有筹码。这就是筹码分布的密集形态，这个山峰称为密集峰。

如图1-9所示，ST银河（000806）2020年7月至2021年2月，股价在1.50～1.80元价格区间长时间窄幅横向波动变化，使得大部分筹码被集中到这一价格区间，形成了明显的密集峰。

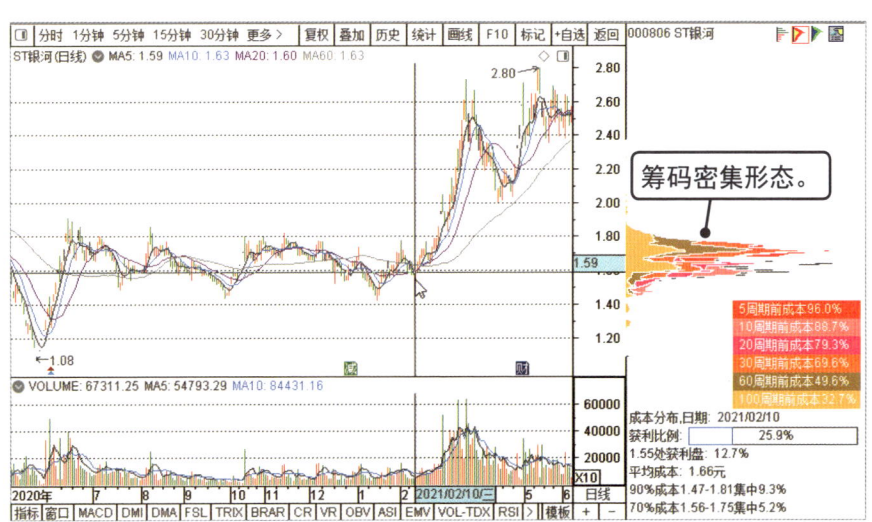

图1-9　筹码密集形态

（2）发散形态

与密集形态相反，当股价在一个较大的价格区间波动时，筹码就会比较平均地分布在区间价格上,从筹码分布图上来看,筹码分布范围很大,没有非常突出的高峰,这就是筹码分布的发散形态。

如图1-10所示,华茂股份(000850)2020年12月16日的筹码分布图就是典型的发散形态,筹码分布在3.40~4.80元的价格区间,没有特别突出的山峰。

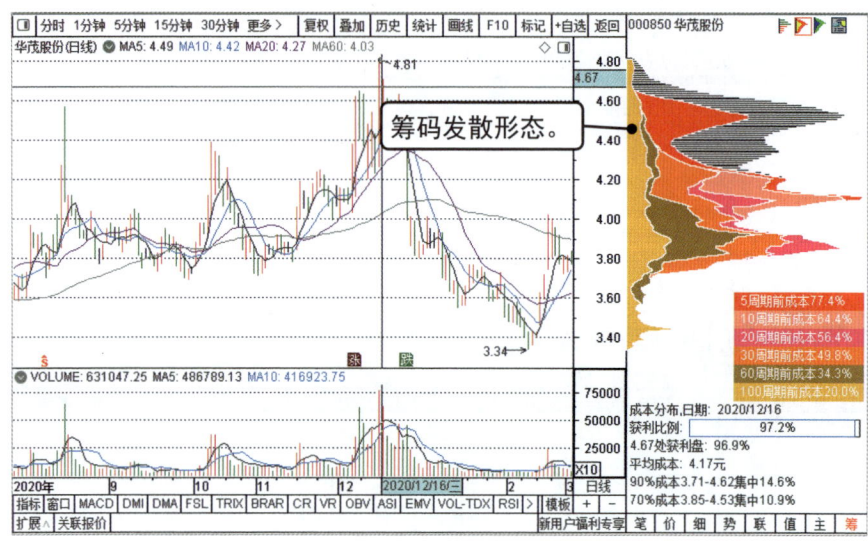

图1-10 筹码发散形态

1.3 筹码分布图的五大指导意义

我们学习筹码分布技术的主要目的是更加精确地研判股票的买卖点,减少投资者套牢或者是遭遇风险的损失,以期获得更好的投资回报。那么,分析筹码分布图对投资者来说到底有什么指导意义呢?总结起来有以下5点:

◆ 分辨主力的持仓成本;

- 判断股价的支撑和压力大小；
- 研判行情的真正顶部和底部；
- 把握主力进出场的信号；
- 理解主力操盘过程；

下面就分别来详细介绍这五大作用的具体内容。

1.3.1　分辨主力的持仓成本

因为筹码分布图刻画的就是不同价位的筹码分布，因此分辨主力持仓成本是筹码分布图最直接的作用。

通常情况下，主力会在股价经历一大波下跌行情之后，在一个相对低位进行长时间吸筹，而在股价走势上表现出来的就是横向整理。

股价在进行横向整理之前，筹码通常大多集中在高位，而在横向整理一段时间之后，高位筹码基本消失，特别是出现低位单峰筹码时，此时筹码的价位基本上就是主力的持仓成本。

如果投资者能准确判断主力的持仓成本，并在筹码尚未开始上移，或刚开始上移的初期及时跟进，则获利的可能性极大。

实例分析

利用筹码分布图分析深中华A（000017）中主力的持仓成本

如图1-11所示为深中华A在2019年8月至2021年4月的K线图。

从图中可以看到，该股在这期间经历了一波深幅下跌行情，在2020年6月左右跌势减缓，步入一波长时间的调整行情中。

观察2019年9月5日的筹码分布图，可以看到，此时大部分筹码都集中在5.00～5.50元的价位区间，在4.50元价位上只有少量的筹码，说明大部分筹码都被套在了5.00～5.50元这个价位区间。

筹码分布技术实战操盘详解

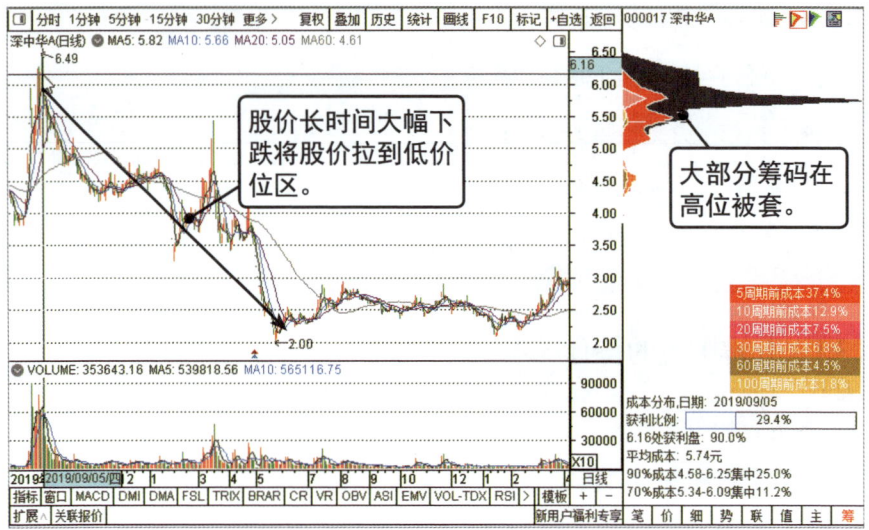

图 1-11 深中华A在2019年8月至2021年4月的K线图

如图1-12所示为深中华A在2020年5月至2021年8月的K线图。

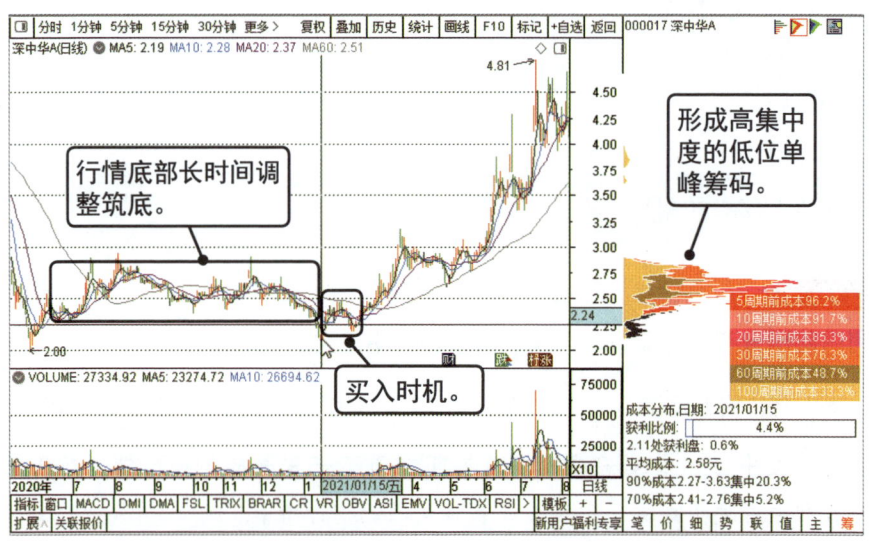

图 1-12 深中华A在2020年5月至2021年8月的K线图

从图中可以看到,该股在低价位区创出2.00元的最低价后经历了一波短暂的上涨行情,随后在3.00元价位线附近阶段性见顶后步入了长时间的

14.

调整阶段，这一阶段就是主力筑底的阶段。

观察2021年1月15日的筹码分布图可以发现，5.00～5.50元这个价位区间的筹码已经销售，此时大部分筹码集中在2.25～3.00元这个价位区间，进入主力手中，并形成了高度集中的单峰形态。这个筹码峰就是主力的持仓成本，一旦股价突破此筹码峰，就是股价上涨行情的开始，此时投资者也可以在此价位区间择机买进，持股待涨。

1.3.2 判断股价的支撑和压力大小

股价的走向与筹码的分布有着紧密的联系，通过筹码的分布状态可以得出股票在当前价位的支撑或压力的大小。

通常来说，在股价不断变化的过程中，筹码也会作相应的移动，当股价在某个较小的区域震荡的时间较长，或者在某个位置的成交量巨大，在该位置就容易形成筹码密集区。如图1-13所示，随着股价不断上涨，成交量急剧放大，在高位区域堆积的筹码越来越多并形成密集区。

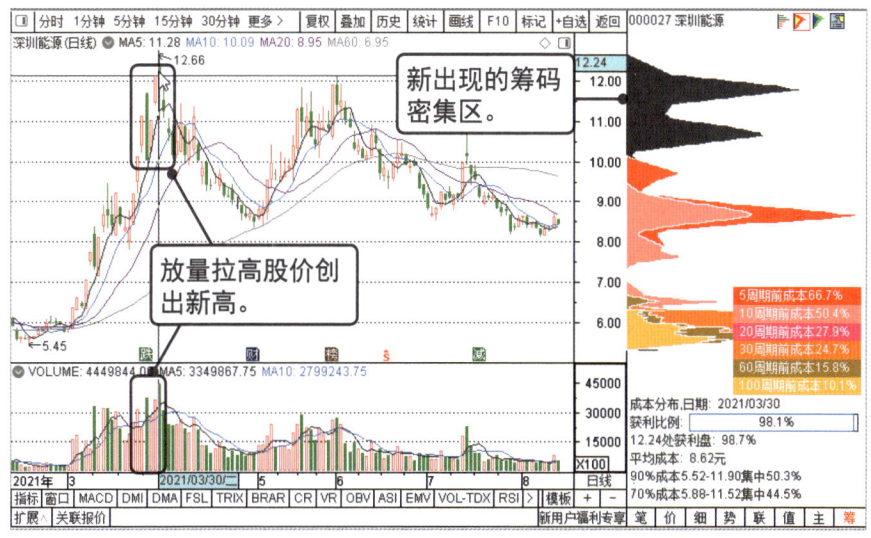

图1-13　放量拉升股价在高价位区形成筹码密集区

在某个位置形成的筹码密集区，当股价再次运行到这个价位遇到曾经的筹码密集区时就会产生支撑或压力作用。

（1）利用筹码密集区判断股价回落的支撑大小

在上涨行情中，当股价运行到阶段性的高位出现向下回落走势，在回落过程中，浮筹被主力全部吸收，筹码被高度集中到主力手中。当股价回落遇到之前形成的筹码密集区时，股价就会受到支撑而止跌，并延续上涨行情。

实例分析

利用筹码分布图分析深圳能源（000027）股价回落的支撑

如图 1-14 所示为深圳能源 2020 年 7 月至 2021 年 1 月的 K 线图。

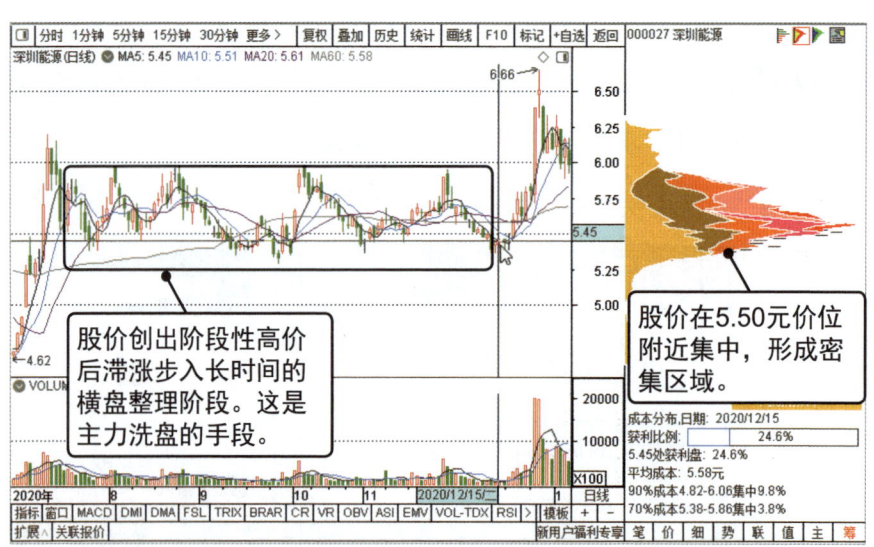

图 1-14　深圳能源 2020 年 7 月至 2021 年 1 月的 K 线图

从图中可以看到，该股经过一波小幅上涨后进到 6.00 元价位线，随后进入了一个横向整理阶段，股价始终受到 6.00 元价位线的压制，观察这一阶段的筹码分布图，可以看到经过长期横向整理，主力洗盘充分，在 5.50

元左右的价位形成了一个单峰密集区。

图 1-15 所示为深圳能源 2020 年 11 月至 2021 年 3 月的 K 线图。

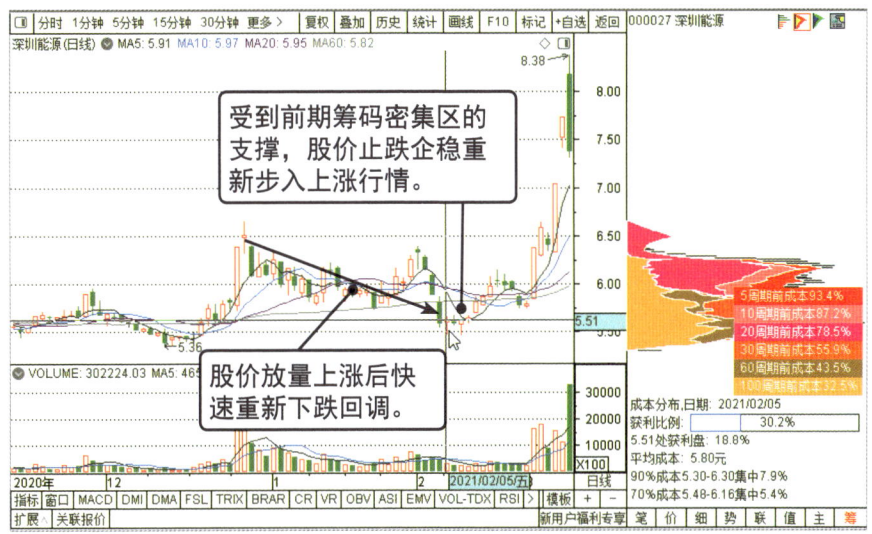

图 1-15　深圳能源 2020 年 11 月至 2021 年 3 月的 K 线图

从图中可以看到，该股在 2020 年 12 月中旬左右创出 5.36 元的阶段低价后止跌，随后股价放量拉升突破 6.00 元的价位线，短短上涨几个交易日后股价又步入一个下跌回调过程中。

当股价再次下跌到 5.50 元左右后遇到了前期形成的筹码密集区，由于在前期该股已经经过一段较长时间的整理，主力已经将大部分持仓成本控制到 5.50 元的价位附近，因此此时的筹码密集区将对此轮回调下跌起到强有力的支撑。只要投资者分辨出该筹码密集区对股价的支撑作用，就可以在股价回调跌至 5.50 元附近时择机买入。

事实上，该股最终也在 5.50 元价位线附近止跌，随后在一个月左右的时间，股价被快速拉高到 8.00 元以上，出现几乎翻倍上涨行情。

（2）利用筹码密集区判断股价反弹的压力大小

在下跌行情中，当股价运行到阶段性的底部出现向上反弹走势，当股价反弹遇到之前形成的筹码密集区时,筹码密集区会对股价的继续上涨产生压力作用。如果此时没有很好的量价配合,股价就可能因为受到压制而结束反弹,并重新步入下跌。

实例分析

利用筹码分布图分析农产品(000061)股价反弹的压力

如图1-16所示为农产品2020年2月至7月的K线图。

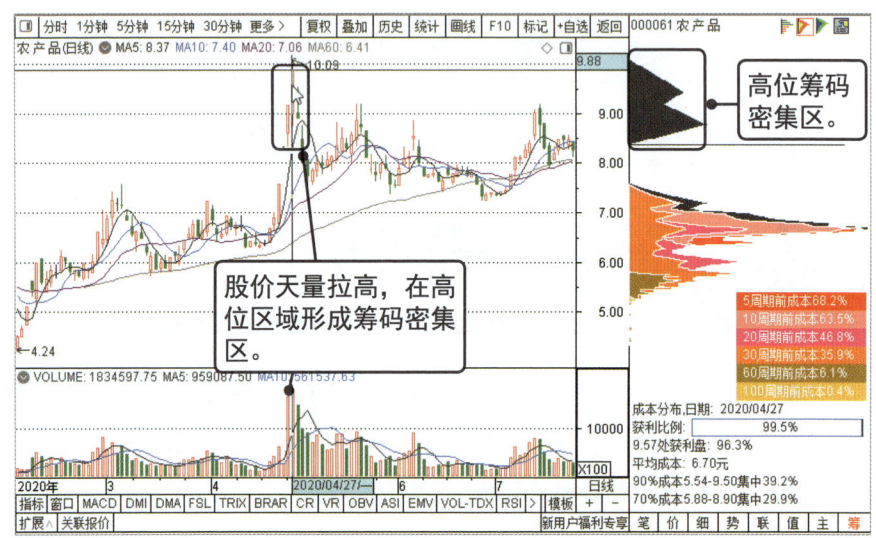

图1-16 农产品2020年2月至7月的K线图

从图中可以看到,该股经过大幅上涨后在2020年4月底运行到阶段性的高位,并在4月24日和4月27日连续两个交易日放出天量拉高股价,创出10.09元的最高价。此时筹码在8.50～10.00元的价位区间形成新的密集区域。

随后该股出现长达两个月的下跌调整,最终在6月底左右止跌反弹,此轮反弹是否能够延续上涨行情呢?我们从这一时间段的筹码分布图来进行分析。

如图1-17所示为农产品2020年5月至12月的K线图。

追根溯源：筹码分布技术快速入门 第1章

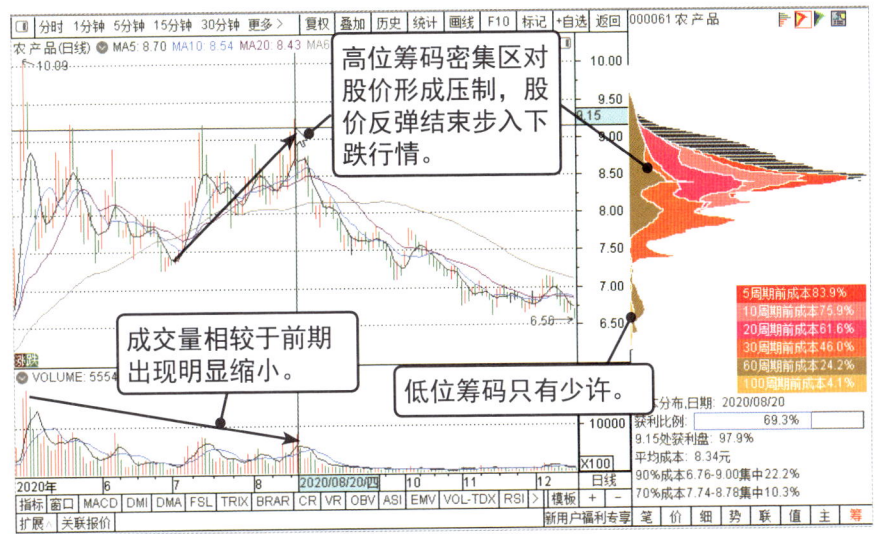

图1-17 农产品2020年5月至12月的K线图

从图中可以看到，该股反弹至8.50元的价位线后出现横向震荡行情，观察此时的筹码分布图可以看到，此时大部分筹码都向上移动了，下方低位筹码基本上都消失了，对应近期的成交量相较前期股价高位区域的成交量来说也出现明显的缩小，在无量配合的情况下，前期形成的筹码密集区将对股价上涨形成明显的压制。

最终股价在8.50元的价位线附近震荡一段时间后步入了快速下跌行情。如果投资者没有分辨出筹码密集区对股价形成的压制作用，盲目追涨，将面临重大的损失。

1.3.3 研判行情的真正顶部和底部

股价的运行过程都是波动前行的，每个波峰都可以看作是一段时间内的顶部，每个波谷也可以看作是特定时间段的底部，而从更大一级的行情来看，这些波峰或者波谷可能不是此轮行情真正的顶部或者底部。有很多投资者因为错误判断了顶部或底部，导致错失行情或者被套。

要判断股价更长远的顶部或底部,最大程度提高收益或降低被套风险,就需从筹码分布图入手。

因为经过长期震荡或者放大量形成的筹码分布密集区,无论是在牛市还是熊市中,都是很难被突破的,而股价的大顶或大底,往往就出现在这些位置附近。

实例分析

利用筹码分布图分析沃华医药（002107）股价的真正顶部

如图 1-18 所示为沃华医药 2019 年 6 月至 2020 年 4 月的 K 线图。

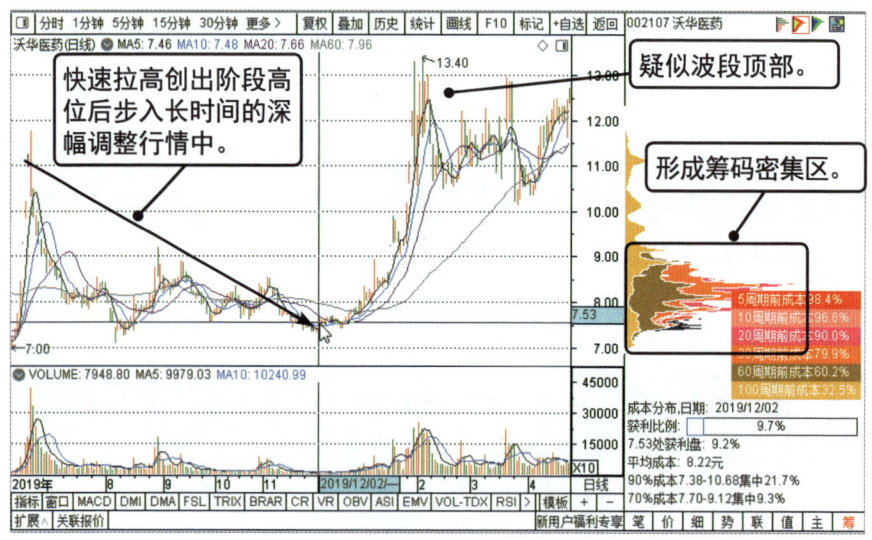

图 1-18　沃华医药 2019 年 6 月至 2020 年 4 月的 K 线图

从图中可以看到,该股在 2019 年 6 月底有过一波急速拉升行情,股价在触及 11.00 元的价位线后止涨回落,步入一波深幅调整行情中,整个调整幅度非常大,持续时间也很长,几乎将前期快速拉升全部跌完。

在 2019 年 12 月左右,股价有企稳的迹象。观察 2019 年 12 月 2 日的筹码分布图可以发现,此时在 11.00 元高位的筹码很少,大部分筹码在此轮回调中集中到 8.00 元左右,并在此价位附近形成筹码密集区域,说明此时该股大部分的成本在此价位附近。

在股价企稳后再次进入了拉升上涨的行情中。此轮上涨最终在2020年2月4日创出13.40元的阶段性高价后再次步入一个调整阶段,且股价始终受到12.00元价位线的压制,此时是否为行情的顶部呢?下面观察创出新高后的筹码分布图。

如图1-19所示为沃华医药2020年2月5日的筹码分布图。

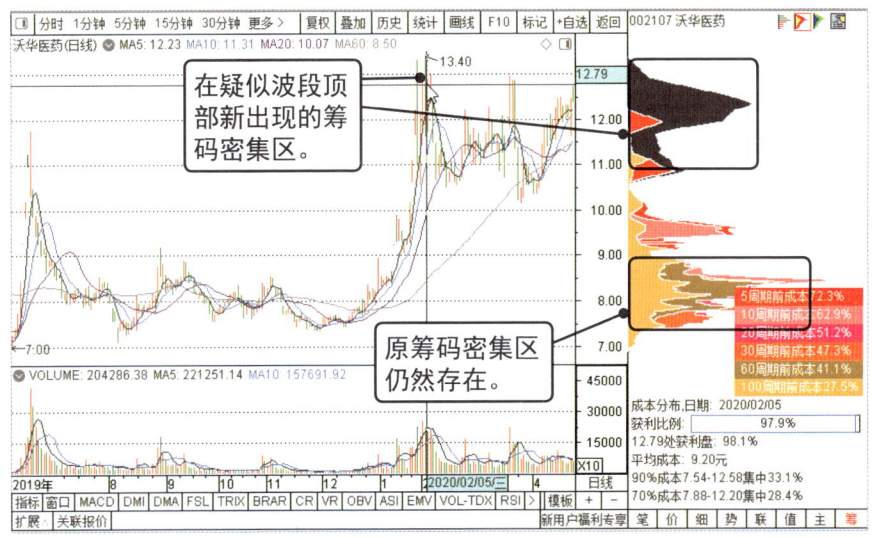

图1-19　沃华医药2020年2月5日的筹码分布图

从图中可以看到,该股在创出13.40元的最高价后,在11.00～13.00元这个价位区间新增了许多的筹码,并形成新的密集区域。

但是观察此时下方筹码,8.00元的筹码密集峰仍然存在,而且很明显,说明此时下方的主力成本暂时还没有打算抛售的意图,因此后面会继续看好。此时的13.40元只是阶段性的顶部,并不是行情真正的顶部,因此投资者可以继续持股。

如图1-20所示为沃华医药2019年12月至2020年12月的K线图。

从图中可以看到,随后该股在10.00元价位线上方止跌后继续上涨,短短一个多月的时间股价拉高创出15.20元的新高。

观察此时的筹码分布图可以发现，筹码已经集中到 11.00 ~ 15.00 元这个高位区域，且下方 8.00 元的筹码基本上都兑现了，说明前期主力已经在最后一轮的上涨过程中逐步将手中筹码转换到了高位接盘的散户手中，预示着行情的顶部已经出现了。此时投资者要果断立场，否则在随后的漫漫跌途中将损失惨重。

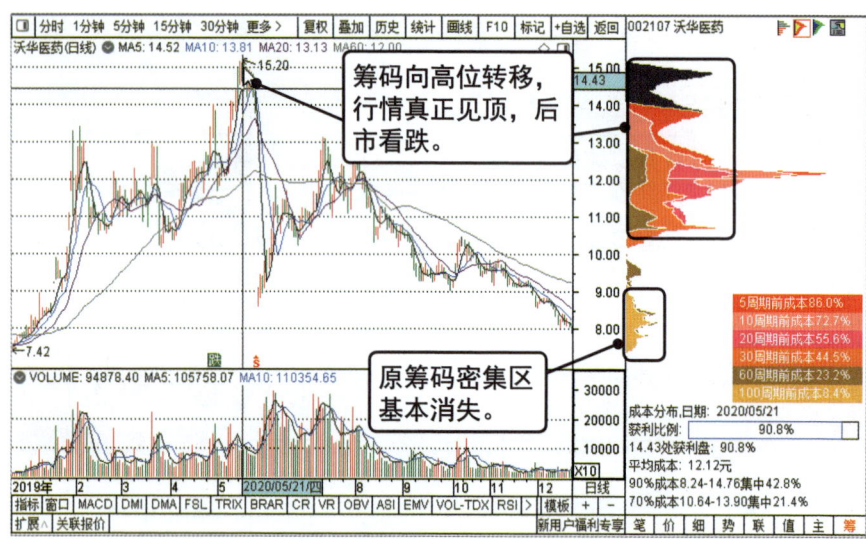

图 1-20　沃华医药 2019 年 12 月至 2020 年 12 月的 K 线图

1.3.4　把握主力进出场的信号

主力资金要买入或卖出某只股票，必然会在一个相对较低的位置大量买入或在较高位置大量卖出，这必定会造成筹码的移动，因此这些动作在筹码分布图上会有比较明确的显示。

通常情况下，股价经过较长时间下跌后在低位整理，都是筑底的表现。如果此时有大量低位筹码出现，形成短期筹码峰，那么很有可能有主力进入，后市必定有一波不错的拉升上涨行情，如图 1-21 所示。

追根溯源：筹码分布技术快速入门 **第1章**

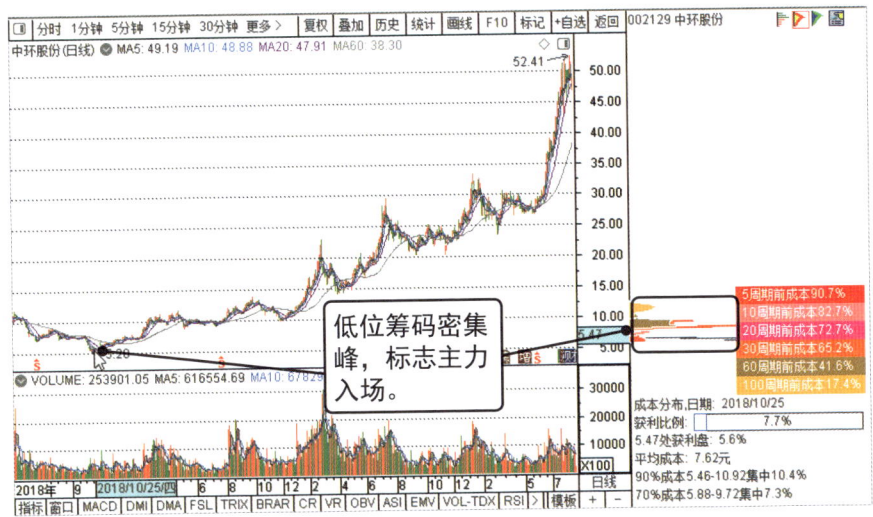

图 1-21　股价低位出现筹码密集区

反之，当主力资金离场时，大量的卖出动作会将大量筹码集中在高位，形成短期的高位筹码峰，尤其在高位出现筹码峰，但筹码集中度却比较低时，说明原来的主力资金正在撤离，而大量的散户资金在接盘，这必将导致股价会有一个较大幅度的下滑，如图 1-22 所示。

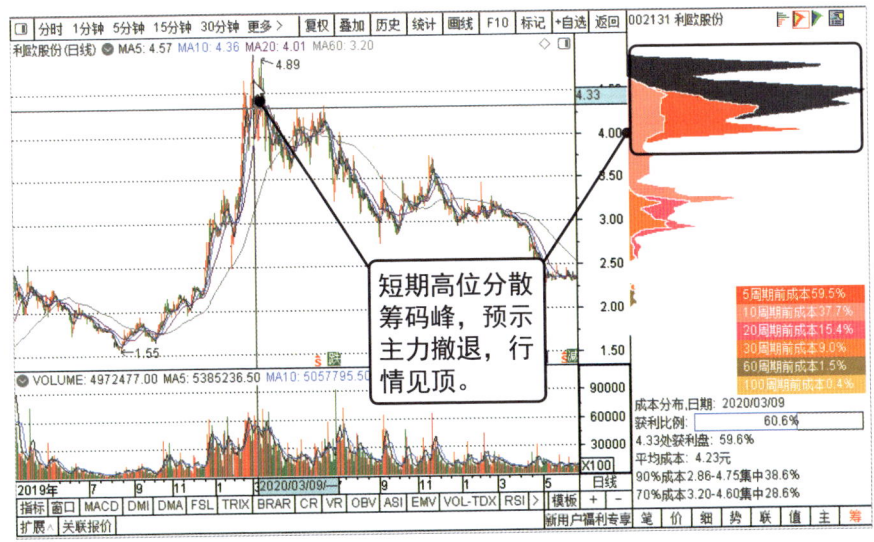

图 1-22　股价高位出现短期筹码密集区

.23

筹码分布技术实战操盘详解

1.3.5 理解主力操盘过程

主力的操盘过程实际上就是对股票筹码的操作过程，筹码不断地在主力和散户之间移动转换，同时导致价格不断变化。

我们都知道，主力在操作一只股票时都会经历建仓、洗盘、拉升和出货这4个阶段。相应的，股价走势就会呈现出筑底、上升、见顶和回落4个阶段。在这个过程中股价和筹码分布是如何变化的呢？我们通过图1-23所示来理解。

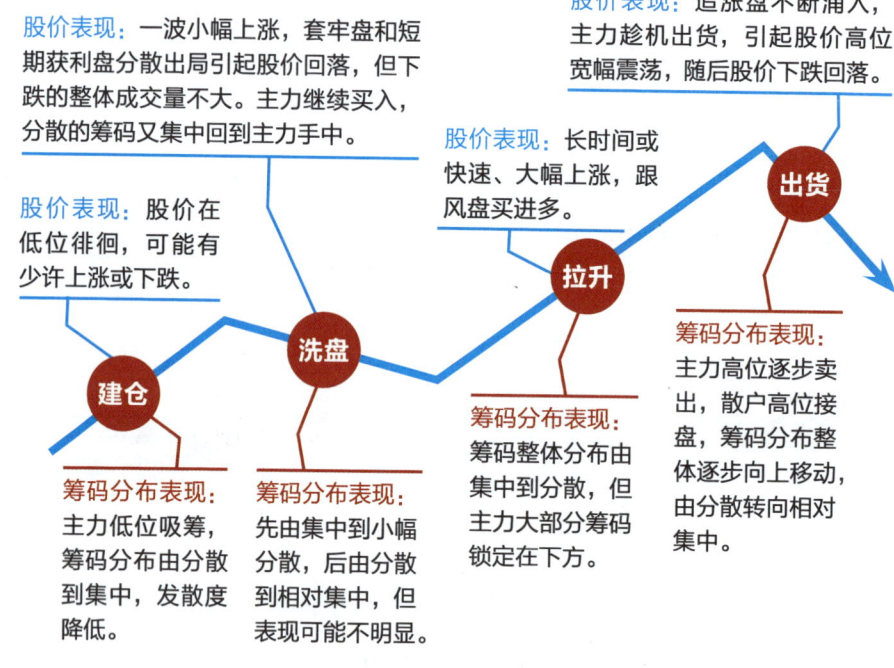

图1-23 主力坐庄阶段股价与筹码分布的表现

从上图我们可以非常清楚地看到，个股的股价和筹码分布的变化都是非常有规律的循环体。

股价变化：上涨→下跌→上涨→下跌……

筹码分布变化：分散→集中→分散→集中→分散→集中→分散……

24.

第 2 章
掌握形态：筹码分布实战技法攻略

　　筹码分布技术的实质应用就是观察筹码分布图的形态，因此，要想更好地使用筹码分布图来分析个股的走势变化，提高买卖点的研判准确性和可靠性，就有必要对筹码分布的形态进行掌握。本章将针对筹码分布图的4种基本形态、4个技法应用以及4个实战要点进行详细解读。

○ 筹码分布图的4种基本形态
○ 筹码分布形态的4个技法应用
○ 筹码分布形态的4个实战要点

2.1 筹码分布图的 4 种基本形态

对筹码分布进行应用，就是对其形态进行分析，通过不同的筹码分布形态，能够反映出不同的市场意义，这对投资者精准研判股价运行趋势有非常重要的指导意义。

对于筹码分布的基本形态，应用得比较多的有筹码高位密集形态、筹码低位密集形态、筹码低位锁定形态以及筹码双峰形态 4 种，下面分别对其进行详细介绍。

2.1.1 形态 1：筹码高位密集

筹码的高位密集形态是指股价经过一段时间的上涨后达到相对高位并持续一段时间，或者成交量大幅增加，使得大量筹码向高位聚集，并形成一个筹码的相对密集区。

高位密集形态通常表明经过前期的大涨，低位筹码获利较大，已在高位逐步出场，使得筹码逐步向高位转移。当筹码在高位形成密集区，特别是出现单峰密集形态时，要提高警惕随时准备离场。若再观察到短期（5、10 周期内）筹码大量增加，而下方低位筹码快速消失，更应果断离场。

实例分析

吉艾科技（300309）筹码高位密集分析

如图 2-1 所示为吉艾科技 2020 年 5 月至 2021 年 1 月的 K 线图。

从图中可以看到，该股在 2020 年 9 月 8 日创出 6.10 元的最高价后见顶回落，随后股价在 4.00 元价位线位置出现高位密集形态，而下方的低位筹码几乎消失，说明了随着股价上涨，主力已将手中的低位筹码转换到了散户手中，行情见顶，后市看跌。

同时观察获利比例，此时为 55.2%，说明至少还有一半的筹码处于获利阶段,在股价大幅上涨的高价位区,且此时已经出现了明显的回落走势,这部分投资者都有可能获利了结,从而形成强大的抛压,更加可以确信股价难以突破前期高点,下跌行情已经来临,此时投资者应果断抛售出局,规避后市的下跌风险。

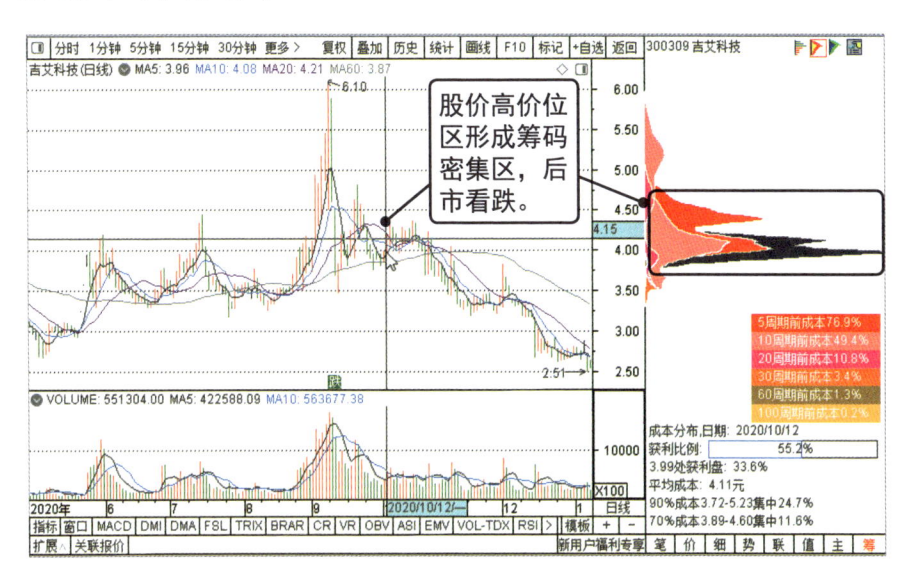

图 2-1　吉艾科技 2020 年 5 月至 2021 年 1 月的 K 线图

如图 2-2 所示为吉艾科技 2020 年 9 月至 2021 年 5 月的 K 线图。

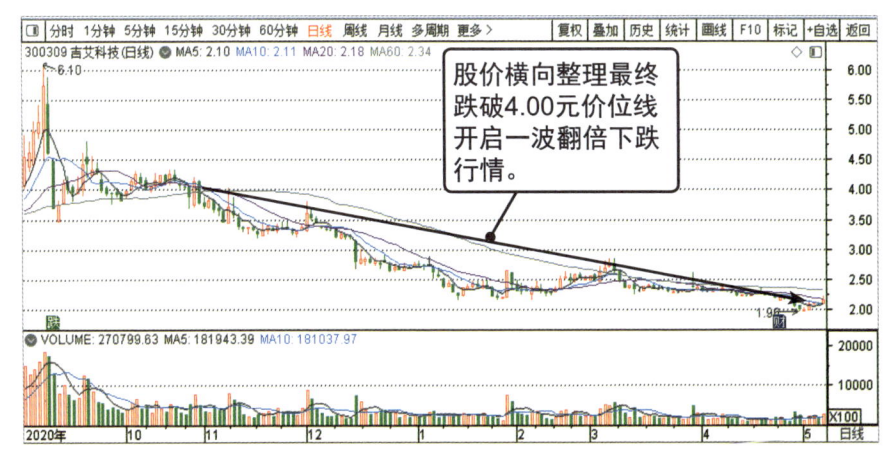

图 2-2　吉艾科技 2020 年 9 月至 2021 年 5 月的 K 线图

从图中可以看到，该股在 2020 年 11 月跌破 4.00 元的价位线后开启了一波深幅下跌行情，股价最低下跌到 1.96 元，出现翻倍下跌行情。如果投资者在前期分析出高位筹码密集峰的抛压后没有果断离场，将损失惨重。

2.1.2 形态 2：筹码低位密集

筹码的低位密集是指股价经历过一段较大幅度或较长时间的下跌行情后，在一个相对比较低的位置企稳横盘或者低位震荡，使得上方的筹码大量转移到此位置，形成低位筹码密集区。

造成这种情况的主要原因是主力在低位大量吸筹。此时投资者可积极跟进，买在上涨行情的初期。一旦股价向上突破筹码密集区，就是行情拉升的开始。

实例分析

川能动力（000155）筹码低位密集分析

如图 2-3 所示为川能动力 2018 年 3 月至 2020 年 12 月的 K 线图。

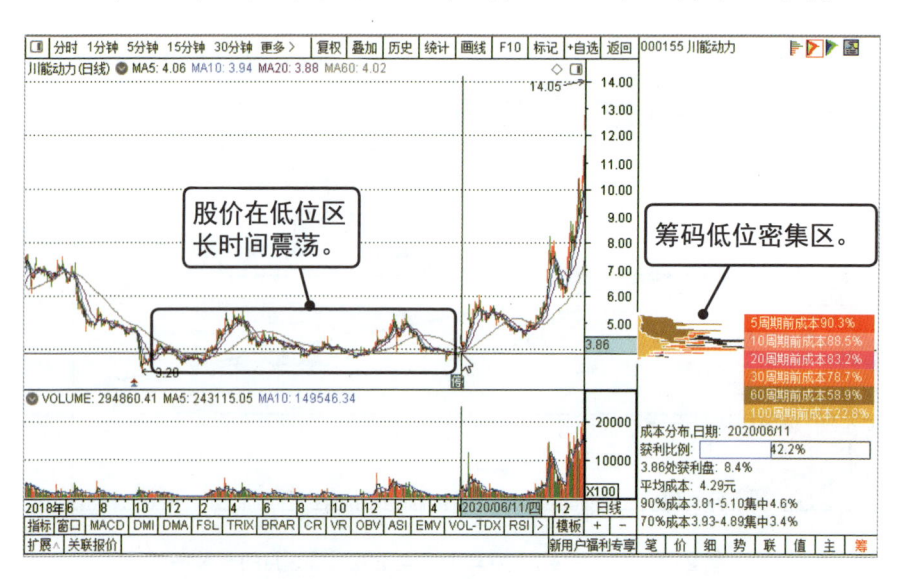

图 2-3 川能动力 2018 年 3 月至 2020 年 12 月的 K 线图

从图中可以看到，该股大幅下跌到低价位区后在2018年10月初创出3.20元的最低价后股价在低位出现了长时间的震荡走势，股价在4.00～5.00元之间波动变化，整个震荡持续一年多的时间。

2020年6月上旬，股价再次触及4.00元的价格，观察此时对应的筹码分布图可以发现，经过长时间波动变化，筹码集中在4.00～5.00元的价格区间，形成低位密集区。说明经过这一年多的低位震荡走势，主力吸筹充分。

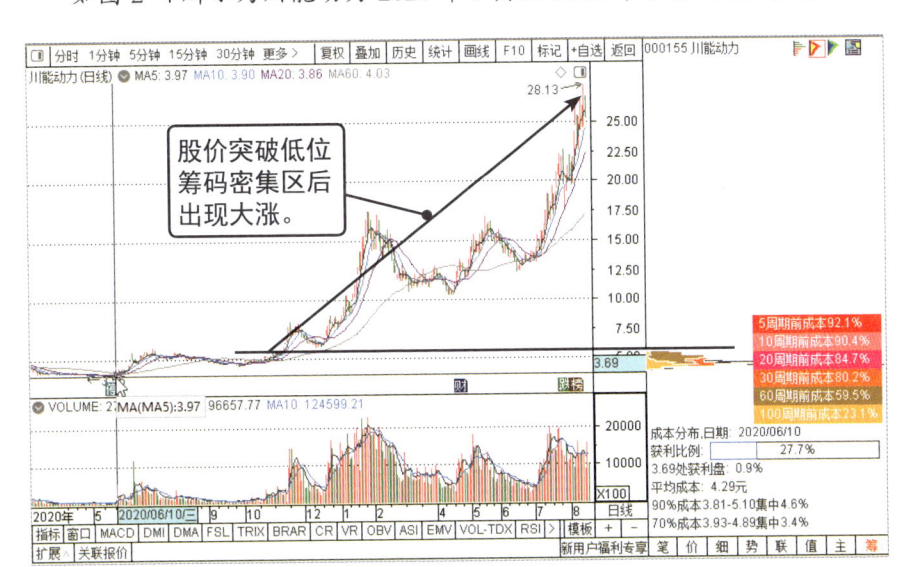

如图2-4所示为川能动力2020年3月至2021年8月的K线图。

图2-4 川能动力2020年3月至2021年8月的K线图

从图中可以看到，该股在2020年11月左右放量拉升股价突破筹码密集区后进入主升阶段，行情出现长时间大涨，最高上涨到2021年8月的28.13元。

如果投资者在2020年6月左右分析筹码形态，发现了筹码在低位集中后积极跟进，可以买在低位。稳健的投资者在股价突破低位筹码密集区后果断逢低买进，持股一段时间后，在随后的任何时间点卖出，都将获得不错的收益。

2.1.3 形态3：筹码低位锁定

筹码低位锁定是指股价经历一波大幅下跌行情或低位长期震荡后在低位形成了密集区，但是随着股价反转上涨，大部分低位筹码始终保持在低位区，不出现向上移动的情况。

单就筹码的形态而言，筹码的低位密集和低位锁定看上去是相差无几的，所不同的是要从筹码分布图的股价趋势来看。

前者是在股价经历一波大幅下跌行情或低位长期震荡后在低位形成的密集区，此时股价处于下跌行情底部或上涨行情初期；后者的当前股价是处于主力的拉升过程中，在这一波拉升行情的前期低位形成的密集区没有上移到当前拉升上涨的股价中。

两者的示意图如图2-5。

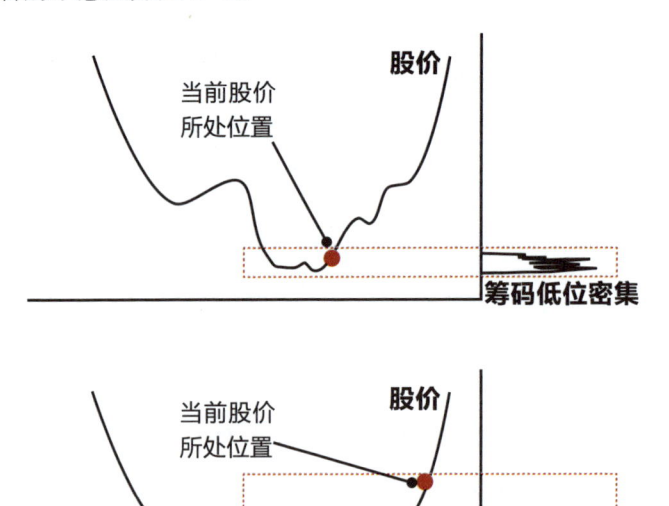

图2-5 筹码低位密集与筹码低位锁定示意图对比

筹码低位锁定是该股有主力进入的重要标志，是非常值得关注的一种形态。在这种形态下，投资者不要轻易抛出，除非下峰已尽，顶部出现明确的卖出信号。

实例分析

南京公用（000421）筹码低位锁定分析

如图2-6所示为南京公用2019年12月至2020年8月的K线图。

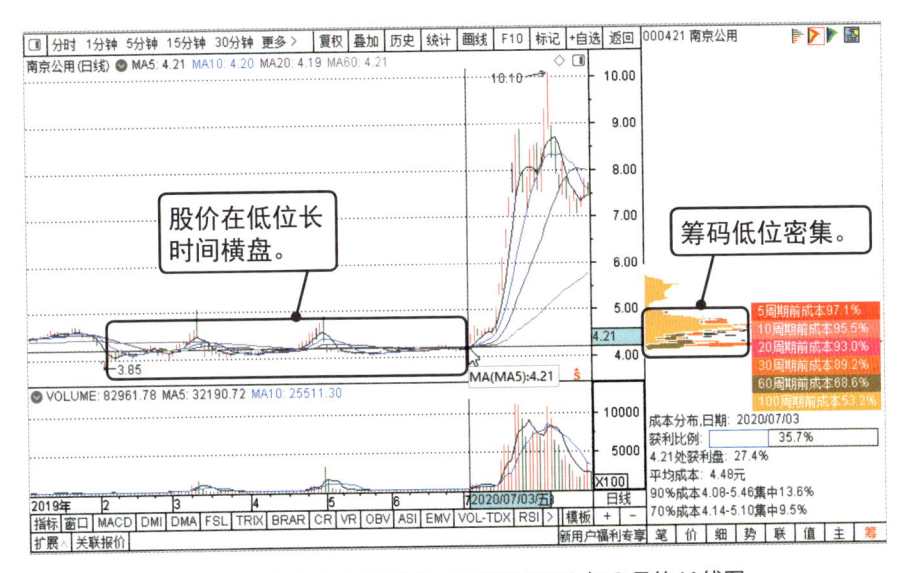

图2-6　南京公用2019年12月至2020年8月的K线图

从图中可以看到，该股在股价低位区域经历了7个多月的横盘整理行情，将筹码大部分集中到4.50元左右的价位，形成低位密集峰。表明在长时间的横盘整理过程中，筹码被大部分集中到主力手中。

如图2-7所示为南京公用2020年3月至8月的K线图。

从图中可以看到，该股在2020年7月初逐步放量拉升股价步入上涨，并在随后连续出现多日跳空高开和涨停大阳线将股价快速拉高到8.00元左右，出现翻倍行情。

观察此时对应的筹码分布图可以发现，虽然近期在高价位区域新出现了一些筹码分布结构，但是下方低位筹码几乎没有变动，还是保持在原有位置。这就是典型的筹码低位锁定形态，是判断该股有主力操作的重要标志，只要主力不撤，散户就不跑。

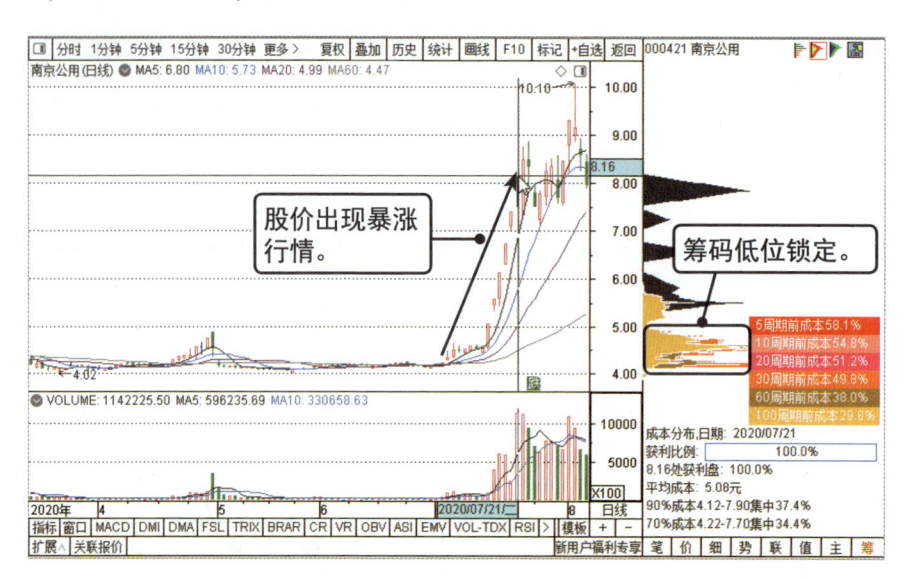

图 2-7　南京公用 2020 年 3 月至 8 月的 K 线图

2.1.4　形态 4：双峰形态的筹码分布

双峰形态的筹码分布是指在筹码分布图上，筹码分布呈现出两个明显的密集山峰。其中，高位的密集峰称为"高位峰"或"上峰"，处于低位的密集峰称为"低位峰"或"下峰"，如图 2-8 所示。

在不同的行情中形成的双峰形态，其市场指导意义和操盘策略都不同，下面具体来进行介绍。

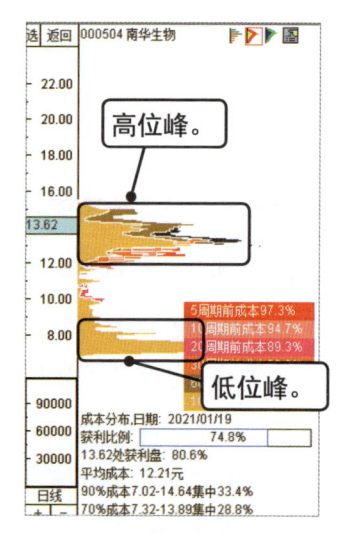

图 2-8　筹码双峰形态

（1）上涨双峰

在上升途中出现横向或震荡走势后，前期获利盘在此时会纷纷抛售，筹码结构上会形成一个密集峰，该密集峰与前期低位区的建仓筹码峰形成上涨双峰形态。

当上涨双峰出现后，高位峰对股价突破继续上涨有压制作用，而低位峰对股价破位下跌有支撑作用。

- 如果此时低位峰筹码数量更多，则说明下方支撑强劲，高位峰容易被突破，中长线投资者仍可以持股待涨。对于稳健的投资者，可以在股价上涨到高位峰时逢高抛售。当股价下跌到低位峰附近时逢低吸纳、勇敢追涨。
- 如果此时高位峰筹码数量更多，则表明上方的压力强，此位置很可能出现震荡筑顶走势，投资者要果断抛售。

实例分析

江铃汽车（000550）上涨双峰操盘分析

如图 2-9 所示为江铃汽车 2020 年 4 月至 9 月的 K 线图。

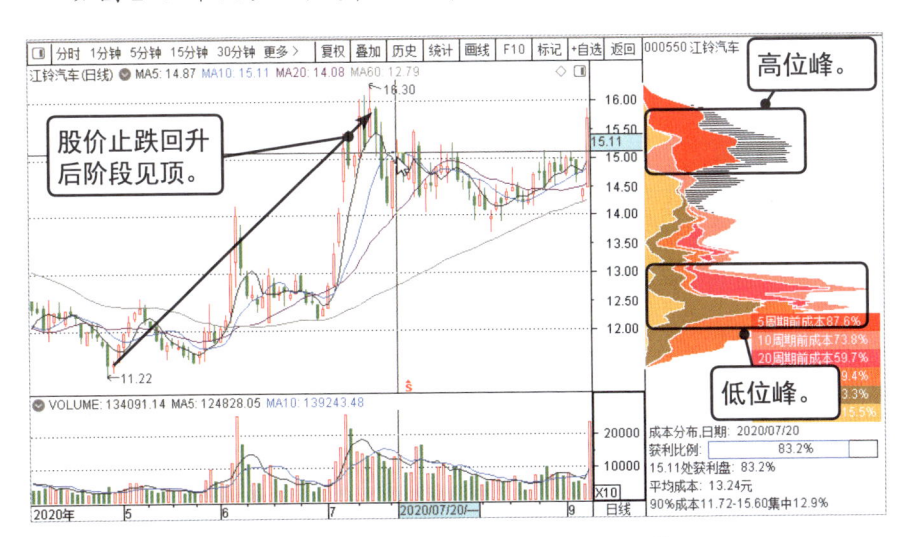

图 2-9　江铃汽车 2020 年 4 月至 9 月的 K 线图

从图中可以看到，该股在 2020 年 4 月底创出 11.22 元的低价后企稳回升步入震荡上涨行情中。最终在 7 月初经过一波急速拉升创出 16.30 元的阶段性高价后出现回落，随后该股股价在 14.00～15.00 元的价格之间震荡变化。

观察此时的筹码分布图可以发现，在进入震荡行情后，该股在 15.00 元价位线附近出现明显的筹码密集峰，其与下方 12.00～13.00 元的低位密集峰形成明显的上涨双峰形态。而且此时低位峰明显比高位峰数量多，说明下方支撑强劲，后市继续看涨。最终股价下跌到 14.00 元价位线后在 60 日均线上方获得支撑止跌上涨。

如图 2-10 所示为江铃汽车 2020 年 4 月至 2021 年 4 月的 K 线图。

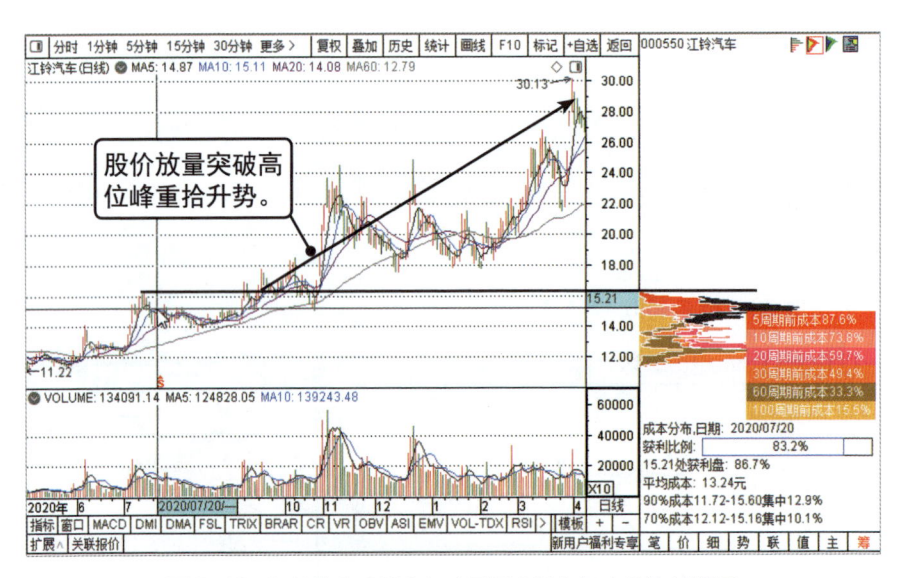

图 2-10　江铃汽车 2020 年 4 月至 2021 年 4 月的 K 线图

从图中可以看到，该股在 2020 年 9 月中旬放量向上突破上涨双峰的高位峰后，股价继续震荡上涨，最高上涨到 30.13 元的最高价。

如果投资者未能在股价下跌到上涨双峰的低位峰附近止跌时买进，那么在股价向上放量突破上涨双峰的高位峰时也应该大胆逢低吸纳追涨，持股一段时间后将会获益不少。

（2）下跌双峰

在下跌途中出现横向或震荡走势后，抄底资金的介入会形成一个密集峰，该密集峰与前期高位接盘追涨的筹码峰就形成下跌双峰形态。

当下跌双峰出现后，高位峰对股价的反弹上涨具有压制作用，而低位密集峰对股价破位下跌有支撑作用。

- 如果此时低位峰的筹码数量越来越多，则该价位的支撑就很强，容易引发反弹行情。此时投资者可以逢低吸纳，在股价上涨到高位峰时，抛售出局，抢反弹。
- 如果此时高位峰的筹码数量更多，则下跌势能更大，个股容易破位下跌，投资者不宜过早短线入场。

实例分析

法尔胜（000890）下跌双峰操盘分析

如图 2-11 所示为法尔胜 2019 年 3 月至 2020 年 2 月的 K 线图。

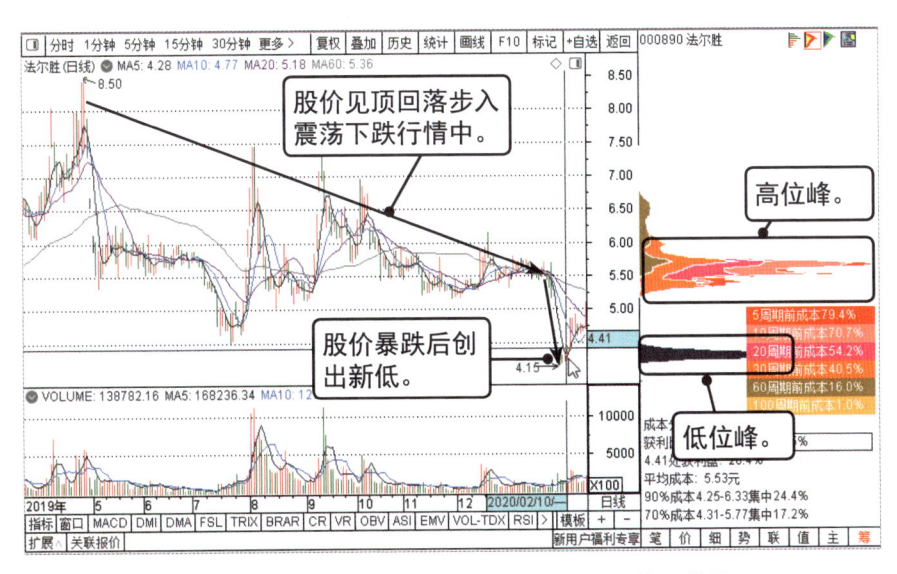

图 2-11　法尔胜 2019 年 3 月至 2020 年 2 月的 K 线图

从图中可以看到，该股在 8.50 元的高价见顶后出现一路震荡下跌的行情。在 2020 年 2 月 5 日该股经过连续跳空跌停板拉低股价创出 4.15 元的低价后出现企稳走势。在随后几个交易日，筹码分布图形成了明显的下跌双峰形态。

观察此时的双峰形态，发现低位峰数量明显比高位峰数量少，因此这段反弹行情不可期，投资者最好不要执行抢反弹操作。

如图 2-12 所示为法尔胜 2019 年 12 月至 2020 年 5 月的 K 线图。

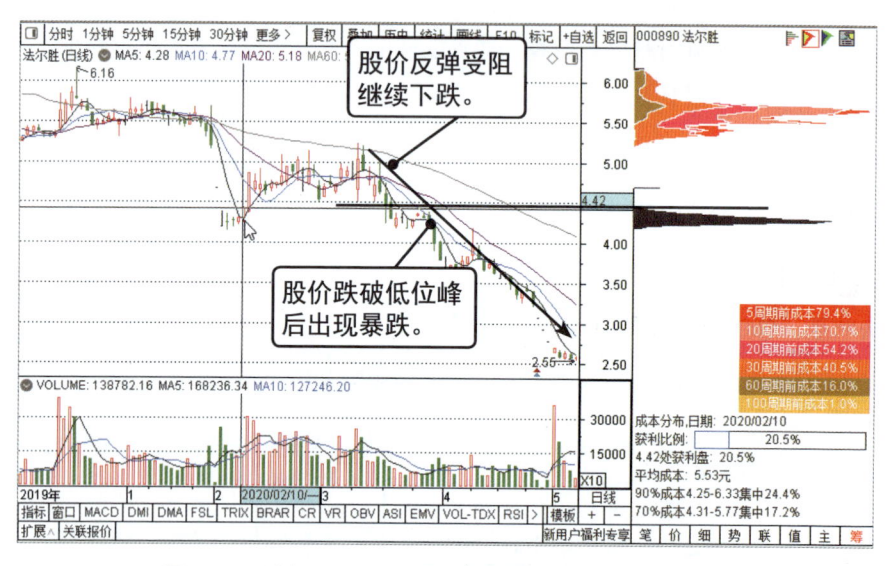

图 2-12　法尔胜 2019 年 12 月至 2020 年 5 月的 K 线图

从图中可以看到，该股随后虽然出现了一波反弹行情，但是整个反弹行情的走势比较吃力，短短几个交易日后股价上涨到 5.00 元的价位线，但是随后即出现滞涨并进入窄幅的横向整理阶段，最终在下跌双峰的高位峰下方反弹受阻，快速下跌并跌破低位峰，继续出现暴跌行情，短短两个多月的时间，股价再次出现翻倍下跌的行情。

如果投资者在暴跌之后出现的筹码密集区附近盲目抢反弹，稍不注意就会被深度套牢。尤其在股价破位跌破下跌双峰的低位峰后，投资者更应该果断出局，否则将在后市的深幅下跌行情中损失颇多。

2.2 筹码分布形态的 4 个技法应用

筹码分布的基本形态只是对筹码的常见分布进行描述。基于这些形态，投资前辈还总结出了一些切实可行的实战技法。用好这些技法就能更加灵活地使用筹码分布技术研判行情走势，制订更加可行的操盘计划。

2.2.1 技法 1：上峰不移，跌势不止

"上峰不移，跌势不止"是股市中经常出现的现象，造成这种现象的原因是：

主力在行情顶部完成派发后，市场中的筹码被上移到高价位区形成密集峰。当主力完成筹码的派发后，行情就会进入下跌趋势。如果要展开新一轮的上涨行情，一定要等到上方的套牢盘筹码再次下移，主力在低位将下移的筹码全部集中在一起，在低位形成密集峰，才会出现新一轮的上涨行情。

如果在股价下跌的过程中，上方的套牢盘没有充分下移，即使有新主力进场吸筹，也不可能做到充分吸筹。而且当股价每次反弹到套牢盘的筹码密集区下方时，都会遭遇强大的抛压，迫使股价下跌。只要新主力完不成建仓操作，新的上涨行情就不能开启。

由此可知，"上峰不移，跌势不止"技法中的"上峰"指的就是高位密集峰。只要高位的密集峰不能充分转移到下方，下跌行情就不会终止。这就是这个技法的核心内容。

在这个大前提下，投资者的操盘策略有两点：

①**巧做反弹**：在股价下跌的过程中，如果行情出现反弹走势，此时投资者最好不要盲目抢反弹，可以借助前面介绍的"下跌双峰"形态来指导反弹操作。一旦股价跌破反弹行情的新的密集峰，投资者就要果断出局，

才能降低损失。

②**不要急于中线布局：**有时股价可能下跌到历史的某个支撑位后止跌，或者跌势减缓。但是如果此时个股上方的套牢盘筹码没有消失，或者出现明显向下转移的迹象，此时投资者也不能急于抄底，进行中线布局，因为下跌行情还未结束。

实例分析

中百集团（000759）下跌到历史支撑位时上峰不移分析

如图 2-13 所示为中百集团 2015 年 3 月至 2018 年 4 月的 K 线图。

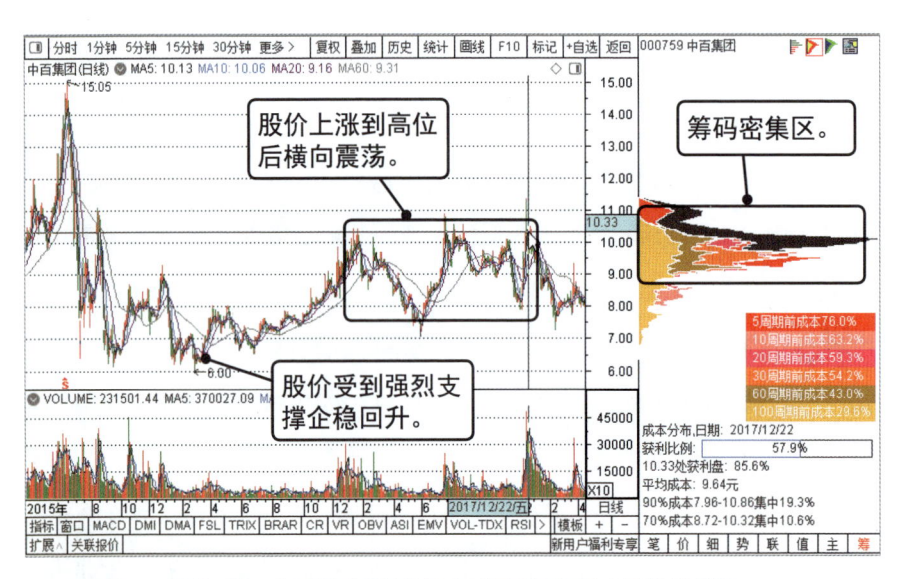

图 2-13 中百集团 2015 年 3 月至 2018 年 4 月的 K 线图

从图中可以看到，该股在 2016 年 2 月左右下跌创出 6.00 元的最低价后开启了一波震荡上涨行情。在 12 月该股最高上涨到 10.00 元价位线后出现滞涨，随后该股进入了一波宽幅震荡行情，持续时间将近一年。观察对应的筹码分布图可以发现，经过这一年的震荡变化，筹码在 9.00～11.00 元的价位区间形成密集区。

如图 2-14 所示为中百集团 2015 年 11 月至 2019 年 1 月的 K 线图。

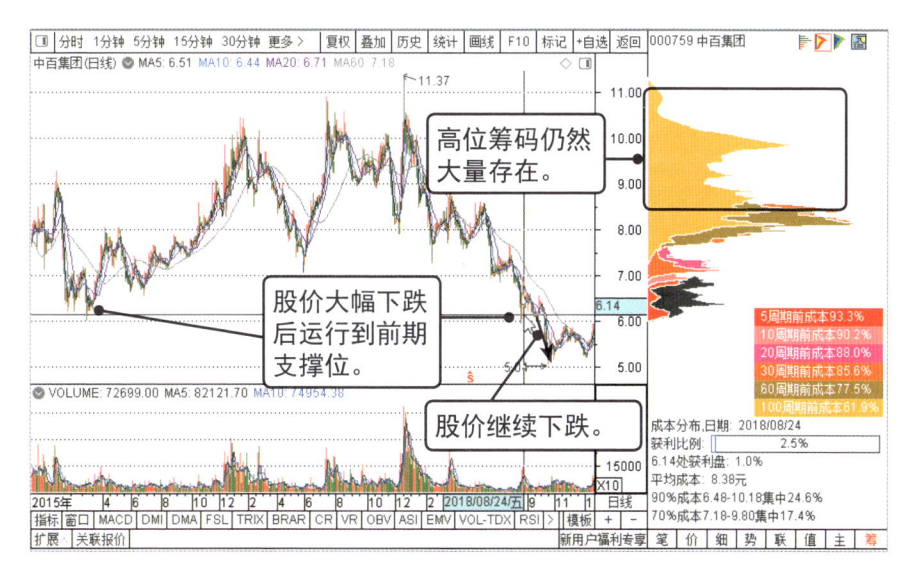

图2-14 中百集团2015年11月至2019年1月的K线图

从图中可以看到，该股在高位密集区的压制作用下见顶回落步入长时间的下跌走势。

在2018年8月底左右，该股下跌到前期上涨行情启动的6.00元价位线附近。在该价位区股价是否能够再次受到支撑企稳，重拾上涨行情？

我们来观察此时的筹码分布图，可以发现，此时大部分筹码都还集中在8.00元上方，且前期9.00～11.00元的价位区间形成的筹码密集区并没有明显变小，说明此时前期的套牢盘仍然被套，在高位形成巨大的压力。此时虽然已经大幅下跌到历史支撑位水平，但是此轮下跌并没有结束，投资者最好不要急于中线布局。

随后该股继续下跌到5.00元附近后才企稳，结束下跌走势。

在实际操盘过程中运用"上峰不移，跌势不止"技法时，投资者除了要看准形态外，还要注意4个看点，才能更加灵活地应用技法指导操作。

（1）看点一：上峰出现的位置

上峰所处的价位越高，说明该股被套得越深，股价想要涨回去就需要更大的量能。反之，上峰所处的价位越低，说明前期被套的筹码越容易解套，股价涨回去的阻力也就相对要小一些。但是需要明确，只要上峰不消失，就不要期望股价会很快出现反转。

（2）看点二：上峰的数量不止一个

股价在下跌趋势中，总会在不同价位出现不同强度的反弹行情。在这些反弹行情中仍然可能再次出现不同大小的密集峰，整个筹码分布图就出现了双峰密集或者多峰密集形态。

在这些形态中，如果股价一旦跌破形态的低位峰，股价就会继续下跌，且此时形态的低位峰也转换成了新的上峰。无论是早期的上峰，还是新的上峰，"上峰不移，下跌不止"的法则都适用。

实例分析

益佰制药（600594）下跌过程中的多个上峰不移分析

如图 2-15 所示为益佰制药 2020 年 6 月至 12 月的 K 线图。

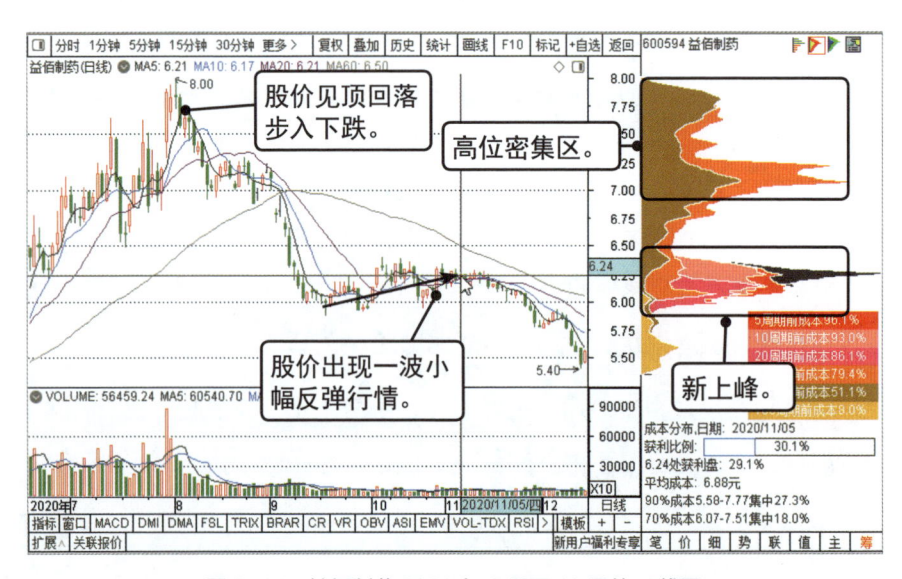

图 2-15　益佰制药 2020 年 6 月至 12 月的 K 线图

从图中可以看到，该股大幅上涨后在 2020 年 8 月初创出 8.00 元的最高价后见顶回落步入下跌。在下跌到 2020 年 9 月后出现了一波比较明显的反弹行情，此次反弹行情的涨幅虽然不大，但是从筹码分布图来看，其形成的筹码密集峰却不比高位筹码峰小多少。

此时的筹码分布图不仅说明了原上峰没有下移，且新形成的上峰也将对后市股价上涨形成巨大的压力。股价要想重新开启一段上涨行情将不是短时间能实现的。

如图 2-16 所示为益佰制药 2020 年 8 月至 2021 年 2 月的 K 线图。

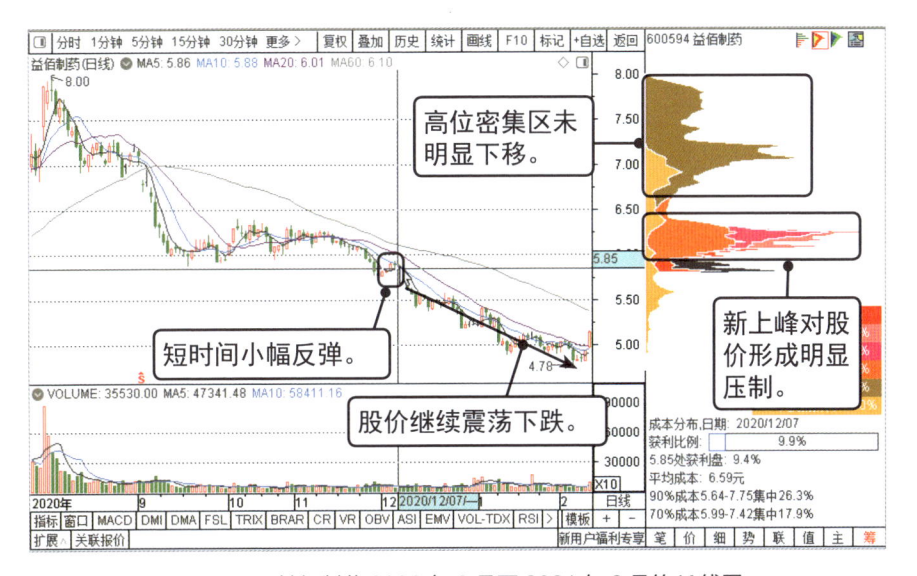

图 2-16　益佰制药 2020 年 8 月至 2021 年 2 月的 K 线图

从图中可以看到，该股在 2020 年 11 月结束调整后重新步入下跌。但是在 12 月初该股又出现一小波反弹行情。从此时的筹码分布图来看，前一次形成的新上峰对股价形成了明显的压制作用，在股价上涨到该密集峰后就结束反弹，使得此轮反弹只维持了几个交易日。

观察此时的整个筹码分布图也可以发现，随着股价的下跌，前期形成的多个上峰并没有出现明显的下移迹象，说明后市还将继续下跌。果然，该股随后继续经历了一波长时间的震荡下跌行情。

（3）看点三：筹码转移的时机

高位筹码随着股价的持续下跌会向下转移到底部，当高位筹码被完全转移后，未来阻止股价上涨的压力被化解，真正的上涨就拉开序幕。认清这一点，对筹码分布应用来说很重要。

但在实际中，大多数筹码转移到下方的时机通常都不是在下跌趋势的尾部，而是在下跌结束后的第一波较大幅度的反弹行情中。

实例分析

三木集团（000632）上峰筹码转移时机分析

如图2-17所示为三木集团2017年2月至2019年9月的K线图。

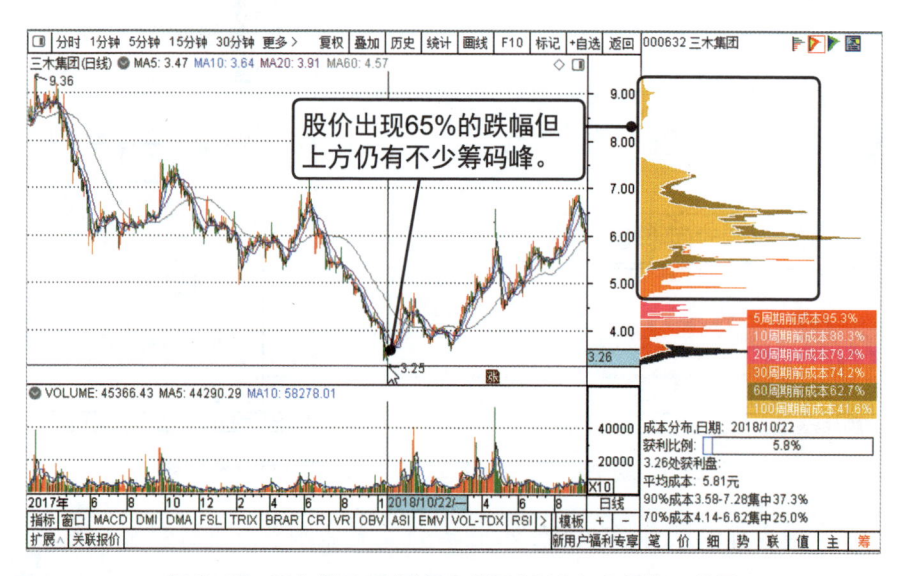

图2-17 三木集团2017年2月至2019年9月的K线图

从图中可以看到，该股在2017年2月至2018年10月经历了一波深幅下跌行情，股价从9.36元的高位下跌到3.25元，跌幅超过65%。

而此时查看2018年10月22日的筹码分布图可以发现，在该位置附近虽然新出现了许多筹码峰，但上方也有多个筹码峰仍未消失，尤其在

5.00～8.00元的价格区间，存在大量的筹码。

如图2-18所示为三木集团2018年9月至2019年3月的K线图。

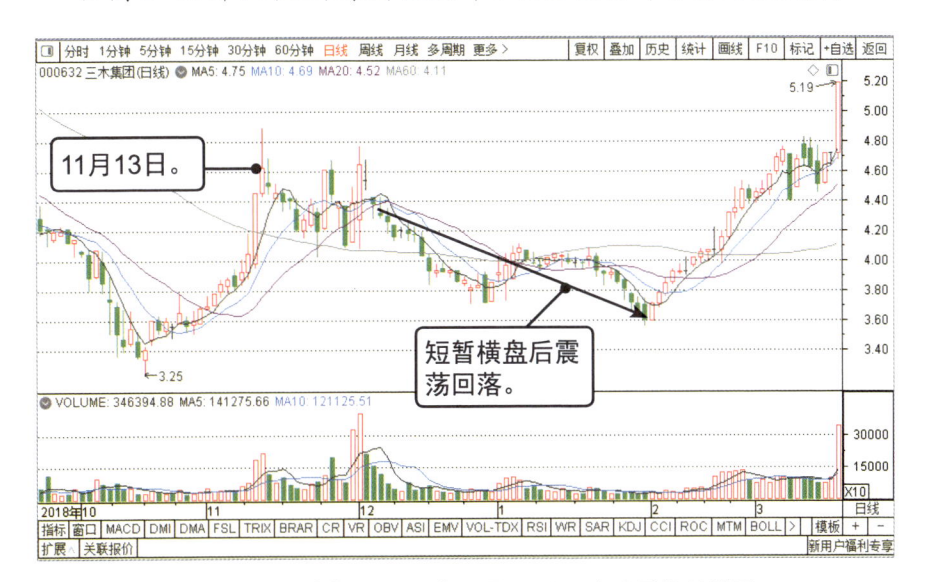

图2-18 三木集团2018年9月至2019年3月的K线图

从图中可以看到，该股在创出3.25元的低价后出现了一波反弹上涨行情，在2018年11月13日收出带长上影线的阳线，创出4.90元的阶段性高价，反弹幅度超过50%。

随后该股进入横向整理阶段，在短暂横盘之后该股股价震荡回落，因为前期的长时间大幅下跌使得投资者很久没有遇到这么一波较大幅度的反弹行情了，而这波反弹看似又将结束，于是许多套牢者便会选择卖出。整个回落最终在2019年2月初结束。

下面再来观察此时的筹码分布图，如图2-19所示为三木集团2019年2月11日的筹码分布图。

从图中可以看到，此时8.00元上方的筹码已经全部消失，而在5.00～8.00元的价格区间的大部分筹码已经下移到下方的低价位区，只留下了很少一部分筹码。

因此，可以很明显地看到，通过一波较大反弹后，高位筹码基本上完成了向下转移的过程。

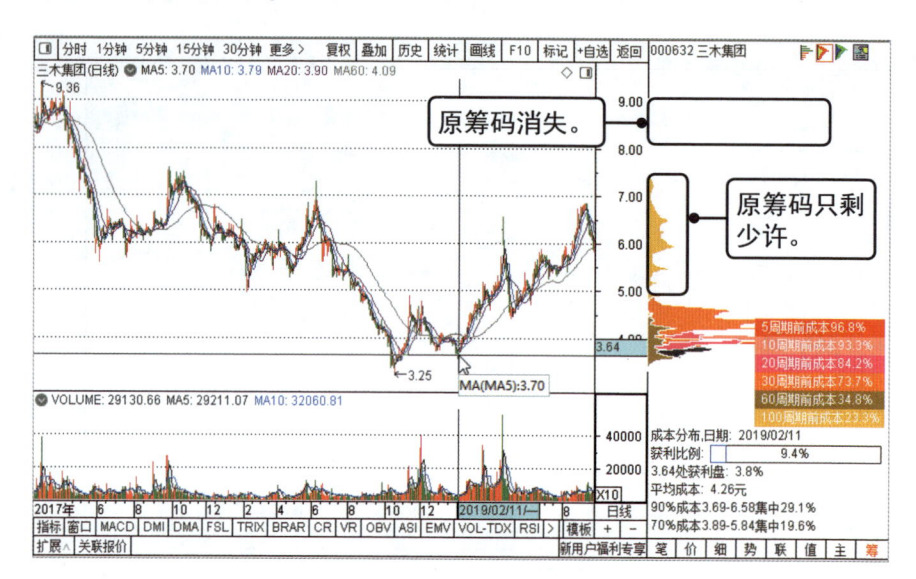

图 2-19　第一波较大反弹后上峰基本消失

有时候，在下跌结束后的第一波反弹行情中还是完不成高位筹码的转移。此时主力还会采取长时间震荡来迫使这部分筹码完成转化，从而保证大部分筹码被集中到主力手中，只有这样才能真正结束下跌，开启上涨。

理财贴士　*上峰筹码转移的心理过程*

通常在下跌趋势刚开始转势后，主力已经大量抛出筹码，形成高位密集峰，让大部分投资者被套在高位，而此时被套的投资者仍然心存幻想，在等待股价回升解套，而主力则通过一波又一波下跌让投资者深套，通常被深套的投资者更不忍割肉离场，所以大部分筹码仍然居高不下。主力深知大部分普通投资者的这种心理，通过一波又一波下跌让深套的投资者感到绝望。将来再出现一波较大幅度的反弹时，这些经历了一次又一次从希望到失望的套牢者在看到一波较大的反弹又要结束，担心又像之前一样继续深跌，就会开始抛出筹码，因此造成上峰的快速消失。所以许多股票筹码转移的时间通常不是在下跌的最低位置，而是在第一波较大幅度的反弹行情中。

（4）看点四：股价是否突破阻力位

在股价下跌趋势中出现反弹时，通常也是筹码向下转移较多的时候，但下跌是否就此结束还要观察股价是否突破了阻力位。如果反弹顺利突破阻力位，高位筹码峰也基本消失，那么就意味着下跌趋势已经结束。

若只是高位筹码峰消失，看起来在某个震荡或小反弹处形成新的筹码，但股价的反弹未突破下降趋势（关于趋势的相关内容将在本书第五章介绍），则股价仍可能进一步下滑，那么在此处形成的筹码峰就成了新的上峰。

实例分析

韶钢松山（000717）上峰筹码消失但未突破阻力位

如图 2-20 所示为韶钢松山 2017 年 11 月至 2019 年 10 月的 K 线图。

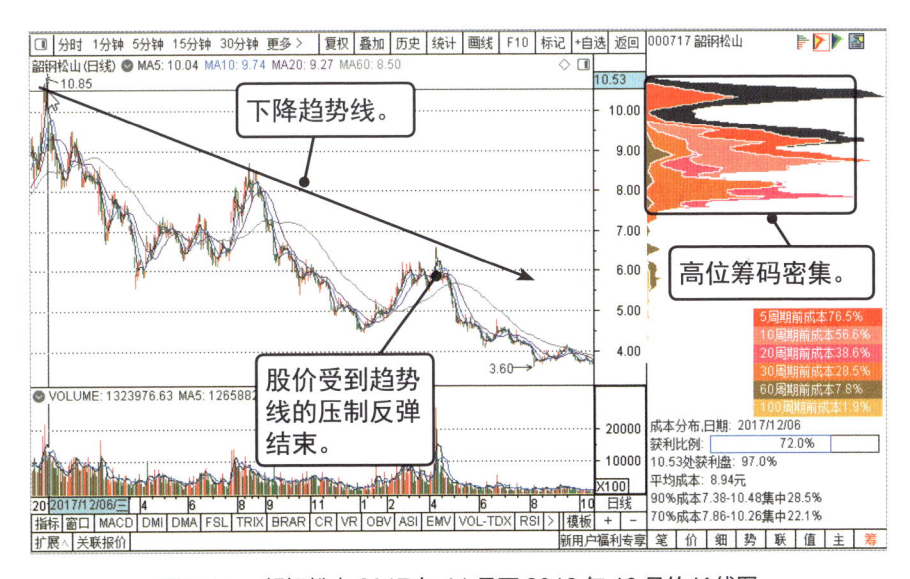

图 2-20　韶钢松山 2017 年 11 月至 2019 年 10 月的 K 线图

从图中可以看到，该股在创出 10.85 元的高价后见顶，下方筹码逐步上移并集中在 8.00～10.50 元的价格区间，随后股价回落步入下跌行情，股价始终在下降趋势线下方运行。

在2019年1月初，股价企稳后开启一波不错的反弹行情，但是股价反弹到下降趋势线附近后未能突破下降趋势线的阻力，反弹结束，行情重新步入下跌。

下面来分析此时的筹码分布图。

如图2-21所示为韶钢松山2019年4月9日的筹码分布图。

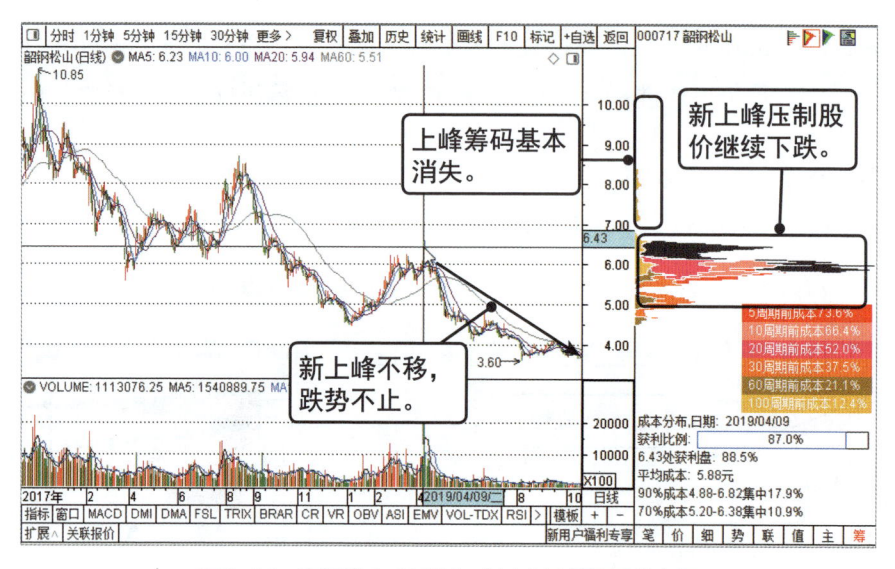

图2-21　韶钢松山2019年4月9日的筹码分布图

从图中可以看到，虽然随着股价的持续下跌，上峰基本消失，筹码下移，在5.00～6.50元的价位区间形成密集区，但是此时不能判断为行情结束，因为反弹最终在下降趋势线位置结束。此时形成的密集区相对后市下跌而言是一个新的上峰，即只要此位置的筹码不下移，后市下跌将持续。

2.2.2　技法2：下峰锁定，升势未尽

对于"下峰锁定，升势未尽"的技法在前面介绍筹码低位锁定基本形态时已有初步接触，下面针对这一应用进行更具体介绍。

造成"下峰锁定，升势未尽"的主要原因是：

股价放量上涨脱离底部筹码密集区，进入主升区。随着股价持续上涨，前期底部的筹码大部分还是维持在原位不动。

我们从两个方面来分析底部筹码。

- 如果底部筹码大部分属于散户，那么在股价拉升的时候，必然出现松动，此时筹码分布图会出现分散形态，而且股价拉升也持续不久，因为市场中的抛压沉重，底部筹码也会逐步减少。

- 如果底部筹码大部分属于主力，那么在股价拉升的时候，大部分筹码都会维持在原位不动，这才符合主力坐庄的逻辑。主力之所以还未抛售筹码，主要是因为获利还未达到目标，后市必然会继续上涨。

由此可见，在"下峰锁定，升势未尽"技法中，"下峰"主要指的是主力筹码，只要主力筹码不动，行情就会继续上涨。且主力筹码在底部的时间越长，股价上涨的幅度也会越大。在这种情况下，投资者只需持股待涨即可。

此外，在实战应用中，投资者在运用本技法时，还需要注意以下两个要点：

- **下峰位置**：在股价拉升阶段，如果下峰位置越低，说明筹码的浮盈比例越高，获利了结的冲动就越强烈，后市持股的风险就越大；反之，如果下峰位置较高，后市风险就相对较小，但获利也不会太多。

- **出场时机**：任何行情都会有结束的时候，锁定的下峰终究会转移，但具体应该什么时候出场却是一个复杂的问题。通常来说，在趋势型技术指标发出看跌信号，且下峰快速减少，高位筹码快速出现时是出场的最好时机。

实例分析

*ST 恒康（002219）下峰不移行情继续分析

如图 2-22 所示为 *ST 恒康 2020 年 4 月至 2021 年 8 月的 K 线图。

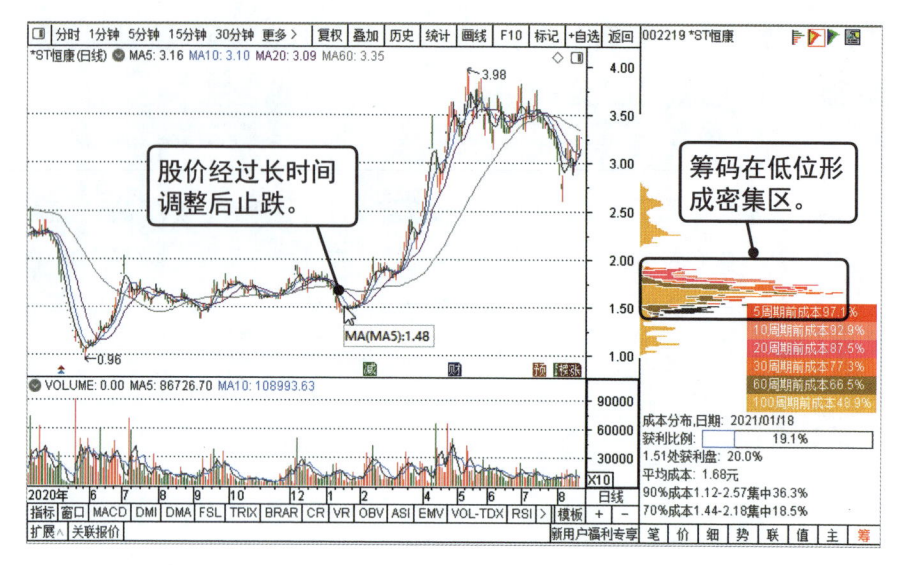

图 2-22 *ST 恒康 2020 年 4 月至 2021 年 8 月的 K 线图

从图中可以看到，该股在 2020 年 5 月底创出 0.96 元的最低价后快速拉升上涨，在股价触及 2.00 元价位线时止涨，随后该股进入了长达半年的横盘走势。

之后该股 2021 年 1 月中旬在 1.50 元的价位线止跌，观察此时的筹码分布图可以发现，大部分筹码集中在 1.50～2.00 元的价格区间，形成密集形态，说明经过前期的下跌→上涨→横盘，此时市场的大部分成本都在这个价格区间。

如图 2-23 所示为 *ST 恒康 2021 年 1 月至 4 月的 K 线图。

从图中可以看到，该股在 1.50 元的价位线企稳后进入了一波拉升上涨行情，并在 2021 年 3 月底至 4 月初出现连续涨停行情，股价突破 3.00 元价位线，出现翻倍上涨行情。

在 4 月 9 日，该股涨停板开盘后快速打到跌停板并封住跌停板，当日收出一根大阴线，此时股价已经创出 3.49 元的阶段高价。是否意味着股价见顶，后市将进入下跌行情？

下面我们来分析对应的筹码分布图。

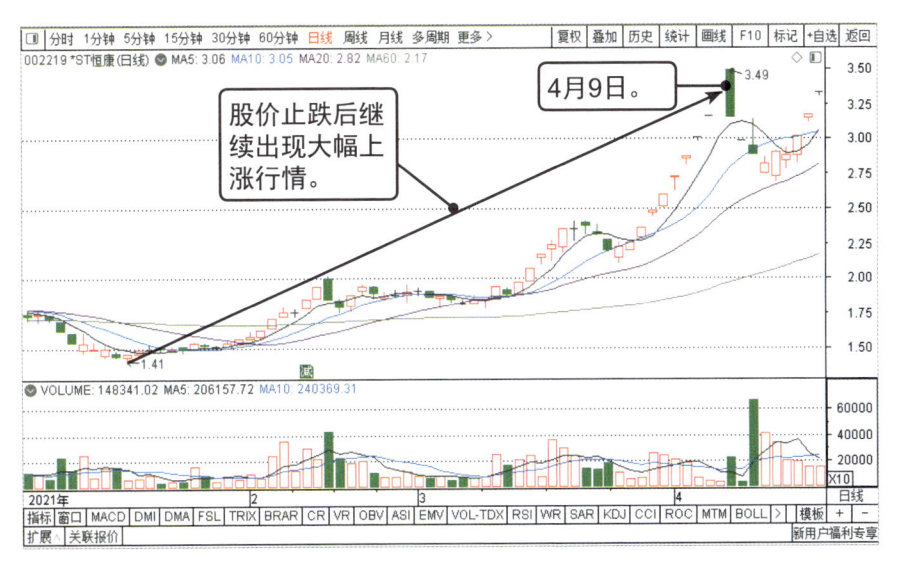

图 2-23　*ST 恒康 2021 年 1 月至 4 月的 K 线图

如图 2-24 所示为 *ST 恒康 2021 年 4 月 9 日的筹码分布图。

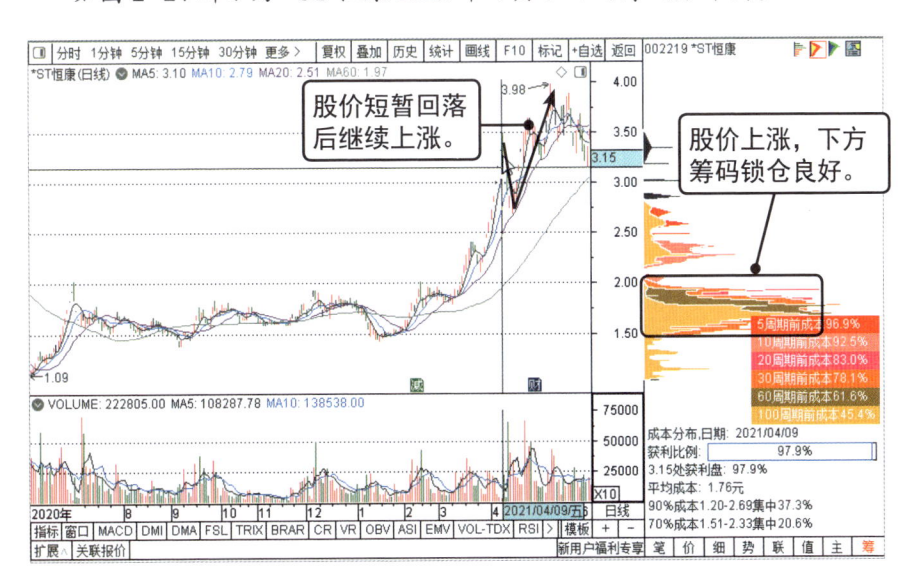

图 2-24　*ST 恒康 2021 年 4 月 9 日的筹码分布图

从图中可以看到，虽然股价已经出现了翻倍上涨行情，在上方也出现了一些分散的筹码，但是此时下方 1.50～2.00 元的筹码密集区并没有出现明显缩小，还是牢牢锁定在下方未出现上移，说明此时并不是行情的顶部，投资者可以不用着急抛售。

实际上，该股随后经历了一波小幅调整后继续走出一波上涨行情后才见顶。

2.2.3　技法3：筹码密集，强弱有别

筹码一段时间内在某个区域大量堆积，大多数原因是股价在该区域长期盘整。根据筹码堆积的位置不同，可以分为筹码相对高位密集和筹码相对低位密集。

无论筹码在相对高位还是在相对低位，股价仍然处在调整状态，但此时市场已经开始蓄势，后市走势必然属于以下4种之一：

- 筹码相对高位密集，股价向上突破。
- 筹码相对高位密集，股价向下跌破。
- 筹码相对低位密集，股价向下跌破。
- 筹码相对低位密集，股价向上突破。

下面针对这4种情况进行具体介绍。

（1）筹码相对高位密集，股价向上突破

在上涨趋势中，如果股价出现较大幅度回调震荡，或者长时间出现横盘整理，此时大量筹码都将在震荡或者盘整过程中被集中，形成相对高位的密集形态。此后，如果上涨动能再次占据优势，股价向上突破重要阻力位，说明后市将延续前期的上涨趋势。

通常，出现这种现象，市场主要有以下两种情况：

- 当前大盘行情还未结束，主力继续拉高可以获得更为丰厚的利润。
- 当前股价已经处于较高位置，散户不敢盲目追高，成交量小，主力无

法完成筹码兑现。此时只有主动再拉一波上涨，让散户认为这个位置是低位，吸引散户入场。

当筹码在相对高位密集，股价向上突破时，投资者在选择进场时机时，可以参考以下两个要点进行判断：

◆ 震荡走势通常以三角形、楔形或旗形形态呈现，其中第一个阻力位通常为形态的上边线。当股价突破形态上边线时，就是投资者最好的跟进时机。

◆ 在震荡走势形成并出现高位筹码密集时，最好结合震荡走势相关的技术指标，如KDJ、BOLL等，看它们是否也给出明确的买入信号。当指标和形态都发出买入信号时，成功率更高。

实例分析

科大讯飞（002230）股价向上突破高位筹码密集区买入分析

如图2-25所示为科大讯飞2020年4月至2021年8月的K线图。

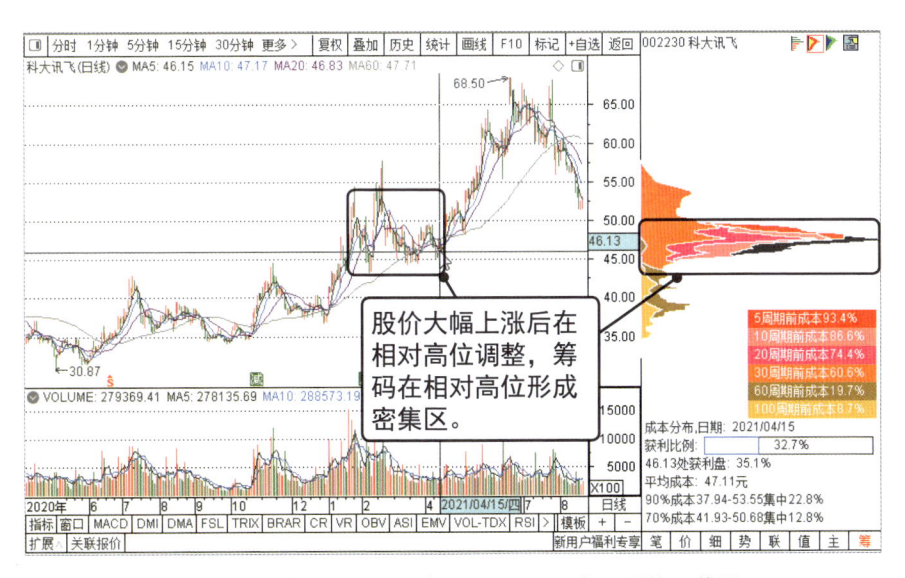

图2-25 科大讯飞2020年4月至2021年8月的K线图

从图中可以看到，该股在2020年5月见底后一路震荡上涨。在2021

年1月中旬，该股上涨到一个相对高位后进入一波长时间的调整，股价始终受到45.00元价位线的支撑，上方调整的高点也逐步降低，形成一个三角形整理形态。

观察此时对应的筹码分布图可以发现，下方低位筹码逐步上移，并在45.00～50.00元的价格区间形成密集区。这个密集区将对股价继续上涨形成较大的阻力。如果股价不能有效突破这个价位，行情将反转进入下跌通道。

下面来分析这波调整行情。

如图2-26所示为科大讯飞2021年1月至7月的K线图。

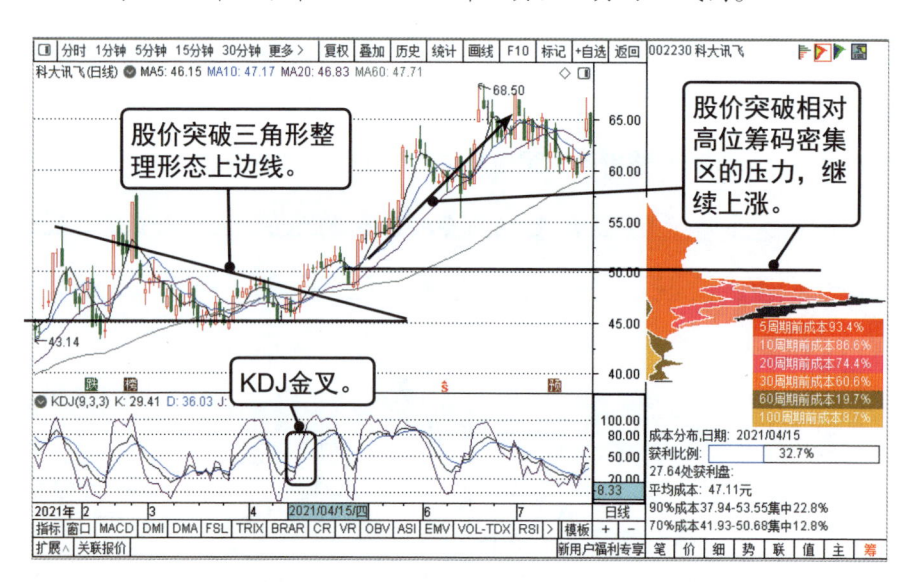

图2-26　科大讯飞2021年1月至7月的K线图

从图中可以看到，该股在2021年4月中旬止跌后回升，随后该股在5月初有过短短3个交易日的回落，但是股价受到50.00元价位线的支撑止跌，随后股价向上突破50.00元价位线的筹码密集区，标志着股价脱离了相对高位筹码密集区的压制，后市将继续上涨。

此时再分析该股的技术面，该股在4月中旬止跌后向上突破三角形整理形态的上边线，并且同期的KDJ指标的K线和D线也在50线下方形成明显的低位金叉形态。

这两个指标都发出股价继续看涨的信号，更加确定了股价向上突破相对高位筹码密集区发出的买进信号，此时投资者可以积极逢低吸纳买入该股，勇敢追涨。

需要特别注意的是，由于此时筹码是在相对高位密集，因此股价向上突破阻力位后，投资者的持股时间都不宜过长，要制定好止盈位置，安全追涨才是最好的操盘策略。

（2）筹码相对高位密集，股价向下跌破

在股价经过一轮上涨运行到高价位区时出现震荡走势，此时筹码会在高位逐渐呈现密集态势。在震荡过程中，多空双方展开激烈角逐，如果空方动能占据优势，股价就会向下跌破高位密集区。

出现这种情况有3种可能：

- 一是该股突发较大的利空消息；
- 二是整体市场出现逆转，主力眼见大势已去，无心再做一波，从而选择顺势出货；
- 三是对行情大势预判较为超前的主力，提前对持有的大部分股票进行了抛售，由于时间宽裕，在高位通过震荡慢慢卖出筹码，以便获得更大的利益。

股价处于高位，一旦出现股价向下跌破高位的筹码密集区，就说明有人开始杀跌出逃，行情发生逆转，下跌开启。此时投资者要及时卖出筹码，规避风险。

实例分析

民和股份（002234）股价向下跌破高位筹码密集区卖出分析

如图2-27所示为民和股份2017年12月至2019年11月的K线图。

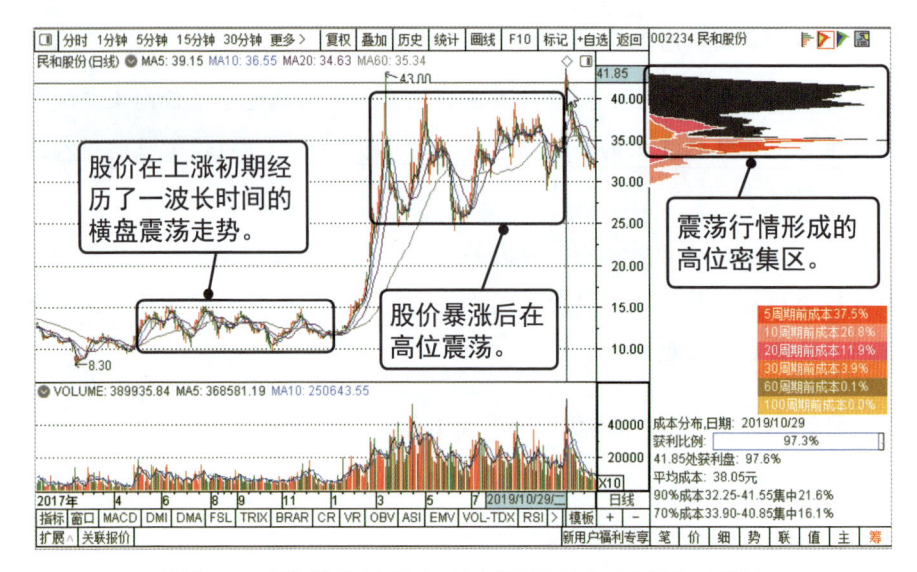

图 2-27 民和股份 2017 年 12 月至 2019 年 11 月的 K 线图

从图中可以看到，该股在 2018 年 2 月 5 日运行到低价位区后创出 8.30 元的最低价。随后股价企稳回升开始震荡上涨。在上涨初期该股也有过一波半年多时间的横盘整理，这波整理在 2019 年 1 月中旬结束，之后该股开启了一波暴涨行情。不到 3 个月的时间，股价从 12.00 元附近快速上涨到 43.00 元的最高价，涨幅超过 258%。

随后该股再次出现了大幅震荡的行情，整个震荡走势也持续了半年左右，与暴涨行情启动之前非常相似。那么，该股后市是否会继续前面的上涨逻辑，再次出现一波大幅上涨行情呢？

观察 2019 年 10 月 29 日的筹码分布图发现，在这波高位震荡走势中，下方的低位筹码全部转移到高位，并在 34.00 元上方的高价位区域形成筹码密集形态。

在这波长达半年之久的震荡中，多空双方的激烈角逐结果如何呢？下面继续进行分析。

如图 2-28 所示为民和股份 2019 年 3 月至 2021 年 1 月的 K 线图。

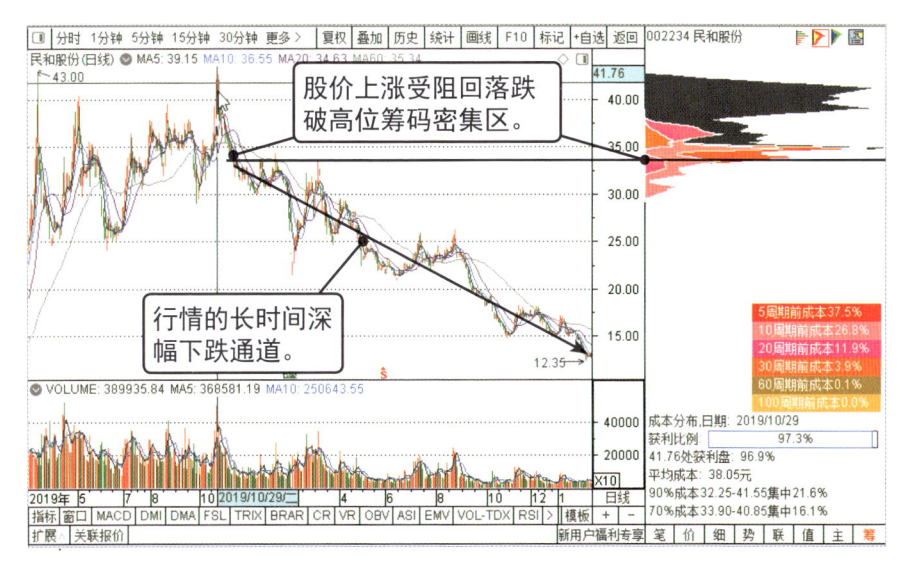

图 2-28 民和股份 2019 年 3 月至 2021 年 1 月的 K 线图

从图中可以看到，该股在 2019 年 10 月底再次上涨到前期高价位区时受阻快速下跌，在短短十多日的交易中，股价跌破长时间震荡形成的高位密集区，说明行情的大势已去，下跌开启。此时投资者要果断抛售出局，否则在后市的漫漫跌势中将被深度套牢，损失惨重。

（3）筹码相对低位密集，股价向下跌破

在股价经过一波较大幅度的下跌后，一般都会有一个震荡过程。在这个震荡过程中，筹码会逐步集中，形成低位密集形态。但是震荡行情结束后，下跌动能会再次占据优势，跌破形成的筹码密集区域，使得股价继续延续原来的下跌。

出现这种情况通常是因为主力已经在前期完成了出货，虽然股价下跌到了一个相对低位，但是这个位置仍然得不到主力的认可。此时密集区的大部分筹码为散户筹码。当持续较长时间的震荡后，股价仍然没有涨上去，此时就会有散户开始割肉出逃。套牢盘不断涌出而下方没有承接盘，使得股价不断向下并跌破低位形成的密集区，行情开启新一轮的下跌，且这个

相对低位的密集区也变成未来下跌后的相对高位密集区，并对股价的反弹形成强力压制。

投资者在遇到这种形态后，一定不能参与，对于已经参与的投资者，此时要及时止损，避免遭受更大的损失。

实例分析

聚力文化（002247）股价向下跌破低位筹码密集区卖出分析

如图 2-29 所示为聚力文化 2018 年 8 月至 2020 年 3 月的 K 线图。

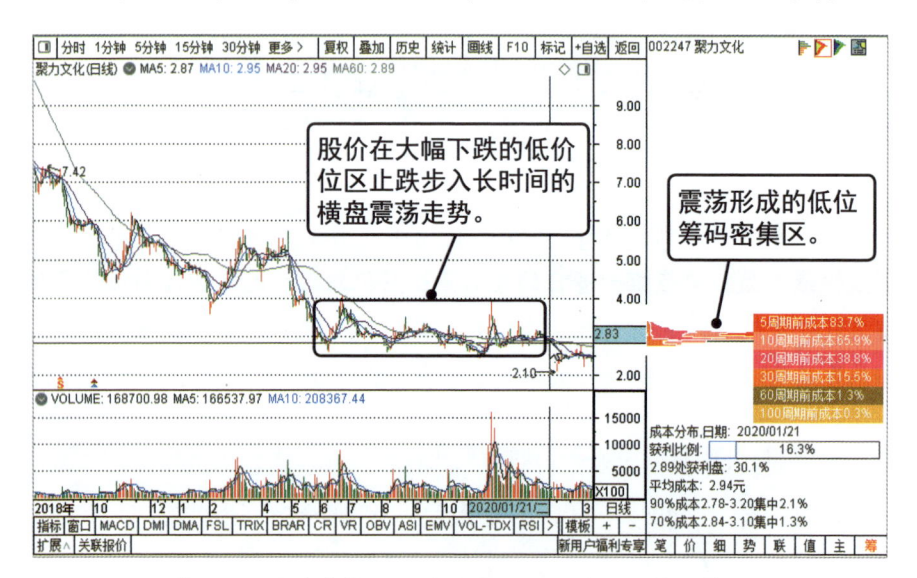

图 2-29　聚力文化 2018 年 8 月至 2020 年 3 月的 K 线图

从图中可以看到，该股经过一轮深幅下跌后在 2019 年 6 月初止跌，随后该股进入长达半年之久的横盘震荡走势。观察 2020 年 1 月 21 日的筹码分布图可以发现，经过大幅下跌以及长时间的横盘震荡走势，此时筹码被集中到了 2.75～3.00 元的价格区间，形成明显的低位筹码密集区。

是否行情就见底了呢？下面继续分析随后的走势。

如图 2-30 所示为聚力文化 2019 年 12 月至 2020 年 5 月的 K 线图。

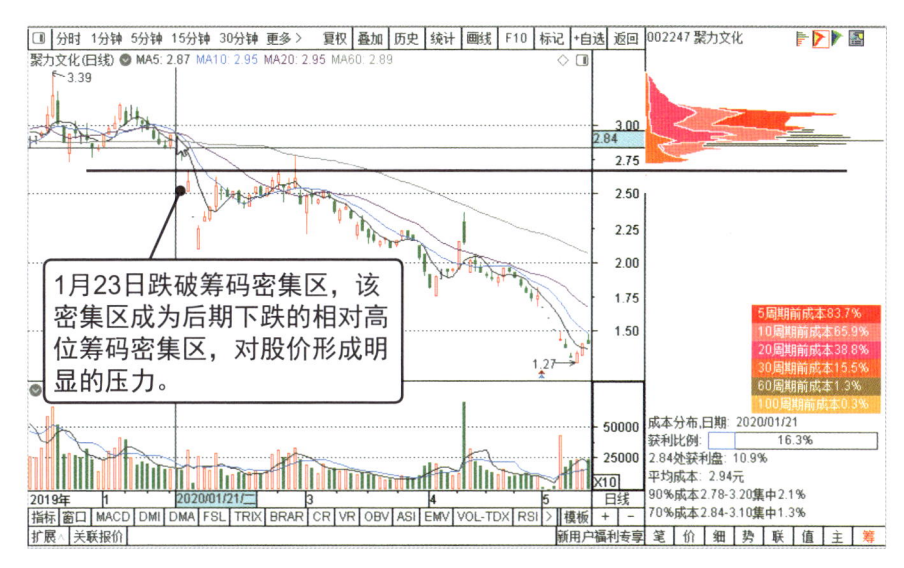

图 2-30　聚力文化 2019 年 12 月至 2020 年 5 月的 K 线图

从图中可以看到，在 2020 年 1 月 23 日，该股跳空低开以 7.5% 的跌幅收出一根带长上影线的阳线，跌破前期相对低位形成的筹码密集区域。随后该股持续下跌，短短 3 个多月的时间，股价又经历了一波翻倍下跌行情。如果在 1 月 23 日股价跌破筹码密集区时，投资者没有及时止损，损失将非常大。

（4）筹码相对低位密集，股价向上突破

在股价经过充分下跌运行到低位的某个区域后，多空双方将在该区域进行激烈争夺。在这个过程中，上方筹码将不断向下移动并形成相对低位的密集区域。

双方经过激烈争夺后，多方势能占据主导地位，估计会向上突破密集区的阻力，此时表明行情发生逆转，上涨趋势形成。

出现这种情况通常是因为主力在低位进行充分吸筹，行情涨不上去主要的原因有两个：

◆　一是大盘走势不配合，主力要逆势拉升成本太高。

◆ 二是较长时间震荡不涨,也可以将部分浮筹清理掉,吸筹更充分,也减少了后市的拉升压力。

因此,一旦出现股价向上突破相对低位的密集区,投资者就要积极跟进做多,持股待涨。

通常,在筹码低位密集区形成的过程中,K线图常呈现出双重底、三重底、头肩底等反转形态。稳健的投资者还可以结合这些形态,或者其他技术指标进行综合判断,以提高操盘的成功率。

实例分析

特发信息(000070)股价向上突破低位筹码密集区买入分析

如图 2-31 所示为特发信息 2017 年 11 月至 2019 年 2 月的 K 线图。

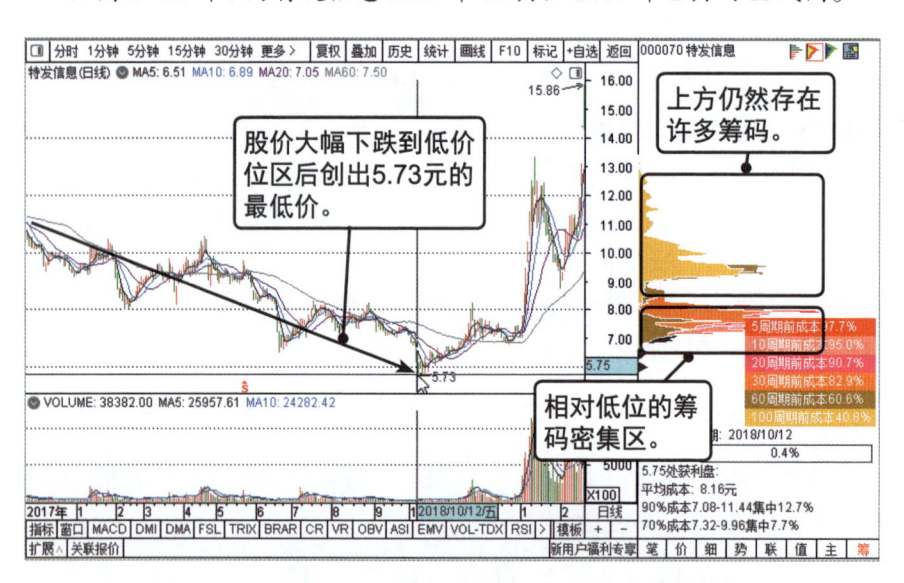

图 2-31　特发信息 2017 年 11 月至 2019 年 2 月的 K 线图

从图中可以看到,该股大幅下跌后在 2018 年 10 月 12 日创出 5.73 元的最低价后止跌。

观察此时的筹码分布图可以发现,虽然此时在 7.00 元～8.00 元的价格区间形成了相对低位筹码密集形态，但是 9.00 元上方还有大量的筹码，尤其在 9.00～10.00 元的价格区间还有相当一部分筹码，这部分筹码对未来股价的上涨会形成明显的压力。

如图 2-32 所示为特发信息 2018 年 6 月至 2019 年 4 月的 K 线图。

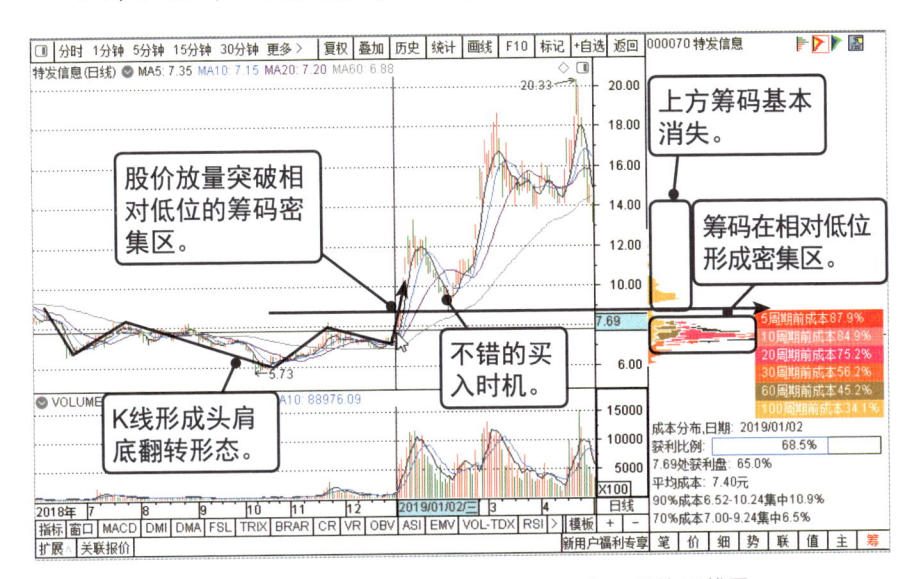

图 2-32 特发信息 2018 年 6 月至 2019 年 4 月的 K 线图

从图中可以看到，随后该股上涨到 8.00 元价位线后反弹上涨受阻继续回落，并在前期相对低位形成支撑，K 线形成形成一个明显的头肩底翻转形态。

观察此时的筹码分布图可以发现，在 2019 年 1 月 2 日，股价止跌后，上方大部分筹码基本消失，在 10.00 元附近的筹码也只有少许，大部分筹码都下移到 7.00～8.00 元的相对低位，并形成明显的密集区域。说明经过这轮的操作，主力在低位吸筹充分。

随后，该股连续放量拉升股价快速突破相对低位的筹码密集区，说明此时主力开始拉升，行情进入主升区，投资者应积极买入做多。未来得及反应的投资者如果没有抓住时机跟进，在随后 2 月份的短暂回落调整阶段，也是一个非常不错的介入时机。

从该股后市的走势来看，在短短两三个月的时间，该股走出了一波翻倍上涨的震荡行情，涨势十分喜人。

2.2.4 技法4：双峰填谷，高抛低吸

要用好"双峰填谷，高抛低吸"这个技法，首先要明白什么是"双峰填谷"。

对于"双峰"形态我们在前面已经有所了解，即股价在运行过程中，筹码分布图上形成相对高位和相对低位两个密集的筹码峰。而在两个筹码峰之间的区域就称为"峡谷"。

当双峰形态出现后，股价通常都会在这两个密集峰之间来回波动，即遇上峰受阻回落，遇下峰得到支撑上涨，使得筹码逐步转移到这两个山峰之间的峡谷里，这就是"双峰填谷"。

筹码逐渐填满峡谷的过程中，股价会在双峰之间震荡变化，股价上涨触及上峰会回落，股价下跌触及下峰会反弹。因此，在填谷期间，投资者可以采用高抛低吸的方式进行短线操作，即当股价下跌到下峰附近受到支撑时买入该股，当股价上涨到上峰附近受到阻碍时卖出，多次波段操作可以获得不错的收益。

当峡谷被填满，双峰也会随之消失，行情就可能发生变化，至于是向哪个方向变化，需观察后继走势进行判断。通常会出现如下两种走势：

◆ 峡谷被填满后上涨行情启动

出现双峰形态后，主力在低位吸筹建仓，股价始终维持在上峰和下峰之间的峡谷区域震荡。

随着时间推移，震荡行情持续，双峰之间的峡谷逐步被填满，且集中到主力手中，主力高度控盘。当双峰之间的峡谷被填平后，股价向上突破筹码峰，则上涨行情启动，投资者可以跟进，享受一轮上涨行情。

◆ 峡谷被填满后股价破位继续下跌

出现双峰形态后，主力实力较弱，股价始终维持在上峰和下峰之间的峡谷区域震荡。

随着时间的推移，双峰之间的峡谷被逐渐填满，但是整体市场处于弱市，一旦股价向下跌破筹码峰，之后股价就会延续之前的下跌走势继续下跌。此时投资者一定要果断出局，规避行情继续下跌带来的损失。

实例分析

宜华健康（000150）双峰填谷高抛低吸操作分析

如图2-33所示为宜华健康2020年5月至2021年3月的K线图。

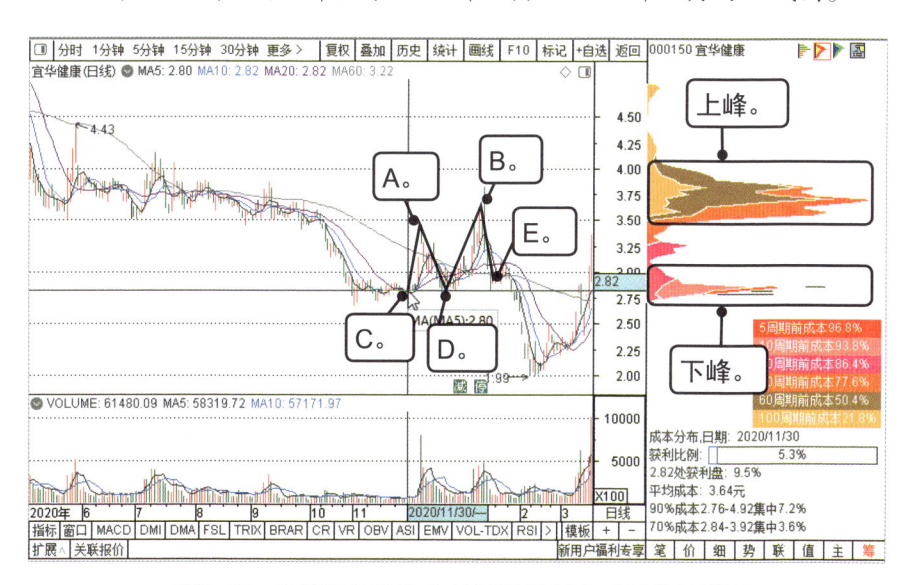

图2-33　宜华健康2020年5月至2021年3月的K线图

从图中可以看到，该股大幅下跌后在2020年10月运行到一个相对低位跌势减缓，随后经历了一波横向整理的横盘行情。

观察2020年11月30日的筹码分布图可以看到，该股出现了明显的双峰形态，上峰筹码的价格区间为3.50～4.00元，下峰筹码的价格区间为2.75～3.00元。

随后该股出现震荡行情，震荡上涨高点都在上峰位置附近，震荡回落低点都在下峰位置附近，投资者此时可以在 C 点和 D 点企稳后买入，在 A 点和 B 点位置附近卖出，进行波段操作。

当股价回落到 E 点附近后，是否还可以继续低吸买入呢？我们继续观察对应的筹码分布图。

如图 2-34 所示为宜华健康 2020 年 7 月至 2021 年 2 月的 K 线图。

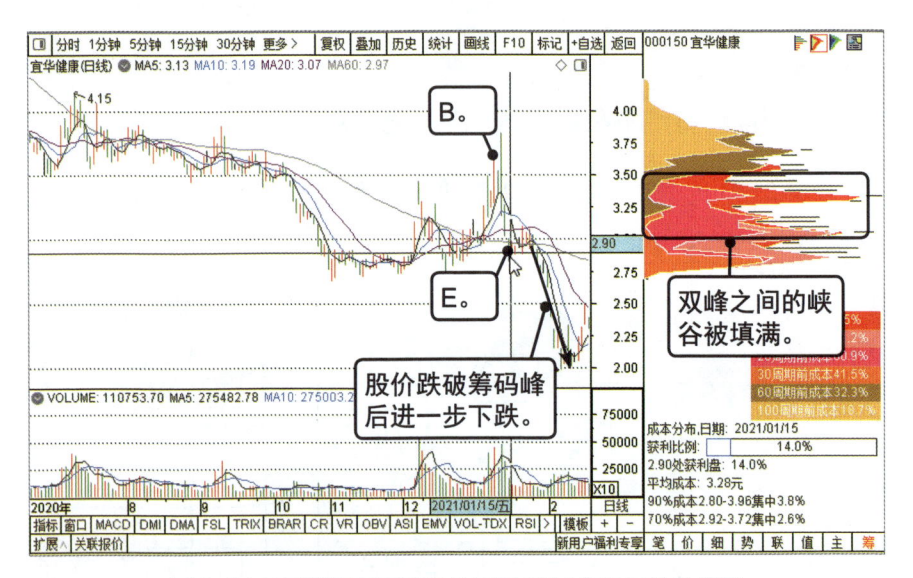

图 2-34　宜华健康 2020 年 7 月至 2021 年 2 月的 K 线图

从图中可以看到，该股在 B 点反弹受阻后连续 3 根阴线拉低股价回落到 2.90 元的价位线附近。

观察此时的筹码分布图可以明显地发现，双峰之间的峡谷区域被填满了，而且此时股价也出现三连阴拉低股价的走势，市场表现出弱市行情，投资者此时不能进行低吸操作，应离场观望。随后该股继续跌破筹码密集区展开了进一步下跌。

2.3 筹码分布形态的 4 个实战要点

在使用筹码分布技术分析个股走势时，除了要熟练运用上述的 4 个技法之外，还需重点把握使用该技术的一些实战要点，从而更加准确地研判行情走势，提高操盘的准确性，以规避因误判带来的不必要的风险。下面就来介绍 4 个常见的筹码分布形态实战要点。

2.3.1 要点 1：低位密集峰的反复

一般而言，股价在经过大幅下跌运行到低价位区后，筹码会在低位形成密集峰，预示着股价上涨的动力已经积蓄完毕，之后出现上涨的概率是非常大的。

但有时个股在形成低位密集峰后，股价却突然向下跌破该密集峰，随后在较短的时间又拉回并向上突破原来的密集峰。这是新一轮上涨行情开始的重要标志，之前股价的突然跌破低位筹码密集峰，是因为主力手中筹码不够，借消息或者大盘对个股进行凶狠洗盘。这种股票后市通常会展开一波不错的行情，投资者应积极买入，做多。

在实战中，投资者遇到低位密集峰反复时，操盘过程中还要注意以下 6 个方面。

①低位密集峰通常是由较长时间的震荡洗盘形成的，在这个震荡过程中，散户因为无法忍受长时间震荡行情，就会抛售手中筹码。

②股价跌破低位密集峰一般是主力打压洗盘所致，投资者要坚定持有筹码。

③股价突然向下跌破筹码密集峰时，其回调幅度一般小于 20%，且持续时间一般不会超过 22 个交易日。

④回调时密集峰一般没有变小的态势，成交则呈现缩量态势。

⑤洗盘回调之后回升一般伴随着放量过程。

⑥突破原密集峰一般是较好的买入时机。

实例分析

美锦能源（000723）跌破低位密集峰后快速拉升买入分析

如图 2-35 所示为美锦能源 2018 年 5 月至 2019 年 1 月的 K 线图。

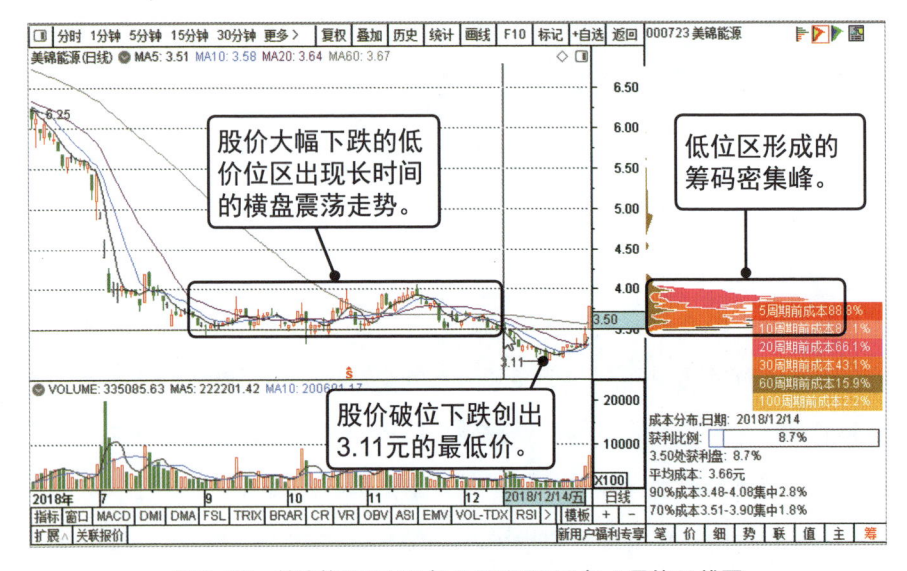

图 2-35　美锦能源 2018 年 5 月至 2019 年 1 月的 K 线图

从图中可以看到，该股大幅下跌后在 2018 年 8 月底企稳后步入长达 4 个月左右的横盘整理阶段。观察 2018 年 12 月 14 日的筹码分布图可以发现，上方高位筹码基本消失，在 3.50～4.00 元的低价位区间，筹码分布形成低位密集峰形态。

随后该股在 12 月 14 日连续收阴跌破低位筹码密集峰，在短短 10 个交易日左右创出 3.11 元的最低价，跌幅为 11% 左右。

该股是否会继续下跌行情呢？下面继续观察随后的走势。

如图 2-36 所示为美锦能源 2018 年 10 月至 2019 年 2 月的 K 线图。

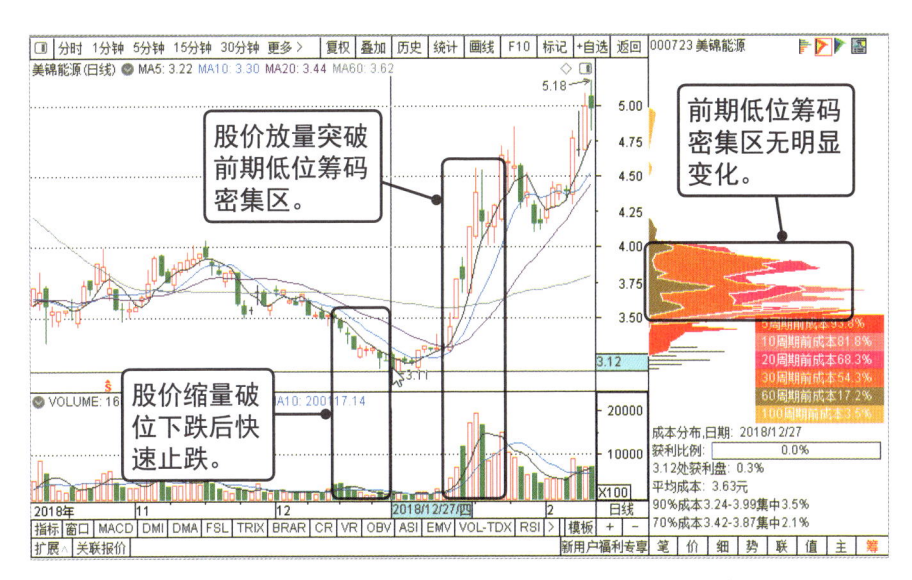

图 2-36　美锦能源 2018 年 10 月至 2019 年 2 月的 K 线图

从图中可以看到，该股在跌破低位筹码密集峰后，成交出现极度缩量，并在创出 3.11 元的最低价后出现地量成交。

观察创出最低价当日的筹码分布图可以看到，虽然股价经历了一波快速下跌的行情，但是在 3.50～4.00 元价格区间形成的低位筹码密集峰并没有出现明显变化，说明通过前期的长时间横盘整理，大部分筹码已经被集中到主力手中。此时为下跌行情的最后一跌，目的是进一步清理市场中的浮筹，为后市拉升减轻压力，也标志着行情即将翻转上涨。投资者此时可以积极逢低吸纳，买入做多。

随着股价在 3.11 元企稳后，该股出现了快速拉回的走势，并伴随着成交量快速放大，短短几个交易日后，该股放量拉高股价突破前期的低位筹码密集峰开启上涨行情。

如图 2-37 所示为美锦能源 2018 年 11 月至 2019 年 4 月的 K 线图。

从图中可以看到，该股放量突破前期低位筹码密集峰后出现了一波大幅上涨行情，在短短 3 个月左右的时间，股价从 4.00 元附近最高上涨到 21.54 元，涨幅超过 438%。

如果投资者在股价快速跌破低位筹码密集峰后再次快速拉升突破先前的低位筹码密集峰时积极买入做多，将获益颇多。

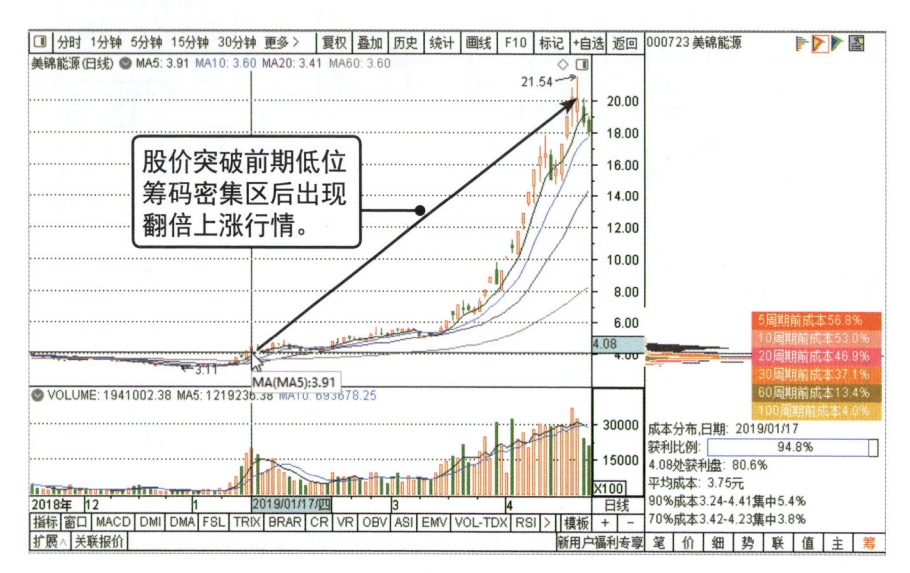

图 2-37　美锦能源 2018 年 11 月至 2019 年 4 月的 K 线图

2.3.2　要点 2：注意突破及突破后的回调

在筹码分布技术中，投资者都比较喜欢看到在股价大幅下跌后的低位出现筹码密集区，因为此时大概率是行情的底部。

对于大部分个股来说，在股价向上突破相对低位的筹码密集区后都会有一个回调休整阶段，并在回调到前期形成的筹码密集区得到支撑止跌，之后再次拐头向上，此时上涨趋势便到有效确认，稳健的投资者可以积极做多。

但是，也有少数强势股在股价向上突破相对低位的筹码密集区后便快速上涨，或者在上涨很大幅度后才出现稍许的回调，来不及反应的投资者可能因为没有及时跟进而错失一波不错的行情。

为了更进一步确认股价突破低位筹码密集区或突破后的回调买入时

机，我们通常需要关注以下两个关键点：

①当股价突破低位筹码密集区时，一般都会对应股价突破前期下跌过程中放量位置甚至天量位置的价位。因为在这些位置堆积着大量的筹码，必将成为上涨的阻力，一旦这种价位被突破，就表明多空双方的角逐已经分出了胜负。之前在这些位置套牢的筹码都得到了"解放"，而有如此魄力，在短时间"解放"这么多筹码的主力，资金通常都非常雄厚，后市的上涨几乎是必然。投资者可以在股价突破相对低位筹码密集区后果断买入。

②当股价突破低位筹码密集区并得到回调确认后，筹码分布图应该呈现发散状态，才能确认上涨行情的全面展开，但是，还是要结合其他指标进行综合判断，才能提高买点的可靠性。

实例分析

星期六（002291）突破低位筹码密集区及回踩筹码密集区买入分析

如图2-38所示为星期六2017年10月至2019年12月的K线图。

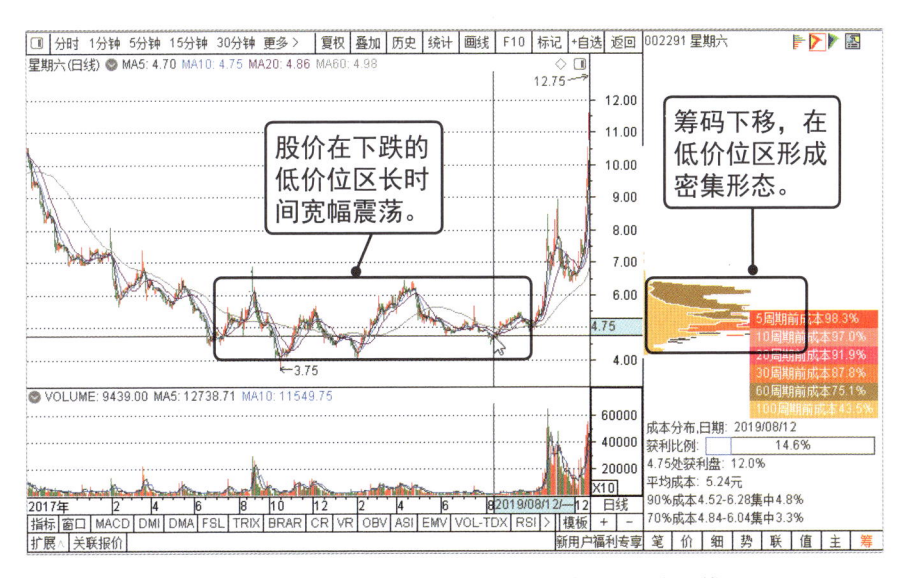

图2-38　星期六2017年10月至2019年12月的K线图

从图中可以看到，该股大幅下跌到 2018 年 6 月左右止跌，随后该股在 3.76～6.50 元的价格区间附近宽幅震荡，整个震荡行情持续一年多的时间。

观察 2019 年 8 月 12 日的筹码分布图可以发现，此时上方筹码基本消失，筹码下移到下方，并在 4.00～6.50 元的低位区间形成筹码密集区。

如图 2-39 所示为星期六 2018 年 6 月至 2019 年 11 月的 K 线图。

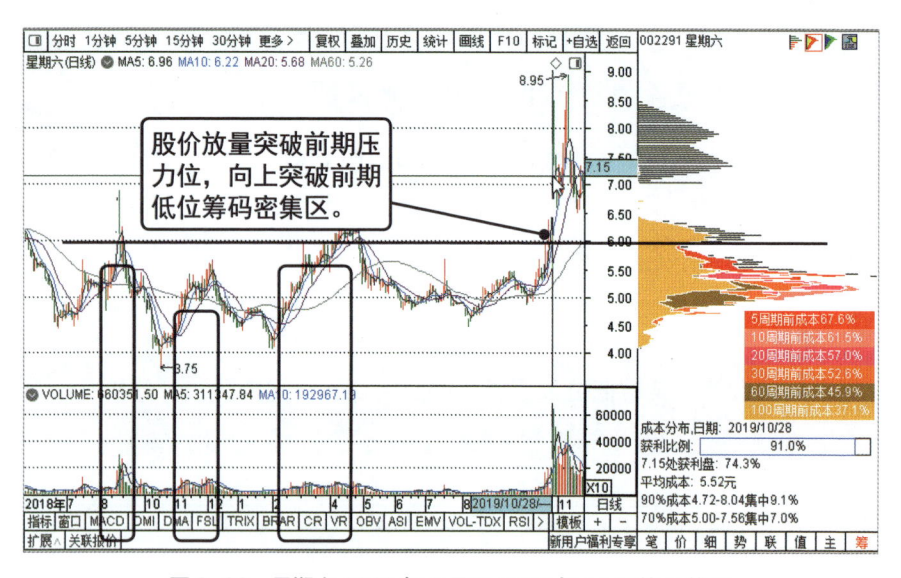

图 2-39　星期六 2018 年 6 月至 2019 年 11 月的 K 线图

从图中可以看到，该股出现了明显的放量拉升行情，并且已经明显突破前期震荡过程中放量和巨量反弹的高位，经过长达一年多的震荡行情，许多筹码已经失去了持股的耐心，面对这种力度的反弹，纷纷抛售解套。

再来观察此时的筹码分布图可以发现，股价快速冲到 6.50 元价位线上方，突破了前期低位形成的筹码密集区，能在短时间内让前面的套牢盘解套并向上突破低位筹码密集区，这无疑是主力进驻的标志。

投资者可以密切关注，对于激进的投资者此时可以采取逢低买进的操盘策略。

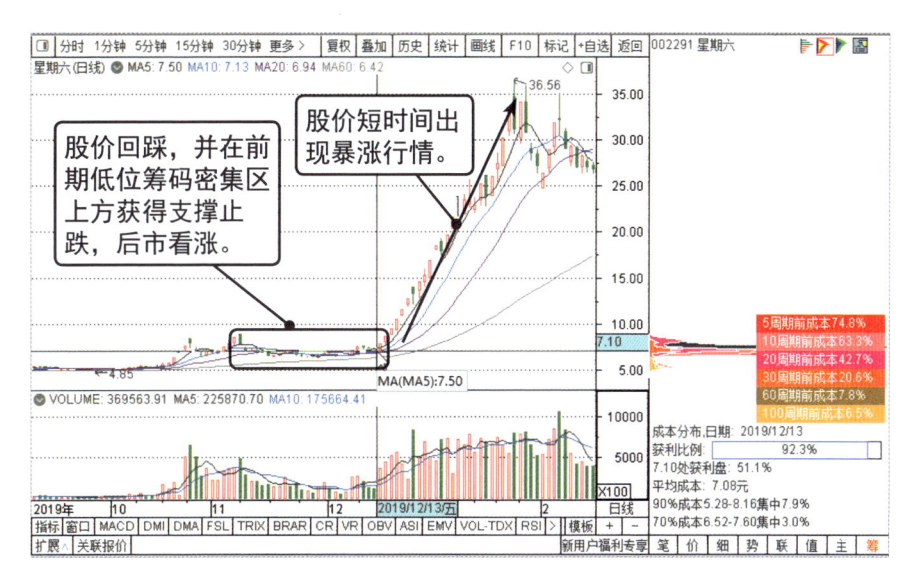

如图 2-40 所示为星期六 2019 年 9 月至 2020 年 2 月的 K 线图。

图 2-40　星期六 2019 年 9 月至 2020 年 2 月的 K 线图

从图中可以看到，该股在 10 月放量突破低位筹码密集区后，出现了一波回调走势，整个回调成交出现明显缩量，且股价回踩前期低位筹码密集区，并在其上方获得支撑止跌。说明了主力强大的护盘能力，后市看好，投资者应果断买入，持股待涨。

从后市的走势来看，该股出现了一波暴涨行情，在短短一个多月的时间，股价从 7.00 元附近上涨到 36.56 元的最高价，涨幅超过 422%。

无论是在股价突破低位筹码密集区跟进的投资者，还是在回踩确认后跟进的投资者，持股一段时间后都将获得丰厚的收益。

2.3.3　要点 3：拉高过程中的多个密集峰

通过 2.3.2 节我们知道了，在上涨行情全面开启后，筹码分布图的形态就会由相对集中变为相对分散，而且往往也会形成多个筹码密集峰。这是上涨动能正在释放的标志，投资者应密切关注股价的变化趋势，不可一味追涨。此外，在实际的操盘过程中，还应注意以下几个方面：

- 在股价出现一波或几波比较明显的上涨之后，可能会出现较长时间震荡，这通常是主力在进行洗盘震仓，中短线投资者要注意规避，最好逢高卖出，锁定利润，待行情调整结束后再介入。

- 新的筹码峰形成时，相对低位的筹码峰会随着上方筹码峰的形成而变小，但不应该消失。

- 如果投资者发现上方筹码峰形成的同时，下方的筹码峰在迅速变小或消失，很可能是主力在大量出货，此时应结合其他指标判断是否卖出，以便及时锁定利润。

- 新的筹码峰会成为该股打压洗盘或振荡行情的重要支撑位，只要不跌破该支撑位，股价通常不会转势下跌。

实例分析

顺丰控股（002352）拉高过程中多个密集峰持股待涨分析

如图 2-41 所示为顺丰控股 2017 年 1 月至 2019 年 10 月的 K 线图。

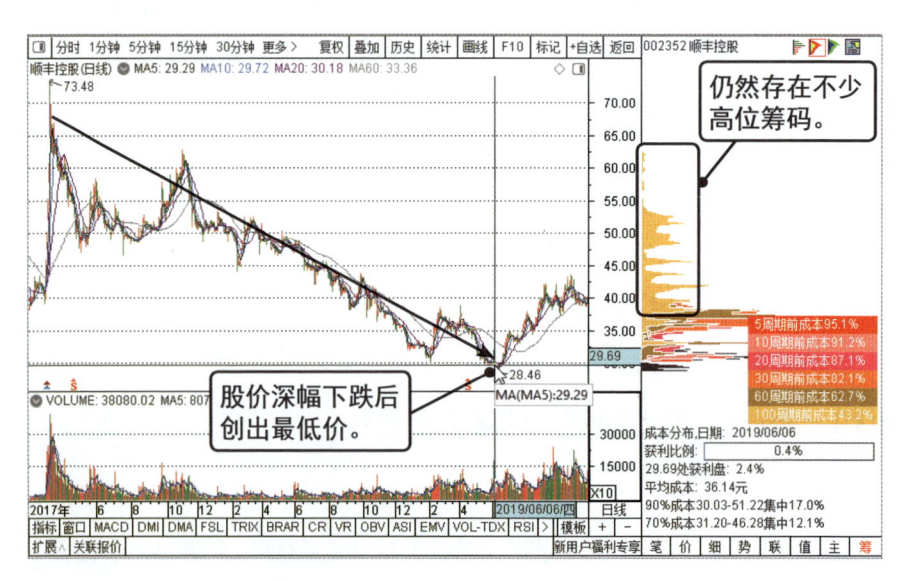

图 2-41　顺丰控股 2017 年 1 月至 2019 年 10 月的 K 线图

从图中可以看到，该股大幅下跌后运行到低价位区，并在2019年6月6日创出28.46元的最低价止跌。

观察此时的筹码分布图可以发现，虽然股价运行到低价位区，并在低价位区大量集中，但是40.00元上方还存在许多高位筹码，这些筹码对后市的拉高会造成一定的压力。

如图2-42所示为顺丰控股2019年6月至2020年2月的K线图。

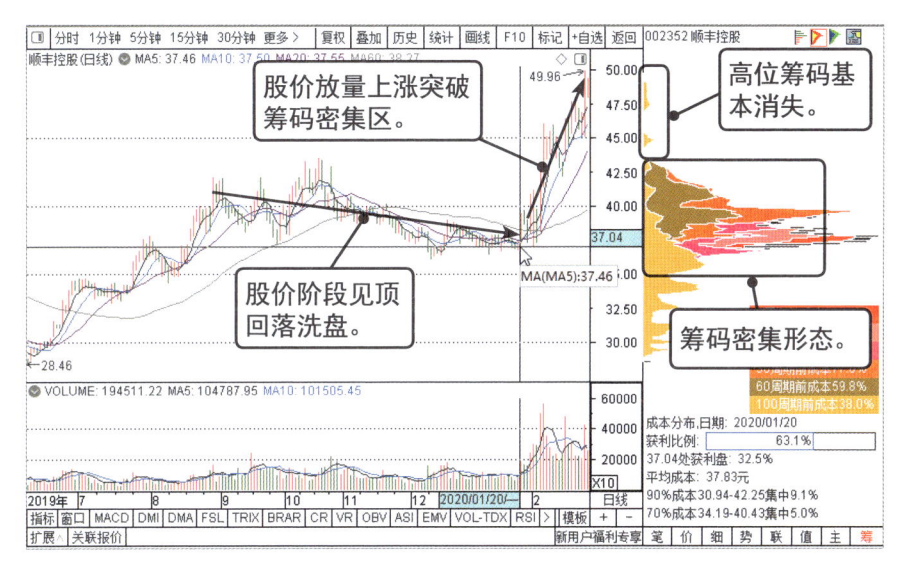

图2-42 顺丰控股2019年6月至2020年2月的K线图

从图中可以看到，该股在创出28.46元的最低价后企稳回升步入上涨行情。在这一轮的上涨行情中，高位筹码抛售解套，对股价的上涨形成一定的压力。

最终股价在上涨到40.00元价位线附近后止涨，随后便进入了一波回落调整，经过这一轮的上涨回落后，上方筹码大部分消失了。此时筹码分布在30.00～42.50元的价格区间，并在35.00～40.00元的价格区间形成密集峰，说明此时市场的大部分筹码的持仓成本在这个价格区间。

随后，该股在 2020 年 2 月初开始连续放量拉升股价突破 40.00 元筹码密集峰，开启上涨。

如图 2-43 所示为顺丰控股 2019 年 7 月至 2020 年 7 月的 K 线图。

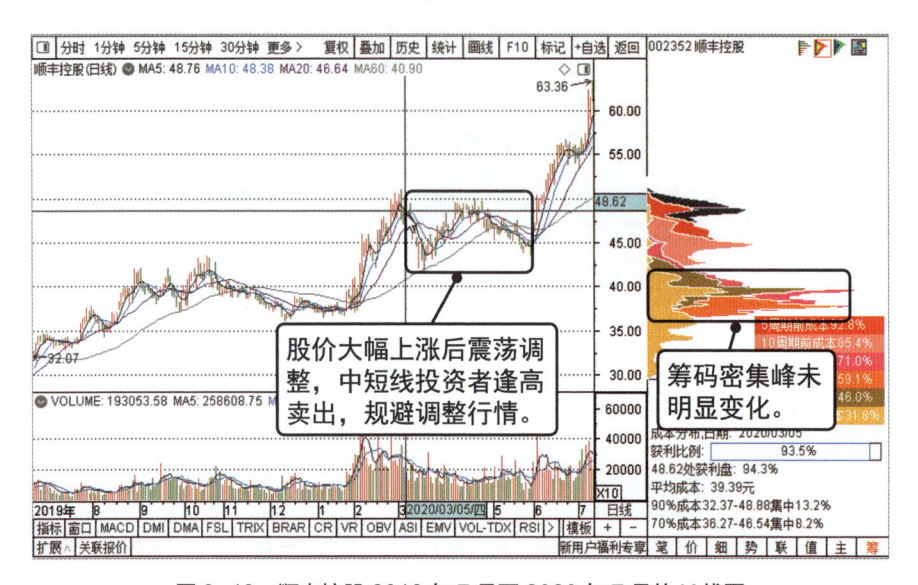

图 2-43　顺丰控股 2019 年 7 月至 2020 年 7 月的 K 线图

从图中可以看到，该股经过一个月的上冲涨到 50.00 元的价位线出现阶段性见顶回落。相对于前期 28.46 元的低价，此时股价已经有接近 76% 的涨幅了，还是算比较高的涨幅了。

是否股价就见顶了呢？观察此时的筹码分布图可以发现，虽然股价有了较大的涨幅，但是早期下方形成的筹码密集峰没有怎么变化，说明市场还是看好的。此时是拉高过程中的正常震荡洗盘阶段，中短线投资者可以逢高卖出，规避后市的调整行情。

如图 2-44 所示为顺丰控股 2019 年 11 月至 2020 年 9 月的 K 线图。

从图中可以看到，该股经过 3 个月左右的时间调整，2020 年 6 月初在前期相对低位筹码密集区上方再次获得支撑止跌上涨，步入新一轮的拉升行情。

从拉升的筹码分布图来看，虽然在大幅拉升过程中，股价多次经历幅度大小不一的回落调整，并多次形成密集峰形态，但是下方筹码都没有明显减少，且多次形成的密集峰形态都对后市股价上涨形成有力的支撑，更加坚定市场向好的信心。投资者在这种筹码分布图的指导下，应该坚定持股待涨。

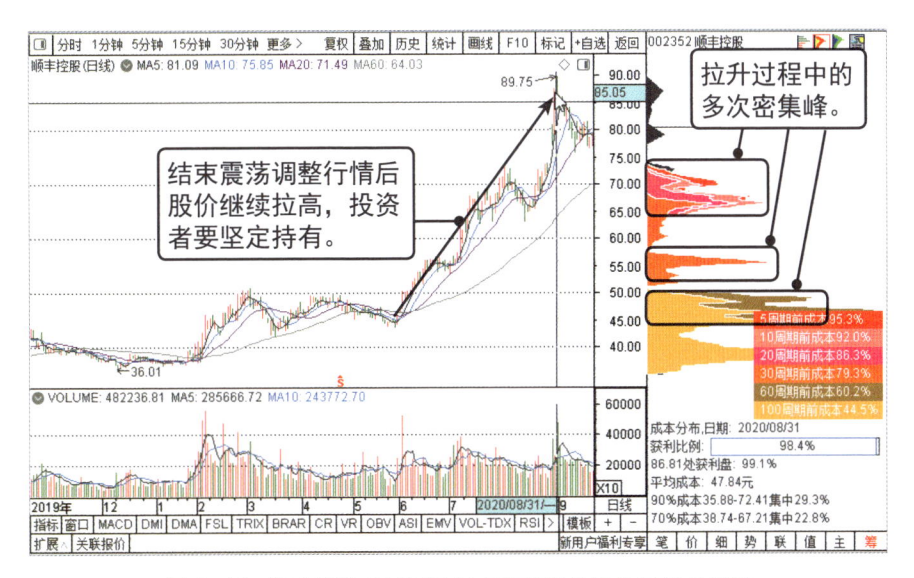

图 2-44　顺丰控股 2019 年 11 月至 2020 年 9 月的 K 线图

2.3.4　要点 4：高位密集峰后的下跌发散

在股价长期大幅上涨后，下方筹码不断向上移动，并在高位形成密集峰，此时大概率是股价见顶的信号，之后股价便会转头向下运行。

如果此时筹码密集峰伴随股价的下跌而向下发散，并形成多个密集峰，说明市场中的下跌动能正在不断释放，但这并不意味着股价就没有了下跌动力，因为下跌中形成的筹码峰会不断成为股价上涨的压力。此时投资者最好持币观望，不要轻易入场，或者轻易抢反弹。

实例分析

垒知集团（002398）股价跌破高位密集峰后发散行情分析

如图 2-45 所示为垒知集团 2019 年 11 月至 2020 年 9 月的 K 线图。

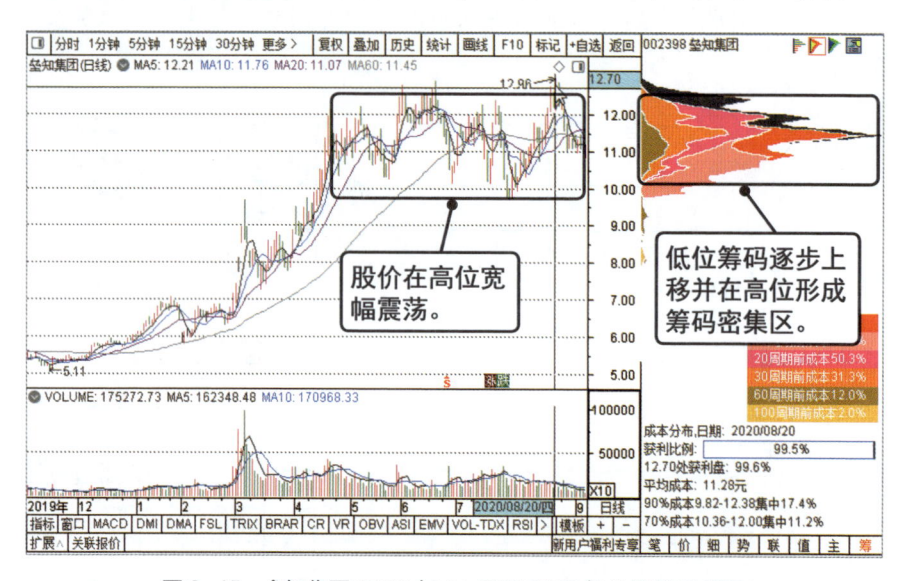

图 2-45　垒知集团 2019 年 11 月至 2020 年 9 月的 K 线图

从图中可以看到，该股在 2019 年 11 月中旬创出 5.11 元的价格后企稳回升步入上涨行情，在大幅上涨后于 2020 年 4 月底运行到 11.00 元的价格上方，随后股价出现滞涨，并长时间在 10.00～12.00 元的价格区间进行震荡，并在 2020 年 8 月 20 日，创出 12.96 元的最高价。

观察这一震荡过程中的筹码分布图可以发现，经过这一波的横盘震荡行情，下方筹码基本上都转移到上方，并在 10.00～12.00 元的价格区间形成高位筹码密集形态，说明低位的主力筹码在震荡行情中基本完成了兑现。现在的筹码大部分都集中在散户手中，失去主力操作的个股，后市想要继续上涨是很难的。

下面继续分析该股后市的走势。

如图 2-46 所示为垒知集团 2020 年 8 月至 2021 年 2 月的 K 线图。

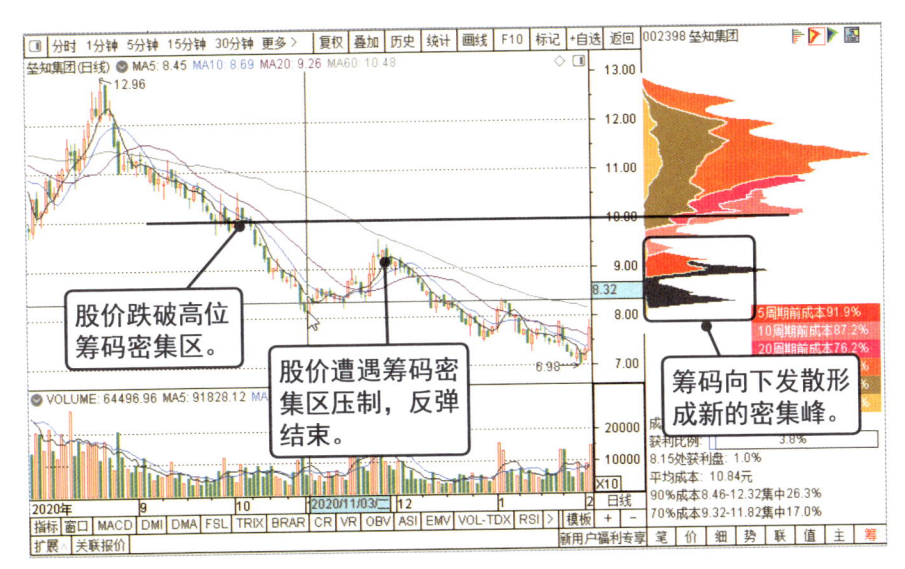

图2-46 垒知集团2020年8月至2021年2月的K线图

从图中可以看到，在股价创出12.96元的最高价后一路下跌，经历了一波快速下跌行情，并在2020年11月3日出现止跌走势。

观察此时的筹码分布图可以发现，股价在2020年10月左右向下跌破高位筹码密集区后在下方形成两个密集峰，整个筹码分布图呈现出发散形态，说明上方的空方势能向下转移，并逐步释放。

但是此时由于上方的高位筹码密集区仍然有很多筹码，空方势能并没有完全释放，虽然出现了止跌行情，但是整体市场看空势能还是比较强，投资者不能盲目介入。

这波反弹虽然持续一个月的时间，但是涨幅却并没有多大，最终在高位筹码密集区下方反弹受阻继续下跌。

如图2-47所示为垒知集团2020年8月至2021年8月的K线图。

从图中可以看到，该股在2020年11月底反弹受阻后继续拐头向下运行，此时形成的新的筹码密集峰长期压制股价，之后股价又经历了一波长时间的深幅下跌行情。

如果投资者在股价向下跌破高位筹码密集区，并形成发散形态后盲目介入，将大概率被深度套牢。

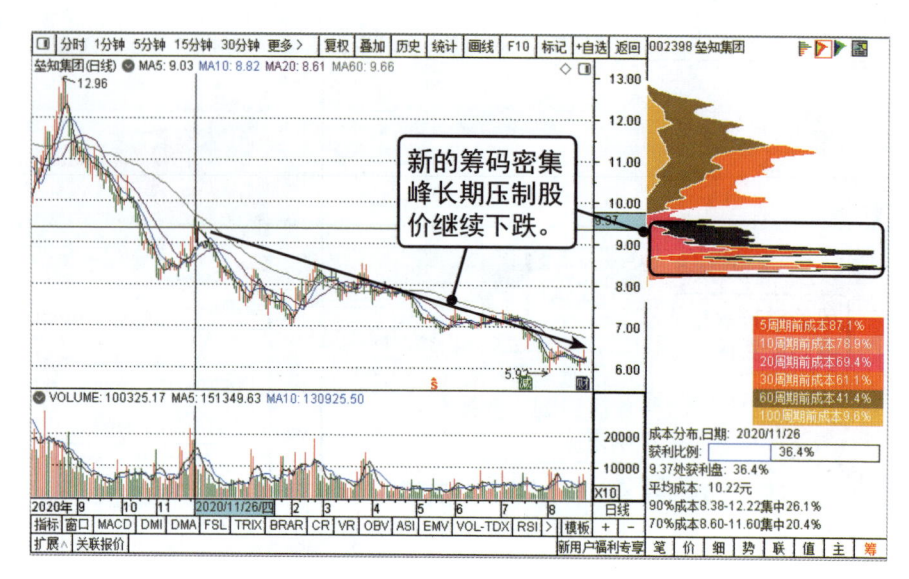

图 2-47 垒知集团 2020 年 8 月至 2021 年 8 月的 K 线图

第 3 章

抓买卖点：筹码分布与K线实战应用

K线是投资者分析股市变化的重要工具。利用K线及K线组合的变化可以快速研判股市行情变化，从而准确把握个股买卖点。而筹码分布图是对市场平均成本的反映和分析，因此，二者的结合可以更加准确地抓住买卖时机，使投资收益最大化。

○ 认识股市K线技术
○ 经典底顶K线组合与筹码分布结合实战
○ 常见反转K线形态与筹码分布结合实战

3.1 认识股市 K 线技术

K 线图起源于日本，主要是商人用来记录米市的行情和价格波动变化，后来因为其精准、细腻以及灵敏的标画方式而被引入股票市场，用来记录股票价格和研究个股走势。K 线是炒股技术中最常见、最基础的一种技术分析手段，绝大部分技术分析指标都是依据股价的 K 线图而来的。投资者要想用好这个技术，就要对其基本知识进行认识。

3.1.1 剖析 K 线的结构形成

K 线图又称蜡烛图、阴阳线、棒线等，用于描述个股当日开盘价、收盘价、最高价和最低价。根据开盘价和收盘价的关系，可以将其分为阳线、阴线和十字线，如图 3-1 所示。

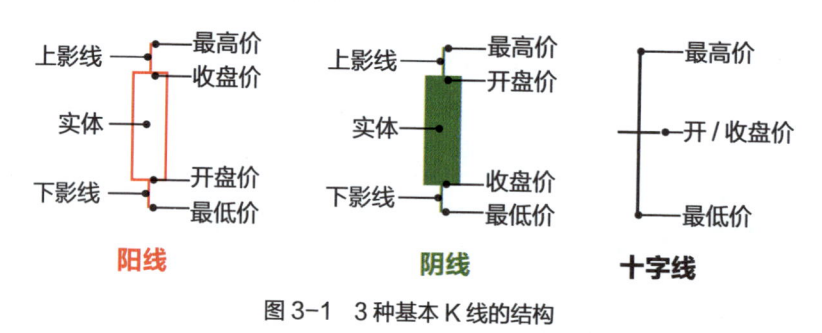

图 3-1　3 种基本 K 线的结构

各种类型 K 线的具体形成规则如表 3-1 所示。

表 3-1　各种类型 K 线的形成规则

类　　型	形成规则
阳线	股票当日收盘价高于开盘价称为阳线，其在 K 线上反映为：开盘价在下收盘价在上，实体常为红色的实心或空心。
阴线	股票当日收盘价低于开盘价称为阴线，其在 K 线上反映为：开盘价在上收盘价在下，实体常为绿色或黑色的实心。

续表

类　型	形成规则
十字线	股票当日收盘价等于开盘价称为十字线，其在 K 线上反映为：开盘价、收盘价和实体重合，再加上下影线的"十"字形

在 K 线中还有上影线和下影线，其形成原因分别如下：

◆ 上影线是从实体向上延伸的细线，其最高点是当天股价的最高价，上影线产生的原因是空方力量大于多方力量。

◆ 下影线是从实体向下延伸的细线，其最低点为当天股价的最低价。下影线产生的原因是多方力量大于空方力量。

3.1.2 了解 K 线的类型划分

根据不同的分类标准，可以将 K 线分为多种不同的类型，对于股票投资者而言，一般有意义的分类是根据计算周期、股价波动范围以及 K 线形态进行分类。

（1）根据计算周期划分 K 线

根据 K 线计算周期的不同，可以将其分为日 K 线、周 K 线、月 K 线、年 K 线，或者采用更短的时间周期，将一天内的交易时间分成若干，如 1 分钟 K 线、5 分钟 K 线、15 分钟 K 线、30 分钟 K 线和 60 分钟 K 线等。

对于不同周期的 K 线，其研判的走势也不同，通常周 K 线、月 K 线和年 K 线用于研判中长期走势，而 5 分钟 K 线、15 分钟 K 线、30 分钟 K 线和 60 分钟 K 线反映股价的超短期走势。

股票行情软件都提供了显示不同周期 K 线图的功能，如在通达信行情软件中单击 K 线图顶部相应的按钮即可切换至相应周期的 K 线图，如图 3-2 所示。当股票的 K 线图周期被切换后，其他叠加到 K 线图上的技术指标及下面的副图指标也会同时改变为相应的时间周期。

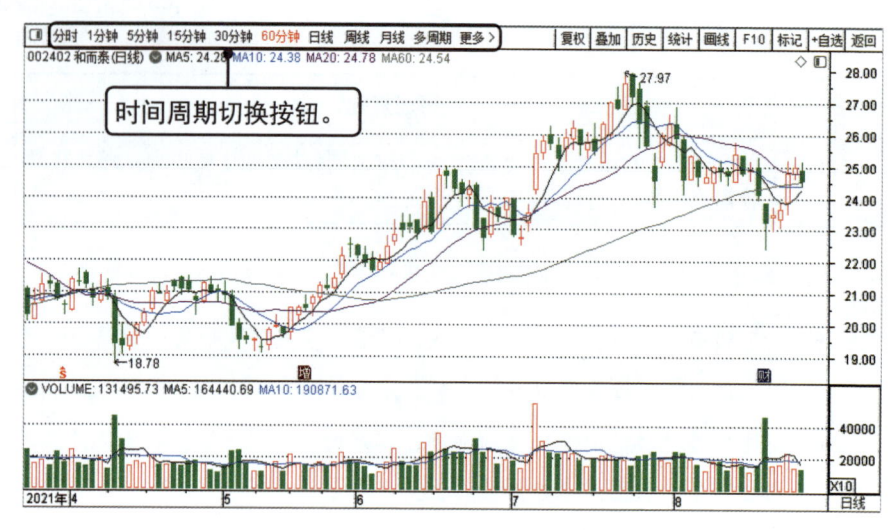

图 3-2　通达信炒股软件中的 K 线图效果

（2）根据股价波动范围划分 K 线

根据开盘价与收盘价的波动范围，可以将 K 线分为极阴、极阳、小阴、小阳、中阴、中阳、大阴和大阳等线型，极阴线和极阳线通常称为小阳星或小阴星，划分标准如图 3-3 所示。

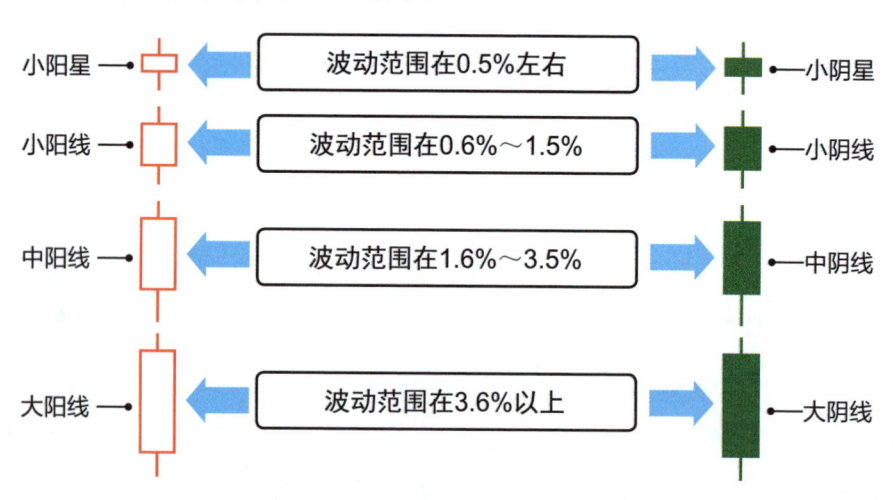

图 3-3　按股价波动范围划分的 K 线类型

(3) 根据 K 线形态划分 K 线

按 K 线组成的形态来分，则类型繁多。这里我们按组成形态的 K 线数量来分，可以把 K 线形态分成单根 K 线形态、K 线组合形态和 K 线走势形态几类，其区别如下：

- **单根 K 线形态**：即单根 K 线，常见的形态有 20 余种，不过大多数单根 K 线不具备指导作用，只有部分 K 线，如十字星、光头光脚阳线或阴线、T 字线、锤头线或倒转锤头线等才具有一定的意义，后面将简要介绍常见单根 K 线的基本含义。

- **K 线组合形态**：是指 2~3 根或 3 根以上（一般不超过 5 根）的相邻 K 线组合而成的形态，通常用于短线买卖的指导，相比单根 K 线，组合形态的有效性高得多，特别是出现在波段顶部或底部的一些经典组合，往往是波段的转折点，后面将详细介绍几种经典的顶底组合形态。

- **K 线走势形态**：是指一组连续的 K 线走势形成的组合形态，通常大于 5 根，多至几十根甚至上百根连续 K 线，相当于一小段行情走势。K 线走势形态又分为反转形态和整理形态两大类，用于研判中长期行情走势的逆转或延续，本章后面将详细介绍这两类 K 线走势形态中的一些经典形态。

从有效性来看，K 线走势形态的有效性最高，因此是后面重点讲解的内容。K 线组合形态对于把握波段转折点也比较重要。要理解这些组合与走势形态的意义，首先还是需要弄懂单根 K 线的基本含义。

3.1.3 常见单根 K 线形态及其市场意义

虽然单根 K 线图中只包含了个股当日的开盘价、收盘价、最高价和最低价，但是根据这 4 个数据，可以构筑出不同形态的单根 K 线。下面就针对一些常见的 K 线进行介绍，让投资者了解这些单根 K 线具有的市场意义，具体见表 3-2。

表 3-2　常见单根 K 线形态及其市场意义

名　称	形　态	市场意义说明
小阳星		全天股价波动很小，收盘价略高于开盘价。该形态表明行情处于混乱不明的阶段，需根据前期 K 线组合的形态以及当前所处的价位区域综合判断。
小阴星		全天股价波动很小，收盘价略低于开盘价。该形态表明当前行情疲软，发展方向不明确。
小阳线		全天股价波动范围较小，收盘价高于开盘价。该形态表明多方稍占上风，但上攻乏力，后市行情发展仍扑朔迷离。
小阴线		全天股价波动范围较小，收盘价低于开盘价。该形态表示空方呈打压态势，但力度不大，行情发展趋势不明。
大阳线		开盘后股价短暂下跌，然后快速回调并一路上涨，最后以高价收盘形成阳线，其上下影线短。无论是在上升还是在下跌行情中出现该形态，说明行情被看好，后市将上升。
大阴线		开盘后股价短暂上升，然后快速下跌并一路下跌，最后以低价收盘形成阴线，其上下影线短。无论是在上升还是在下跌行情中出现该形态，说明行情不被看好，后市将下跌。
光头阳线		以当天最高价收盘的 K 线，因此没有上影线。光头阳线如果出现在相对低价位区，在当天的分时图上表现为股价探底后逐浪走高且成交量同时放大，则预示着新一轮上升行情的开始；如果光头阳线出现在上升行情途中，表明后市继续看好。
光头阴线		光头阴线的开盘价为当天的最高价，随后股价一路下滑，在低位又遇买盘涌入使股价略微回升，但低于开盘价。如果光头阴线出现在低价位区，说明有抄底盘的介入使股价反弹，但力度不大；如果光头阴线出现在经过一段明显上涨之后的高价位区，且下跌时放量，尾盘短时间内小幅拉升但成交量不大，则有可能是庄家全天派货后，临近尾盘用少量资金快速拉高股价，为次日继续出货做准备。
光脚阳线		与光头阳线相反，实体在下，但实体长于上影线。这种 K 线形态表示上升势头强劲，但在高价位处多空双方有分歧。

82.

续表

名称	形态	市场意义说明
光脚阴线		与光脚阳线形态相似，但收盘价为当日最低价。这种K线形态表示股价虽有反弹，但上方抛压沉重，如果该形态出现在下降趋势中，则预示着次日还有下跌；如果出现在上升途中，则可能是主力趁势打压洗盘。
光头光脚阳线		开盘价＝最低价，收盘价＝最高价，上下没有影线，说明多方力量处于强势，后市看涨。
光头光脚阴线		开盘价＝最高价，收盘价＝最低价，上下没有影线，说明空方力量处于强势，后市看跌。
上吊阳线		上吊阳线也称为吊颈线，这种K线的特征是实体很短，无上影线或有很短的上影线，下影线远长于K线的实体。如果上吊阳线出现在成交量萎缩的低位探底区域，且随着股价的回升成交量呈均匀放大状态，并最终以上吊阳线报收，则后市看涨的概率极大；如果在高位区出现上吊阳线，主力在尾盘用短时间快速拉至最高价收盘，则有可能是主力在拉高出货，需要特别注意。
下影阳线		下影阳线是指下影线比较长的阳线，它与上吊阳线不同的是，下影阳线可以带一点上影线，但远小于下影线，通常实体部分也大于上吊阳线。下影阳线表明多方的进攻沉稳有力，股价先跌后涨，股价有进一步上涨的潜力。
下影阴线		与下影阳线类似，不同的是收盘价低于开盘价，由于有长下影线，说明下档承接力较强，股价有反弹的可能，但不如下影阳线有力。
上影阳线		上影阳线与下影阳线形态相反，上影线远长于下影线，表示多方上攻时上方抛压沉重。这种图形常见于主力试盘动作，说明此时浮动筹码较多，涨势不强，但也有可能是主力故意冲高回落清洗浮筹，需根据其他情况综合判断。
上影阴线		与上影阳线相似，但开盘价低于收盘价。当出现在高价位区时，说明上方抛压重，行情疲软，股价有反转下跌的可能；如果出现在上升途中，则表明后市仍有上升空间。

续表

名称	形态	市场意义说明
T形线	⊥	开盘后空方力量强大，股价一路下跌，随后多方发起反攻，股价反弹，最终报收于开盘价。在下跌行情中出现，后市可能上涨；在上升行情中，后市可能出现下跌。
倒T形线	⊤	开盘后多方力量强大，股价一路上升，达到当日最高点后，股价受到打压而下跌。在高价位时出现，后市股价可能下跌；在低价位出现，后市股价可能上涨。
一字形	—	当日开盘价、收盘价、最高价以及最低价都相同，在上升的行情中出现说明该股涨势强劲，后市可能继续上涨；在下跌的行情中出现说明该股跌势强劲，后市可能继续下跌。
螺旋桨		当日开盘价和收盘价相差很小，最高价与最低价拉得很开时，就会形成K线实体很小，上下影线都很长的形态，如果下影线长于上影线，就会形成螺旋桨形态。这种形态不论是阴线还是阳线的形式，其意义并无区别。当这种形态出现在大涨之后时，则高位见顶的概率相当大，比十字线的信号更加强烈；当出现在连续下跌之后，则低位见底的概率相当大。
倒螺旋桨		与螺旋桨形态类似，但上影线长于下影线。这种形态与螺旋桨的意义基本相同，如果出现在高价位，次日跳空低开低走的概率比较大。

不同的走势形成的K线图远远不止上面介绍的这些，不过有些K线形态的意义不大，或者与上述某些形态意义相近，在此不再一一列举。

3.1.4 常见K线组合形态及其市场意义

在实际中，单根K线经常带有欺骗性，仅仅通过单根K线很难对股价运行趋势作出准确的判断。这时就有必要了解K线的组合形态，它们在实际的投资炒股中更具意义，传递的信息也更准确。

下面分别介绍几种反转概率极高的常见底部K线组合和顶部K线组合，分别见表3-3和表3-4。

表 3-3　常见底部 K 线组合及其市场意义

名　称	形　态	市场意义说明
早晨之星		早晨之星也叫希望之星，一般出现在一波下跌行情的底部。标准的早晨之星由 3 根 K 线构成：第 1 根是继续下跌的阴线，第 2 根是向下跳空低开的十字线或小 K 线，第 3 根为长阳线，且其收盘价深入第 1 根阴线的实体内，当深入到阴线实体的 1/2 位置，即可判断形态成立，且深入阴线实体的部分越多，股价见底反转回升的信号就越强烈。
红三兵		红三兵也叫三个白武士，或者前进三兵，它是由 3 根或 3 根以上连续上涨的阳线组合而成，与阳线实体的大小和是否有上下影线均无关系，这些阳线每天的开盘在前一天的实体之内，每天的收盘价在当天的最高点或接近最高点，且 K 线的收盘价一日比一日高，说明后市涨幅较大，是股市走强的信号。
曙光初现		曙光初现通常出现在下跌行情中，发出股价见底转势信号，该 K 线组合由两根一阴一阳的 K 线组成，第 1 根阴线为大阴线或中阴线，第 2 根为跳空低开的中阳线或大阳线，并且阳线的实体部分深入到阴线实体 1/2 以上的位置，深入阴线实体的部分越多，见底信号越强。
旭日东升		旭日东升实际上是曙光初现形态的增强版，也是由两根 K 线组合而成，第一根为中阴线或大阴线，第二根为高开高走的中阳线或大阳线，并且阳线的收盘价超过了前一根大阴线的开盘价。并且第二根阳线的实体部分超出前一天阴线实体的开盘价越多，阳线实体越长，后期上涨势头越强劲。
多方炮		多方炮也称为两阳夹一阴，该 K 线组合通常出现在股价的低位区域或股价的上涨途中，发出可信的看涨信号。该 K 线组合由 3 根 K 线组合而成，中间一根是阴线，两边的是阳线，3 根 K 线实体并排分布。其中后面一根阳线很重要，其实体越长，越显示股价的看涨信号。
好友反攻		好友反攻出现在下跌趋势中，由一阴一阳两根 K 线组成，第一根是大阴线，接着跳空低开，收出一根大阳线或中阳线，阳线收盘价与前一根阴线收盘价相同或接近

.85

续表

名称	形态	市场意义说明
阳包阴		阳包阴组合也被称为底部的穿头破脚组合，它由两根K线组成，第1根K线为下跌行情中的阴线，第2根K线为将第1根阴线从头到脚全部包在里面的阳线，且第2根阳线的量要明显放大。两根K线的长度越悬殊，转势的力度就愈强。
阴孕阳		阴孕阳由两根K线组成，第1根K线是中阴线或大阴线，第2根K线是一根高开高走的中小阳线，其收盘价低于前一日中阴线或大阴线的开盘价，即在前日阴线内部收盘，即俗称的腹中孕线。这种组合通常预示多头反击，后市看涨。
双针探底		双针探底组合由两根K线组成，具体是指在邻近的两根K线中，均带有较长的下影线，且两根K线的长下影线的最低价相同或接近，两根长下影线就像两根探雷针，探明股价的底部。这种情况下，预示着空头力竭，底部基本确认，市场可能即将转势，多头将展开反攻。
低档五阳线		低档五阳线是一个比较可信的见底信号，该组合是指在股价的下跌低价位区，K线图上连续出现了5根小阳线（也有可能是6根或7根小阳线），这表明行情的下跌动力不够，很可能是多头在低位慢慢吸货，行情随时有向上发力的可能

表 3-4　常见顶部 K 线组合及其市场意义

名称	形态	市场意义说明
黄昏之星		黄昏之星与早晨之星相反，它指太阳消失黑夜来临，是股市看跌的信号。黄昏之星由3根K线组合而成，第1根为大阳线，第2根为小阴线或小阳线，第3根为实体较长的阴线，它深入到第1根K线实体之内
黑三鸦		三只乌鸦由3根持续向下的阴线组成，且每根阴线的收盘价低于前一天的最低价且接近当天的最低价，每天的开盘价在前一天的实体之内。如果每根阴线几乎没有上下影线，就称为三胎乌鸦，该组合后市看跌的意义更大。

续表

名称	形态	市场意义说明
乌云盖顶		乌云盖顶为股价见顶信号，它由两根K线组合而成，第1根K线为大阳线，继续前期的上涨行情，第2根K线为大阴线，收盘价深入第1根大阳线实体一半以下，形成乌云盖顶之势。其中阳线实体被阴线覆盖得越多，说明多方的力量越弱，空方的力量越强，如果第2根K线实体完全覆盖第1根K线实体，则反转意味更强
倾盆大雨		倾盆大雨也称一泻千里，是旭日东升的逆反形态，可以看作是乌云盖顶形态的增强版。该K线组合由两根K线组成，第1根K线是大阳线或中阳线，第2根K线是一根低开的大阴线或中阴线，阴线的收盘价低于前一根阳线的开盘价。第2根阴线的实体部分低于阳线实体越多，阴线实体越长，预示着后期的下跌势头越猛烈。
空方炮		空方炮也称为两阴夹一阳，该K线组合通常出现在大幅上涨的高位末端顶部，发出可信的看跌信号。该K线组合由3根K线组合而成，中间一根是阳线，两边的是阴线，3根K线呈下跌趋势。阴线的顶部尽量低，阳线的实体尽量短。
阴包阳		阴包阳组合也被称为顶部的穿头破脚组合，它由两根K线组成，第1根K线为上升行情中的阳线，第2根K线为将第1根阳线从头到脚全部包在里面的阴线，两根K线的实体部分长度悬殊越大，则反转的意味更强。
阳孕阴		阳孕阴由两根K线组成，第1根K线是中阳线或大阳线，第2根K线是一根低开低走的中小阴线，其收盘价高于前一日中阳线或大阳线的开盘价，即在前日阳线内部收盘。该形态的出现说明多头力竭，空头开始占据上风，通常视为股价即将反转下跌的信号。
平顶线		平顶线组合是指股价在上涨途中，出现一根K线的最高价与后面一根或几根相邻K线的最高价相同的现象。虽然平顶线的K线不分阴阳，但是前一根K线是阳线，后一根K线是阴线的平顶线最具指示作用。且两根K线实体越长，说明转势效果越明显。

3.1.5　5种经典的反转形态及其市场意义

反转形态即预示行情见顶或者见底的K线组合形态，常见的反转形态有V形形态、双重形态、三重形态、头肩形态和圆弧形态。下面分别介绍这几种反转形态及其具体的市场意义。

（1）V形形态——V形底形态和倒V形顶形态

◆ V形底形态

【形态特征】V形底形态又称为尖底形态，通常发生在股性非常活跃的中小盘股身上，先是大幅度下跌，在股价下跌最猛烈时突然触底反弹，一路上扬，走势像英文字母"V"，故称V形底，其示意图如图3-4。

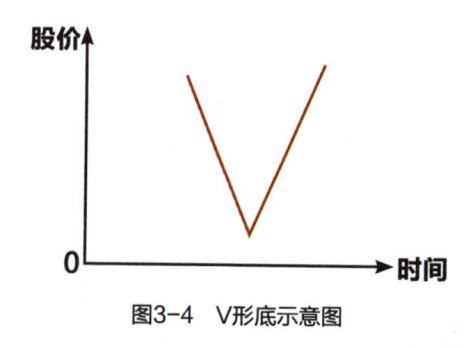

图3-4　V形底示意图

【市场意义】V形底是一种变化较快、转势力度极大的反转形态，经常在几个交易日内形成，并且在转势点往往伴随着较大的成交量。这让V形底成为最直观的反转形态，通常V形底形成后，都有一波快速拉升行情。对于投资者而言，一旦V形底形成，就要敢于进场抄底，前期下跌的幅度越大，则后市上涨的空间就越大。

> **理财贴士**　V形底形态中常出现的K线组合
>
> V形底通常出现在一波快速下跌且跌幅较大的行情之后，在V形反转时容易出现T字线、锤头线、曙光初现、旭日东升等具有强烈反转意义的K线组合。

◆ 倒 V 形顶形态

【形态特征】倒 V 形顶也称倒 V 形形态或尖顶形态，其走势同 V 形底相反，先是大幅度上涨，在股价上涨最强势的时候突然触顶回落，一路下跌，走势像倒立的英文字母"V"，故称倒 V 形顶。其示意图如图 3-5。

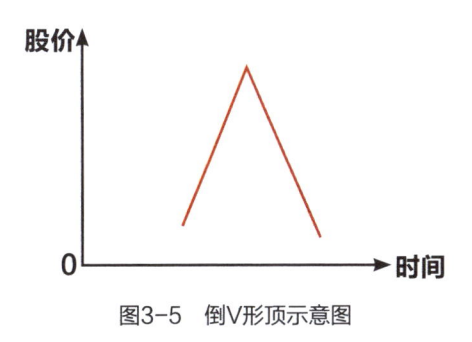

图3-5 倒V形顶示意图

【市场意义】倒 V 形顶也是一个比较常见的反转形态，其出现的原因在于，投资者被乐观情绪影响，积极追涨，成交放量，股价被快速推至高位。但股价未经调整涨势过快，市场中的累积获利还没得到消化，此时遇到突发性的利空消息，获利盘和恐慌盘大规模涌出，股价表现出高台跳水，其转向过程也非常短。倒 V 形顶形态没有明确的卖出点，投资者在长阴杀跌出现时就应果断离场，这往往是倒 V 形顶形成的初期表现。

理财贴士 倒 V 形顶形态中常出现的 K 线组合

倒 V 形顶通常出现在一波快速上涨且涨幅较大的行情之后，尖顶时比较容易出现射击之星、乌云盖顶、倾盆大雨、阴包阳等具有强烈反转意义的 K 线组合。

（2）双重形态——双重底形态和双重顶形态

◆ 双重底形态

【形态特征】双重底也被称为 W 形底，通常出现在下跌趋势中，股价下跌到某一低点位置后出现技术性反弹，但反弹回升的幅度不大便又开始再次下跌，在股价跌至上次低点附近时获得支撑，再一次回升，同时成交量放大。股价第一次冲高回落后的顶点称为颈部。双重底形态的示意图如图 3-6。

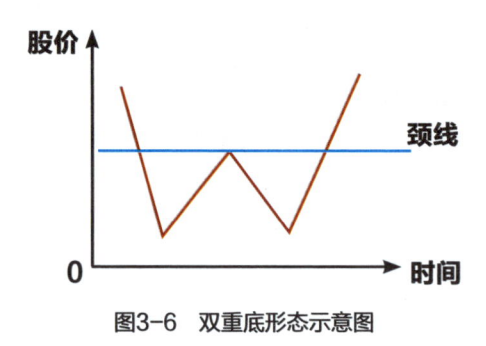

图3-6　双重底形态示意图

【市场意义】双重底形态在下跌行情的末期出现，标志着行情见底。当股价放量突破颈线时，行情可能见底回升。形态形成之后，股价有可能出现回落的行情，股价最终会在颈部附近止跌企稳，后市看涨，投资者可在第二次突破回落止跌后介入。

> **理财贴士**　**实战中的双重底形态**
>
> 在实际操作中，会出现双重底的两个底点不在同一水平线上的情况，通常，第二个底点较第一个底点稍高，是因为部分先知先觉的投资者在第二次股价回落时已开始买入，令股价没法再次跌回上次的低点。而且也会出现形态底部两个低点之间的距离不对称的情况，通常，左底成交量大于右底，突破颈线若伴随放量，则上涨信号比较明确。此外，双重底形态在底部构筑时间越长，其产生的回升效果就越好。完整形态的 W 底构筑时间至少需要一个月左右。过短的时间间隔有可能是主力设置的技术陷阱。

◆　双重顶形态

【形态特征】双重顶形态也称为 M 顶形态，通常出现在上升行情中，当股价上升到某一高点后受阻回落,接着股价又继续上升,上升到与第一个高点接近的高度时掉头向下。股价第一次受阻回落的低点称为颈部。双重顶形态的示意图如图3-7。

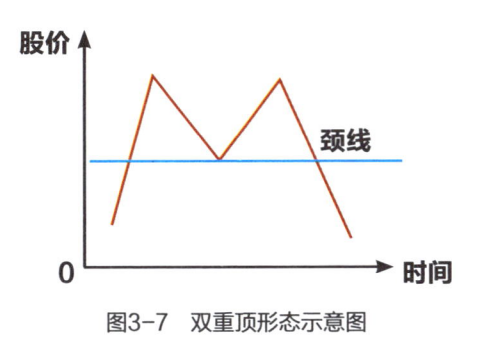

图3-7 双重顶形态示意图

【市场意义】双重顶形态一般是在上升行情的末期出现,它与双重底形态的作用刚好相反,它是一个后市看跌的见顶反转形态。在双重顶形成过程中,成交量随着股价的上升而增加,随着股价的下跌而缩小,但第二次股价上升带来的成交量的增加却不能达到上一个高峰的成交量。一旦双重顶形态形成,表示股价的涨势结束,投资者应果断卖出股票。

理财贴士 *股价突破／跌破K线形态后回抽颈线*

对于许多K线形态,在股价突破颈线或者跌破颈线的时候,股价不会立即展开上涨或下跌,都会进行回抽(也可以说是回踩)。当股价回抽到颈线附近获得支撑或者阻碍后,更加确立形态的形成,此时该形态发出的看涨和看跌信号更强。

图3-8为双重底形态回抽颈线的示意图,图中股价突破颈线后快速回落回抽颈线并获得支撑后止跌回升,进一步确定双重底形态的形成,这个位置就是前面介绍的第二次介入的位置。

图3-9为双重顶形态回抽颈线的示意图,图中股价跌破颈线后快速反弹回抽颈线,在颈线受到压制后反弹结束,进一步确立双重顶形态的形态,此时为投资者最后出逃的机会。

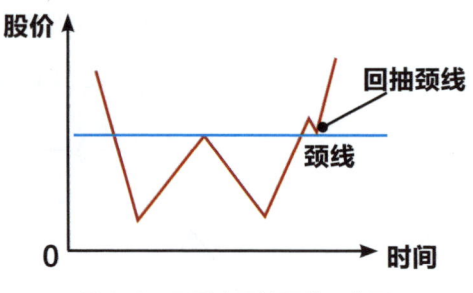

图 3-8 双重底回抽颈线示意图

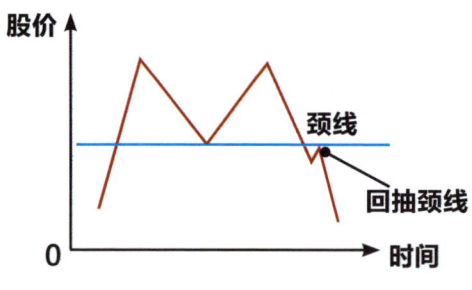

图 3-9 双重顶回抽颈线示意图

（3）三重形态——三重底形态和三重顶形态

◆ 三重底形态

【形态特征】三重底形态是股价在下跌末期处于低价位区域时，经过 3 次探底，并在相同水平价位线附近受到支撑并反弹，从而形成的 3 个位置相似的低点形态。将股价两次反弹上涨的高点用直线连接起来就形成了三重底形态的颈线，当股价向上放量突破颈线时，形态得以正式确认。三重底形态的示意图如图 3-10。

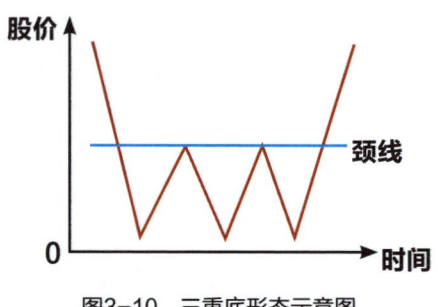

图3-10 三重底形态示意图

【市场意义】三重底形态在实际的 K 线图中出现的概率不大，但是它见底反转的信号比双重底更强，而且后市上涨的力度也比双重底大。此外，三重底形成的时间越长，总成交量越大，后市上涨的幅度就越大。因此投资者在遇到这种形态时，应果断跟进。激进的投资者在股价第三次回落不至前期两个低点止跌，在成交量相对放大拉升时就介入了。当股价放量突破三重底形态的颈线时就是可靠的买入时机。

◆ 三重顶形态

【形态特征】三重顶形态是股价在上涨末期处于高价位区域时，经过 3 次冲顶，但都在相同的水平价位线附近受到阻碍并回落，从而形成的 3 个位置相似的高点形态。将股价两次冲高回落的低点用直线连接起来就形成了三重顶形态的颈线，当股价向下跌破颈线时，形态得以正式确认。三重顶形态的示意图如图 3-11。

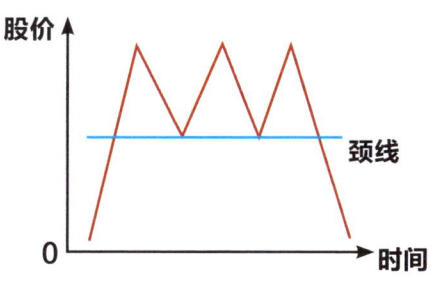

图3-11 三重顶形态示意图

【市场意义】三重顶形态在实际的 K 线图中也很难遇到，但是它见顶回落的信号比双重顶更强，而且后市下跌的力度也比双重顶大。此外，三重顶形成的时间越长，总成交量越大，后市下跌的可能性和下跌的幅度都会比较大。因此投资者在遇到这种形态时，应果断出局。稳健的投资者通常在股价第三次反弹不及前期两个高点时就开始减仓了。当股价跌破颈线并回抽颈线反弹受阻时，就是投资者最后的逃生机会。

（4）头肩形态——头肩底形态和头肩顶形态

◆ 头肩底形态

【形态特征】在股价运行到一个较低位置后波动变化，在这一波动过程中形成3个明显的低点，中间的低点明显比两侧的低点更低，形成头肩底的头部，而两侧的低点基本保持在同一水平位置，形成头肩底形态的两个肩部。前两个低点止跌反弹的高点连线就是头肩底形态的颈线，其示意图如图 3-12。

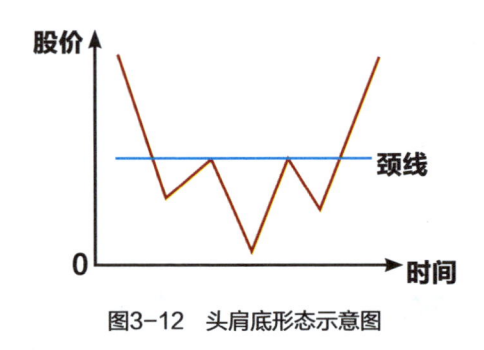

图3-12　头肩底形态示意图

【市场意义】头肩底形态是一个长期性趋势的转向形态，是较为可靠的买入信号。通常会在熊市的尽头出现，且头肩底形态的形成时间较长，形态也较为平缓。实战中，头肩底形态的颈线常常向右方下倾，如果颈线向右方上倾，则意味着市场更加坚挺。当股价放量突破头肩底形态的颈线时，就是不错的买入时机。若是股价向上突破颈线时成交量并无显著增加，很可能是一个假突破，这时投资者应逢高卖出，考虑暂时回避观望。

◆ 头肩顶形态

【形态特征】在股价运行到一个较高位置后波动变化，在这一波动过程中形成3个明显的高点，中间的高点明显比两侧的高点更高，形成头肩顶的头部，而两侧的高点基本保持在同一水平位置，形成头肩顶形态的两个肩部（也可能出现右肩比左肩低的情况）。前两个高点反弹回落的低点连线就是头肩顶形态的颈线，其示意图如图 3-13。

图3-13 头肩顶形态示意图

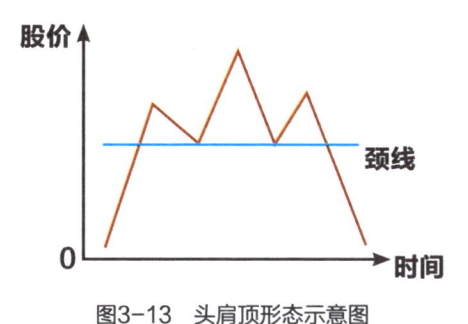

【市场意义】头肩顶形态是一个长期性趋势的转向形态，通常会在牛市的尽头出现。在头肩顶形成过程中，左肩的成交量最大，头部的成交量略小些，右肩的成交量最小。成交量呈递减现象，说明股价上升动力越来越弱，上涨乏力就是行情即将见顶的预示。此时投资者要提高警惕，在形成头肩顶雏形时，可先卖出部分筹码，减轻仓位。一旦发觉股价跌破颈线，就将手中剩余的股票全部卖出，退出观望。

（5）圆弧形态——圆弧底形态和圆弧顶形态

◆ 圆弧底形态

【形态特征】圆弧底形态是一种极具上涨能力的底部形态，其形成过程是股价缓慢下滑，在跌势趋缓并止跌之后，多空达到平衡，在底部横盘少许时日后，股价又缓慢回升，每次回落点都略高于前一次形成的低点，整个形态像圆弧，所以被称为圆弧底或圆底，其示意图如图3-14。

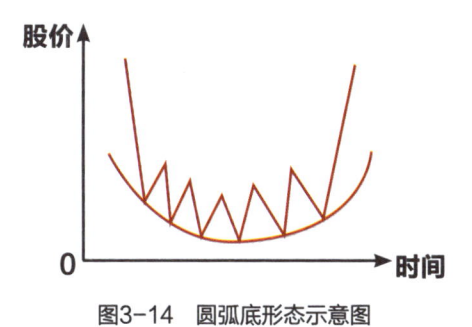

图3-14 圆弧底形态示意图

【市场意义】圆弧底形态是非常坚实可靠的底部反转形态，形态的筑底时间越长，底部基础越扎实，日后下跌的可能性越小。当圆弧底形态的左半部形态形成后股价就会出现小幅爬升，成交量温和放大形成右半部圆形时，便是中线分批买入的时机。在圆弧底形成末期，股价会迅速上扬形成突破，成交量也显著放大，之后股价涨势迅猛，往往很少出现回调整理。

◆ 圆弧顶形态

【形态特征】圆弧顶形态与圆弧底形态的形成过程相反，其形成过程是股价上升到高位后，开始缓慢上升，到达顶部后，股价又缓慢下跌，每次回落的高点都略低于前一次形成的高点，整个形态像圆弧。但在圆弧顶发展的末期，成交量会放大，股价会逐渐加速下跌，其示意图如图3-15。

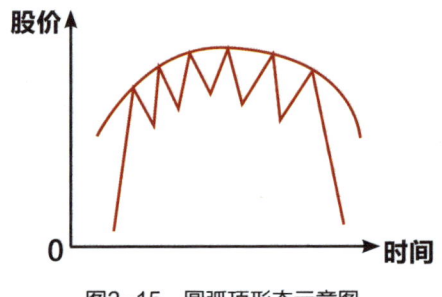

图3-15 圆弧顶形态示意图

【市场意义】圆弧顶形态也是一个非常坚实可靠的顶部反转形态，其顶部构筑的时间越长，套牢的筹码就会越多，股价跌破颈线后下跌的力度越强。有时圆弧顶形成后，股价并不会马上下跌，而会形成高位横向盘整。但是盘整区域很快就会被跌破，股价会继续下跌。一旦股价跌破颈线，无论成交量是否放大都应该果断离场。

理财贴士 **实战中的圆弧形态说明**

在实战操盘中，标准的圆弧底和圆弧顶形态比较少见，大多数时候，这两种形态都不太标准，但是同样发出可靠的行情反转信号。

通过前面内容的学习，我们已经对K线、K线组合有了基本的认识，也对其具体的市场意义有了一定了解。

为了提高K线技术发出的买卖信号的可靠性，更加精准地抓住买卖点，下面我们将这些技术与筹码分布图进行结合使用。

3.2 经典底顶K线组合与筹码分布结合实战

对于任何进行股市投资的人来说，都希望买在底部、卖在顶部，实现收益的最大化。但是理想都是美好的，现实却是困难的。因为主力在坐庄过程中，很容易制造各种K线图来迷惑散户投资者，影响投资者的判断，从而达到操盘目的。如果投资者能够结构筹码分布图，就能够提升K线组合发出的见底和见顶信号的准确性。

前面我们介绍了很多种用于判断波段顶部与底部的K线组合，这里介绍几种经典的、反转概率极高的顶、底K线组合及其与筹码的结合分析。

3.2.1 经典底部K线组合与筹码分布实战

在股价出现一连串下跌后，成交量都会逐步萎缩，而K线组合形态通常由几根K线构成，因此短短的几天行情在筹码分布图上的变化一般并不明显，所以我们无法通过K线组合直接研判行情的中长期走势，只能用于短线买卖指导。

如果将这些组合与筹码分布在一段时间内的变化进行结合应用，则可以在行情出现转折时掌握先机，早一步进场，获取更多利润。

在综合运用见底K线组合与筹码分布图时，应注意以下两种情况。

（1）大幅下跌末期出现的 K 线见底组合与筹码分布图的应用

如果股价出现了几波大幅度的下跌，在最后一波下跌后出现 K 线见底组合形态，则至少有一波不错的反弹行情。在反弹过程中主要观察上方筹码是否快速下移，是否形成低峰密集，如果形成，则可能是长期下跌趋势的转势拐点。

实例分析

中集集团（000039）阳包阴组合与筹码分布图结合分析买点

如图 3-16 所示为中集集团 2019 年 12 月至 2020 年 7 月的 K 线图。

图 3-16　中集集团 2019 年 12 月至 2020 年 7 月的 K 线图

从图中可以看到，该股大幅下跌后在 2020 年 5 月运行到低价位区，并创出 6.85 元的最低价，随后股价止跌企稳出现回升，短暂上涨几个交易日后出现回落，在 6 月 11 日低开低走收出一根小阴线，次日股价大幅低开后一路高走，在午盘后更是放量快速拉升股价，当日以 5.08% 的涨幅收出大阳线，将上个交易日走出的小阴线完全包含，形成典型的阳包阴 K 线组合。

在大幅下跌的低位出现该组合，是否预示着行情见底了呢？为了提高研判的准确性，我们再来观察此时的筹码分布图。

如图3-17所示为中集集团2020年2月至11月的K线图。

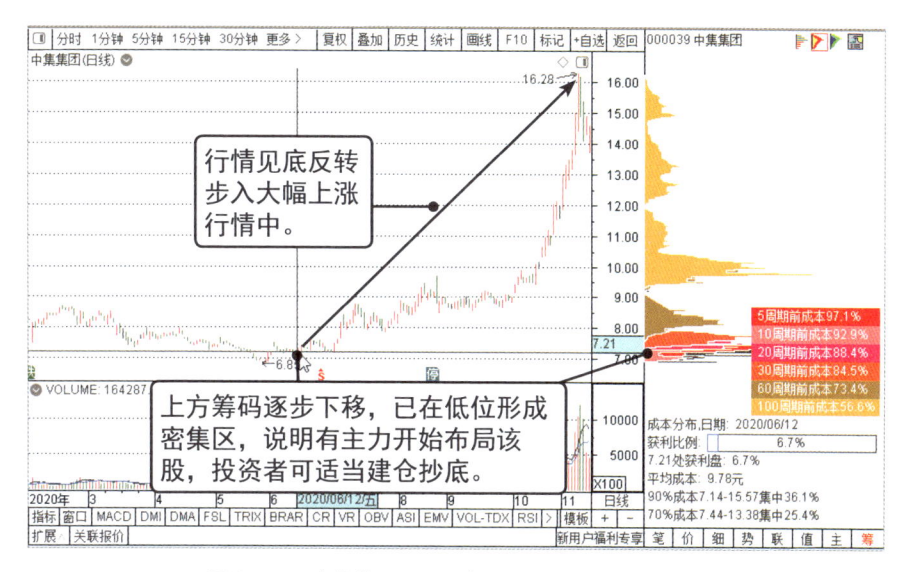

图3-17 中集集团2020年2月至11月的K线图

从图中可以看到，截至2020年6月12日，虽然上方仍然存在一些高位筹码，但是此时筹码开始逐步下移，并在7.00元价位线附近逐步形成筹码密集区，说明大概率有主力开始介入操作，行情有望见底，此时投资者可以部分建仓抄底。

从后市的走势来看，该股一路上涨，尤其在2020年10月，股价经历了一波快速拉升行情，在短时间内就从9.50元附近快速上涨至16.00元价位线以上。

在本例中，如果单看筹码分布图，上方筹码并没有完全下移到低位形成密集峰，并不是很好的买入时机；如果仅仅只看阴包阳K线组合，也担心主力故意作图的骗线行为。

这里将股价下跌的幅度、筹码分布图、K线组合三者结合起来综合判断，提升见底信号的可靠性，也让投资者先知先觉，早一步抄底，从而获取更大的利润。

（2）上升途中较大回调末期的 K 线见底组合与筹码分布图的应用

如果在上升途中较大幅度的回调行情末期，出现几种 K 线见底形态时，主要观察下峰筹码是否继续锁定，如果下方有锁仓筹码，则说明该波回调结束，应及时跟进。

实例分析

东方盛虹（000301）多方炮组合与筹码分布结合分析买点

如图 3-18 所示为东方盛虹 2020 年 2 月至 12 月的 K 线图。

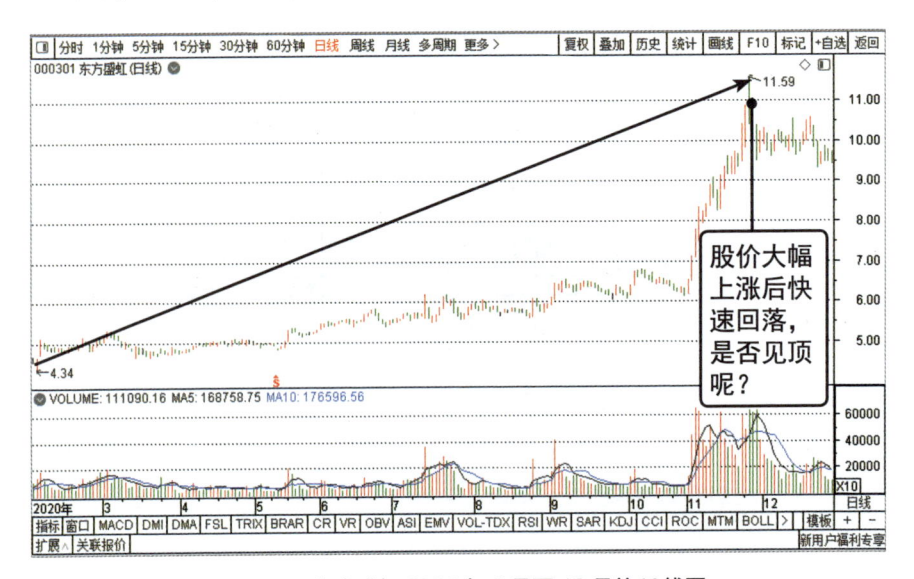

图 3-18　东方盛虹 2020 年 2 月至 12 月的 K 线图

从图中可以看到，该股在 2020 年 2 月 5 日创出 4.34 元的最低价后一路震荡上涨，该股前期涨势缓慢，到了 11 月初左右，该股连续放大量快速拉高股价，在 11 月 25 日放量收出一根带长上影线和长下影线的阴线，并创出这一波上涨的最高价 11.59 元。

随后该股连续收阴，股价快速回落。从最低的 4.34 元到 11.59 元的高位，该股涨幅已经超过 160%。在大幅上涨之后出现回落下跌，很多投资者都会误认为是行情见顶。

那么，此时是否为行情的顶部呢？我们继续观察该股后市走势和筹码分布图进行综合分析。

如图3-19所示为东方盛虹2020年9月至2021年1月的K线图。

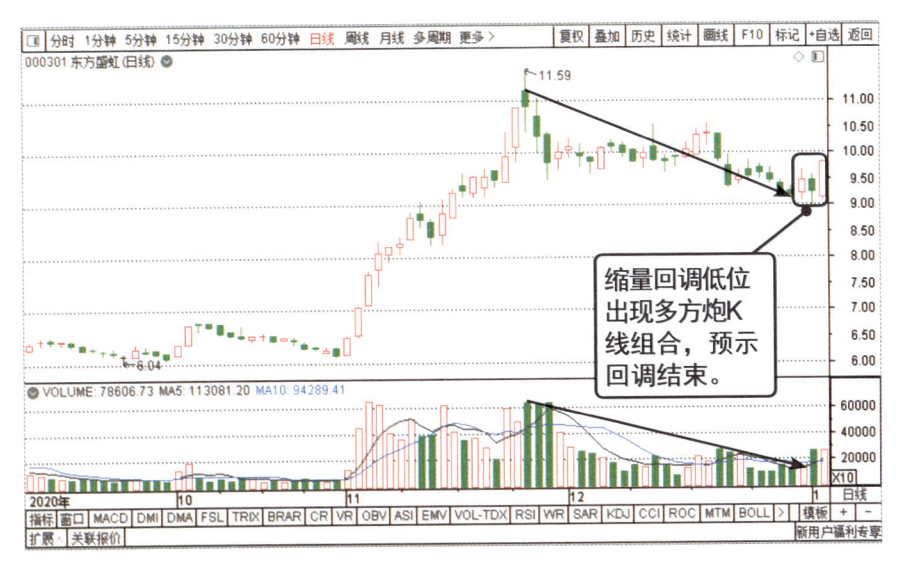

图3-19 东方盛虹2020年9月至2021年1月的K线图

从图中可以看到，该股在11.59元阶段见顶后出现了一波长达一个多月的大幅回落的行情，但是在整个回落过程中，成交量出现了明显的持续缩量形态，并且，在2020年12月31日和2021年1月4日与5日这3天形成了明显的多方炮K线组合，发出见底信号，预示回落可能止跌，后市可能是一波反弹行情。

再观察此时的筹码分布图。

如图3-20所示为东方盛虹2020年11月至2021年7月的K线图。

从图中可以看到，该股此时的筹码大部分分布在8.00～11.00元，但是下方6.00～7.00元的低位筹码锁仓良好，说明主力筹码并未松动，此时在大幅上涨高位出现的回落，只是主力洗盘的一种手段，结合在回调低位出现的多方炮K线组合可以明确，回调结束，后市不是下跌图中的反弹行情，而是延续前期的上涨行情继续上涨，此时投资者可以积极逢低吸纳、追涨。

.101

从后市的走势来看，该股后来继续经历了一波良好的上涨行情，投资者如果在 1 月 5 日之后积极买入做多，持股一段时间后卖出即可获得不错的收益。

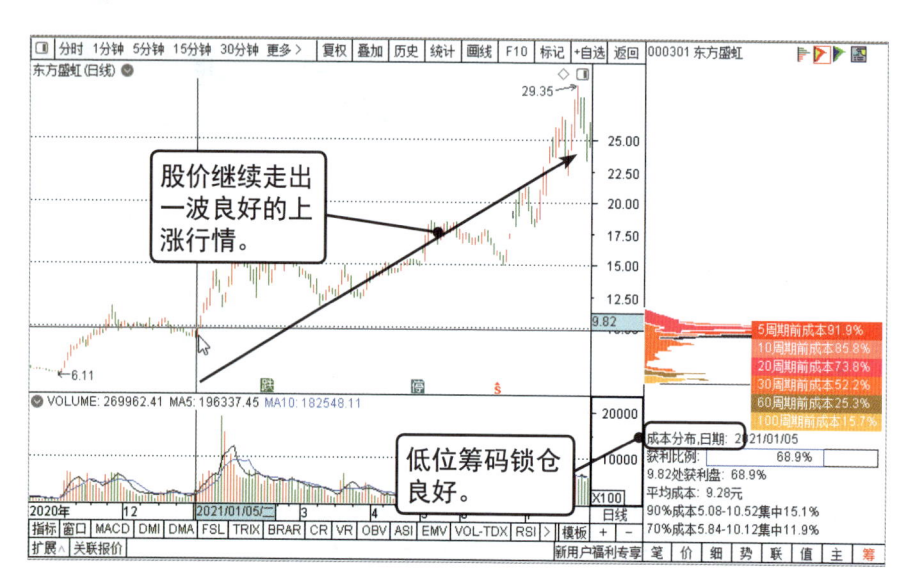

图 3-20 东方盛虹 2020 年 11 月至 2021 年 7 月的 K 线图

理财贴士 下跌途中或长期低位的 K 线见底组合与筹码分布图的应用

如果在下跌途中横盘震荡一段时间，某天又开始走出一波快速下跌行情之后出现几种 K 线见底组合形态，但上峰筹码不见减少，且离横盘位置较近，则应谨慎抄底，只可轻仓介入博短线反弹，一旦发现反弹有结束迹象，一定要果断斩仓出局。

如果是在低位长期横盘过程中，某天出现几种 K 线见底组合，有效性并不强，可以继续观察股价能否继续突破横盘形成的筹码峰，突破时再跟进也不晚。

3.2.2 经典顶部 K 线组合与筹码分布实战

通常情况下，当形成顶部反转 K 线组合时，都伴随着巨大的成交量，在筹码分布图上可以看到，5 周期内的筹码分布急剧增加，再结合行情走势以及筹码分布在一段时间内的变化，就可以在行情转折时掌握先机，早一步离场，锁定更多利润。

在综合运用见顶 K 线组合与筹码分布图时，应注意以下两种情况。

（1）大幅上涨末期出现的 K 线见顶组合与筹码分布图的应用

如果股价出现了几波大幅度的上涨，在最后一波上涨后出现几种 K 线见顶组合形态，则至少有一波较大幅度的回调行情。在回调过程中主要观察下方筹码是否快速上移，是否形态高位单峰密集，如果两者都形成，则可能是长期上升趋势的转势拐点。

实例分析

京粮控股（000505）平顶线组合与筹码分布图结合分析卖点

如图 3-21 所示为京粮控股 2020 年 1 月至 9 月的 K 线图。

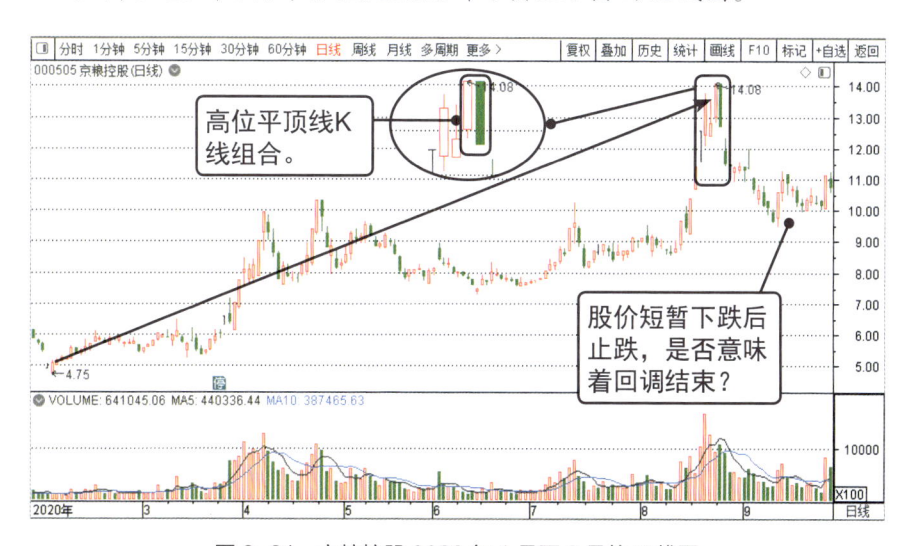

图 3-21 京粮控股 2020 年 1 月至 9 月的 K 线图

从图中可以看到，该股在 2020 年 2 月 4 日运行到低价位区，并创出 4.75 元的最低价，随后股价止跌企稳出现回升，经历了长达 7 个多月的震荡上涨行情，最终在 8 月 24 日创出 14.08 元的高价后止涨，次日股价以 14.07 元的价格开盘后一路下跌，当日以跌停板收出大阴线，与上个交易日的大阳线形成典型的平顶线组合。

随后股价出现一波短暂的回调，但是在 9 月初却出现止跌走势，此时是否为阶段性顶部的回调整理呢？止跌后是否会继续之前的上涨行情呢？

下面结合筹码分布图进行分析。

如图 3-22 所示为京粮控股 2020 年 8 月至 2021 年 3 月的 K 线图。

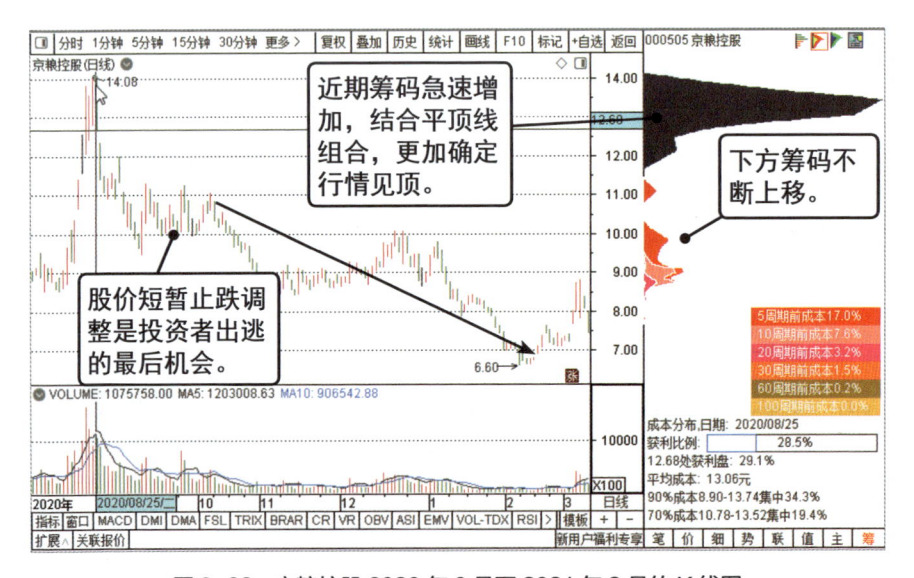

图 3-22　京粮控股 2020 年 8 月至 2021 年 3 月的 K 线图

从图中可以看到，K 线在创出 14.08 元的高价后，下方筹码快速向上转移，且在近期出现了大量的筹码，在高位形成密集区。因此可以判断，平顶线是行情见顶的信号，而不是波段的阶段见顶。此时在 9 月的止跌企稳是投资者最后的出逃机会，如果投资者没有在这一整理期间出局，在后市的长期下跌趋势中将损失巨大。

（2）下跌途中较大反弹末期的K线见顶组合与筹码分布图的应用

如果在下跌途中较大幅度的反弹行情末期，出现几种K线见顶组合形态时，首先考虑回避可能出现的新一轮下跌，特别是反弹到上方筹码峰附近时出现这些组合形态，通常是反弹结束的标志。

实例分析

一汽解放（000800）阳孕阴和空方炮组合与筹码分布结合分析卖点

如图 3-23 所示为一汽解放 2020 年 3 月至 9 月的 K 线图。

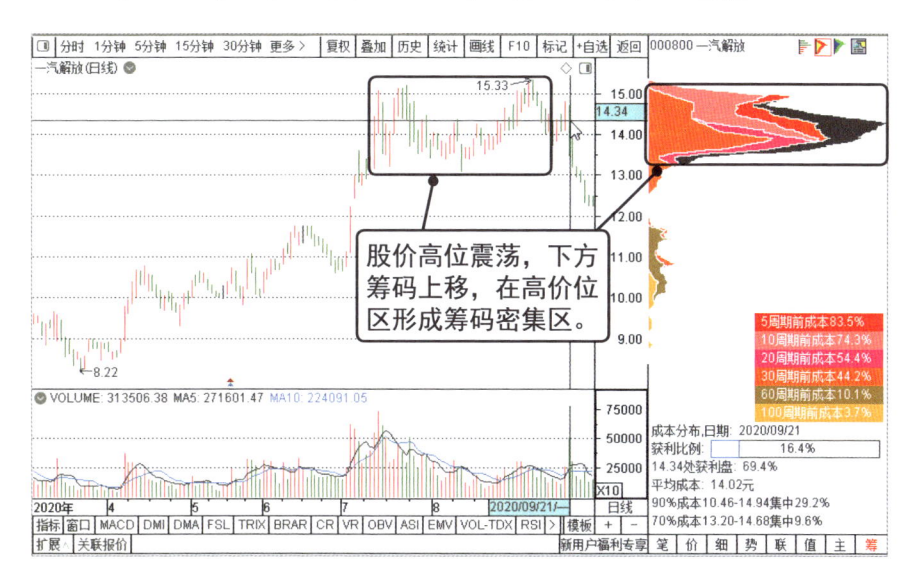

图 3-23　一汽解放 2020 年 3 月至 9 月的 K 线图

从图中可以看到，该股在 2020 年 3 月 23 日创出 8.22 元的最低价后一路震荡上涨，经过 4 个多月的时间，股价上涨触及 15.00 元价位线后滞涨，并在高位横盘震荡。

观察此时的筹码分布图可以发现，下方低位筹码只剩少许，大部分筹码在横盘震荡期间已经上移到 13.50～15.00 元的价格区间，并形成筹码密集区。

之后在连续阴线的作用下，股价跌破震荡低位后开启下跌行情。

筹码分布技术实战操盘详解

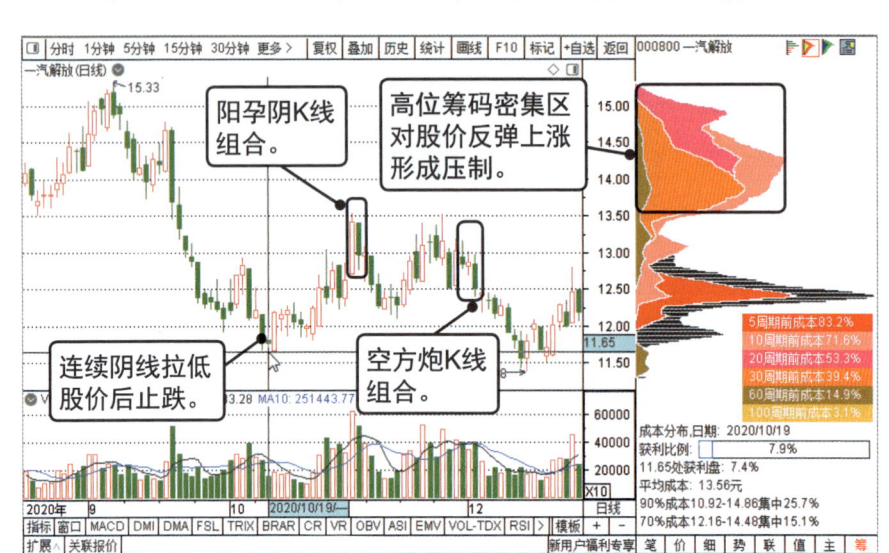

如图 3-24 所示为一汽解放 2020 年 8 月至 12 月的 K 线图。

图 3-24　一汽解放 2020 年 8 月至 12 月的 K 线图

从图中可以看到，股价连续阴线报收开启下跌行情之后在 2020 年 10 月 19 日附近出现止跌走势，观察此时对应的筹码分布图可以发现，虽然随着股价下跌，高位筹码出现下移形态，但是大部分筹码还是坚实地停留在 13.50～15.00 元的价格区间，这部分筹码将对股价的反弹上涨起到有效抑制。

之后该股走出一波震荡上涨的反弹行情，在 11 月 5 日，股价高开高走放量拉出一根大阳线，但是次日股价低开低走在上个交易日的开盘价之内收出一根大阴线，形成典型的阳孕阴 K 线组合，预示着反弹上涨行情接近尾声。

并且，此时股价已经触及 13.50 元的价位线，在高位筹码密集区的压制下，也不允许反弹行情继续上涨，此时投资者应该积极抛售筹码，落袋为安。

虽然之后短暂下跌几个交易日后再次出现反弹，但是此次的反弹力度仍然显得不足，在股价触及高位筹码密集区下方的 13.50 元价位线后便滞涨横向波动，尤其在之后出现的空方炮 K 线组合，更加坚定了此轮反弹行情已经结束了。投资者应该果断清仓出局。

如图 3-25 所示为一汽解放 2020 年 8 月至 2021 年 4 月的 K 线图。

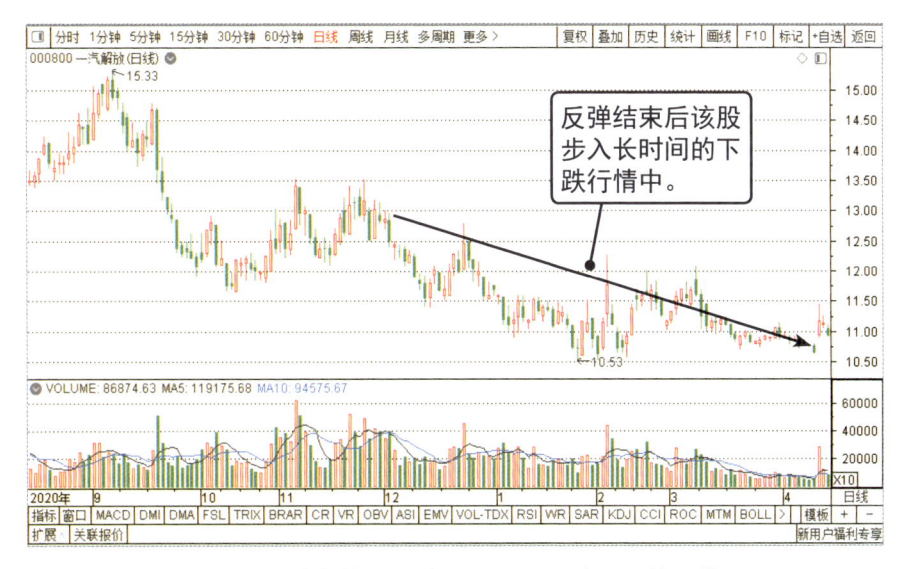

图 3-25　一汽解放 2020 年 8 月至 2021 年 4 月的 K 线图

从图中可以看到，该股随后进入了长时间的下跌走势通道中，且股价再也没有触及 13.50 元的价位线，如果投资者没有在 2020 年 10～11 月的反弹行情中及时出局，将在后市的下跌行情中被长时间套牢。

理财贴士　*上升途中或长期横盘的 K 线见顶组合与筹码分布图的应用*

如果在上升途中横盘震荡一段时间，某天又开始走出一波小幅上涨行情之后出现 K 线见顶组合形态，但下峰筹码不见减少，离下峰密集区位置也较近，则可能只是主力故意作线吓唬一些技术派投资者，只要股价不跌破下峰密集区都可持有。

如果是在长期横盘过程中，某天出现 K 线见顶组合形态，有效性并不强，可以继续观察股价是否会跌破横盘形成的筹码峰，如有跌破，则可能是新一波下跌的开始。

3.3　常见反转 K 线形态与筹码分布结合实战

在前面，我们介绍了 5 种经典的反转形态，每种反转形态又有两种具体的形态。在这 5 种经典反转形态中，V 形形态、双重形态、头肩形态和圆弧形态中的圆弧底形态都是实战中比较容易遇到的 K 线形态。下面将具体介绍这几种 K 线形态与筹码分布图相结合如何应用。

3.3.1　V 形底形态与筹码分布实战

具有转势意义的 V 形底反转形态通常出现在大幅下跌的末期，而且其转向时间非常短，有时候转向过程只有 2～3 个交易日就完成了。

通常 V 形底转势形态形成后，后市的上涨也是可期的，因此如何才能更精准地判断 V 形底转势形态的买点呢？此时可以借助筹码分布图来进行综合研判。

（1）一般 V 形底形态与筹码分布图结合应用

一般 V 形底形态就是由快速下跌行情与快速上涨行情构成的"V"字形的 K 线形态。在综合运用筹码分布图与一般 V 形底形态来预判行情转势时，需要从以下几点来进行考察。

- 股价必须是在大幅下跌之后的短时间内出现快速下跌形成的 V 形底形态。

- 在股价大幅下跌到低位出现快速下跌之前，上方筹码虽然已经逐步开始下移，但是还未形成低位的单峰密集形态，这也说明了主力尚未获得足够的低价筹码。此时主力为了快速获取足够的低位筹码，就会通过快速打压股价的方式，造成跌势凶猛的走势，迫使一部分投资者交出筹码，主力则可以顺利完成建仓。之后的快速拉升形成 V 形底转势形态也就在情理之中了。

- 通常而言，低位单峰密集形态一般出现在股价快速下跌的价位附近。当股价经历一波快速下跌后，股价从底部快速转向，并放量重新突破这个筹码密集位置，就是上涨行情的启动时刻，成交量越大，上涨信号就越强，上涨空间就越大。稳健的投资者在此时就可以积极逢低吸纳，买入做多。

实例分析

*ST 众泰（000980）V 形底形态与筹码分布结合分析买点

如图 3-26 所示为 *ST 众泰 2020 年 6 月至 2021 年 2 月的 K 线图。

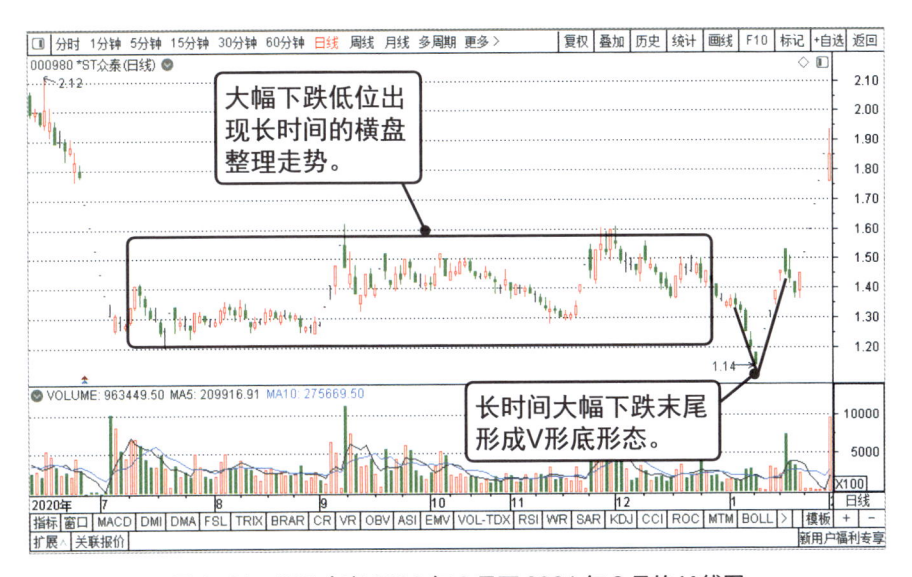

图 3-26 *ST 众泰 2020 年 6 月至 2021 年 2 月的 K 线图

从图中可以看到，该股大幅下跌后在 2020 年 7 月初跌势减缓，随后该股进入了半年多的横盘整理阶段。2021 年 1 月初，该股在五连阴的作用下经历了一波快速下跌走势，使得行情脱离了前期的横盘走势，并创出 1.14 元的最低价。

之后在连续 5 个涨停板的作用下拉升股价运行到前期快速下跌的位置，形成典型的 V 形底形态。

那么，这个V形底形态是否具有转势作用呢？其最佳买点又在哪里呢？下面我们结合筹码分布图来进一步分析。

如图3-27所示为*ST众泰2020年9月至2021年2月的K线图。

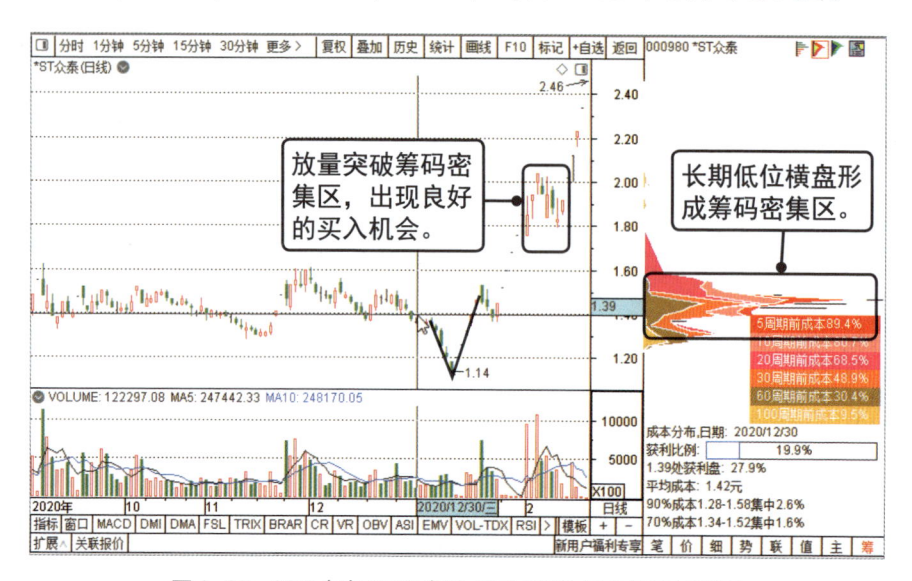

图3-27　*ST众泰2020年9月至2021年2月的K线图

从图中可以看到，经过长达7个多月的横盘整理，上方筹码基本上转移到下方，并在1.30～1.60元的价格区间形成低位密集峰，说明此时市场中的大部分筹码的持仓成本在这个价格区间，并且在这么长时间的整理过程中，筹码都在这个价格区间，说明此时主力高度控盘。之后形成的V形底形态就是行情发生逆转的反转形态。

从V形底形成后的走势来看，都比较凌厉，出现了很多的一字涨停K线，投资者进入机会不多。

直到2021年2月初，该股出现了明显放量突破筹码密集区，说明上涨行情正式展开，此时行情也出现了短暂的整理，这就是投资者进入的良好时机，投资者应该果断跟进建仓。

如图3-28所示为*ST众泰2020年12月至2021年8月的K线图。

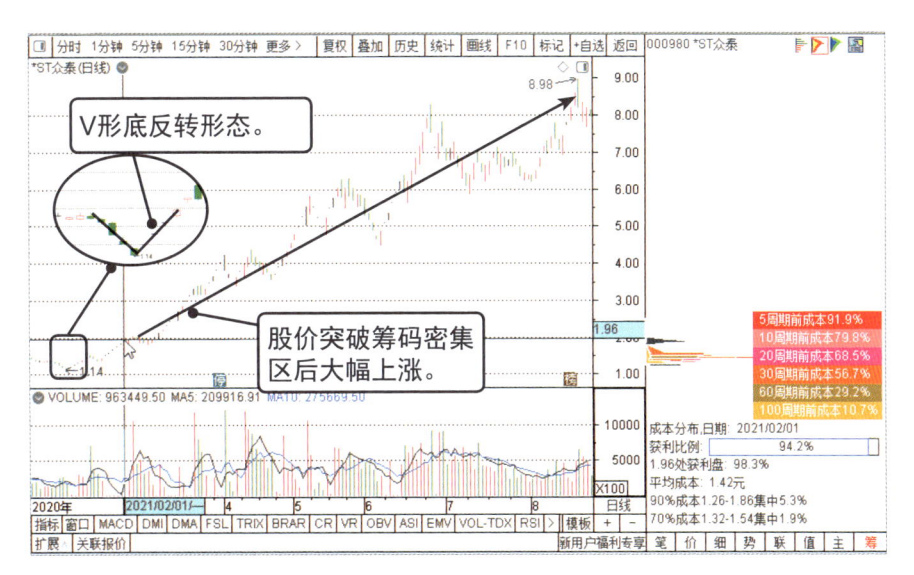

图3-28 *ST众泰2020年12月至2021年8月的K线图

从图中可以看到，该股在V形底形态形成之后，股价放量突破低位筹码密集峰后，股价一路震荡上涨，走出一波大幅上涨行情，从突破后的2.00元的价位，到最高的8.98元，涨幅接近350%。

如果投资者在股价突破筹码密集区后就及时追进，持股一段时间卖出，也会获利丰厚。

（2）V形底扩展形态与筹码分布图结合应用

有时候，在股价运行到底部区域后，高位的筹码可能仍然没有完全转移到低位，此时在股价快速下跌后转势向上接近V形底快速下跌的价位时可能会受到阻力，从而进入一个横盘整理阶段，形成了V形底的扩展形态，其示意图如图3-29。

出现这种形态，主要是投资者对于股价的上涨没有多少信心，纷纷抛售，此时主力也借机继续吸筹，高位筹码也逐步完成向低位转移。

当股价突破了这一阻力位置，上涨行情就被打开，投资者就可以在此时大胆逢低吸纳，积极买入。

图3-29　V形底扩展形态示意图

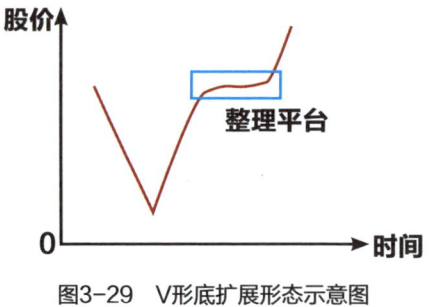

实例分析

ST银河（000806）V形底扩展形态与筹码分布结合分析买点

如图3-30所示为ST银河2019年4月至2020年6月的K线图。

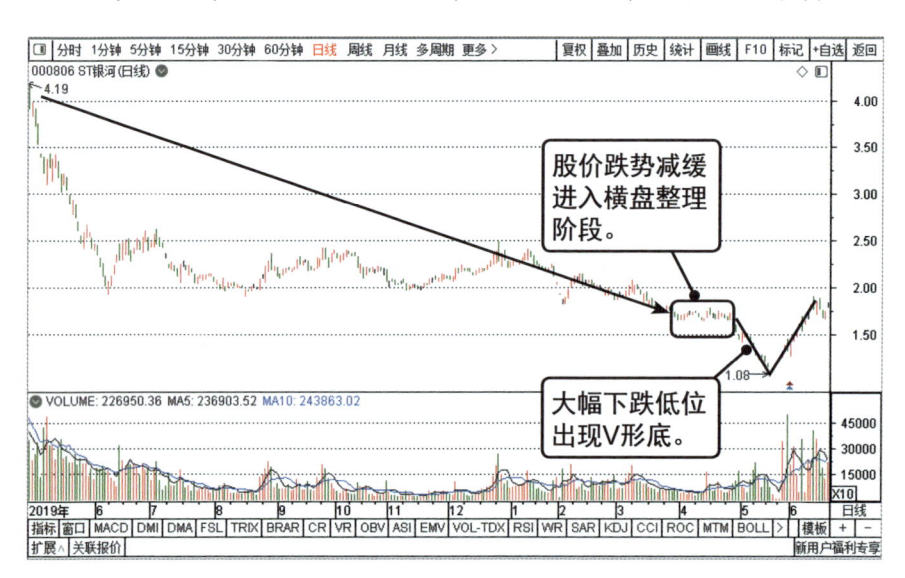

图3-30　ST银河2019年4月至2020年6月的K线图

从图中可以看到，该股大幅下跌后在2020年4月跌势减缓，随后该股股价始终在1.60～1.80元的价格区间窄幅波动。

之后该股快速下跌，创出1.08元的最低价后快速放量拉升股价到达前期横盘整理的价格，形成了明显的V形底K线形态。

是否此时行情发生了反转呢？投资者是否能够立即买入呢？下面我们结合筹码分布图进一步分析。

如图3-31所示为ST银河2019年12月至2020年6月的K线图。

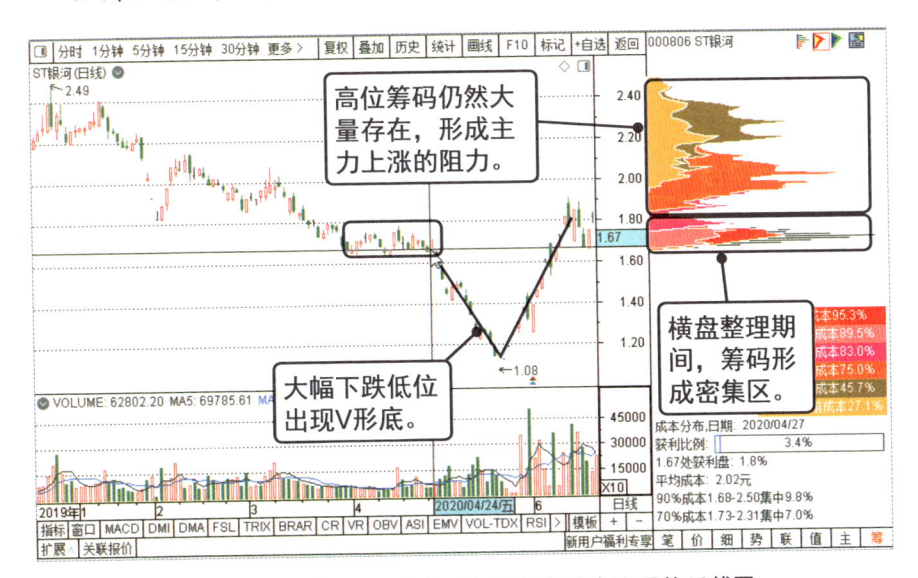

图3-31 ST银河2019年12月至2020年6月的K线图

从图中可以看到，该股在2020年3月下旬至4月下旬这一个月的横向整理过程中，筹码分布图在1.60～1.80元的价格区间中出现了筹码密集区域。

但是观察此时1.80元价格上方，仍然存在着大量的筹码，这些筹码对股价继续上涨会产生一定的阻碍，因此投资者最好还是持币观望，警惕这可能是下跌途中的短暂反弹。

如图3-32所示为ST银河2020年5月至2021年7月的K线图。

从图中可以看到，该股随后经历了一波长达8个月之久的横盘整理，在2021年2月下旬，调整幅度越来越小，观察对应的筹码分布图可以看到，上方筹码已经转移到下方，并且在1.60～1.80元价格之间形成明显的低位密集区，K线整体走出V形底扩展形态。

之后股价连续放量拉高股价突破形成的筹码密集区，并运行到筹码密集区的价格之上，此时就是投资者最好的买入时机，投资者应积极买入做多，持股待涨。

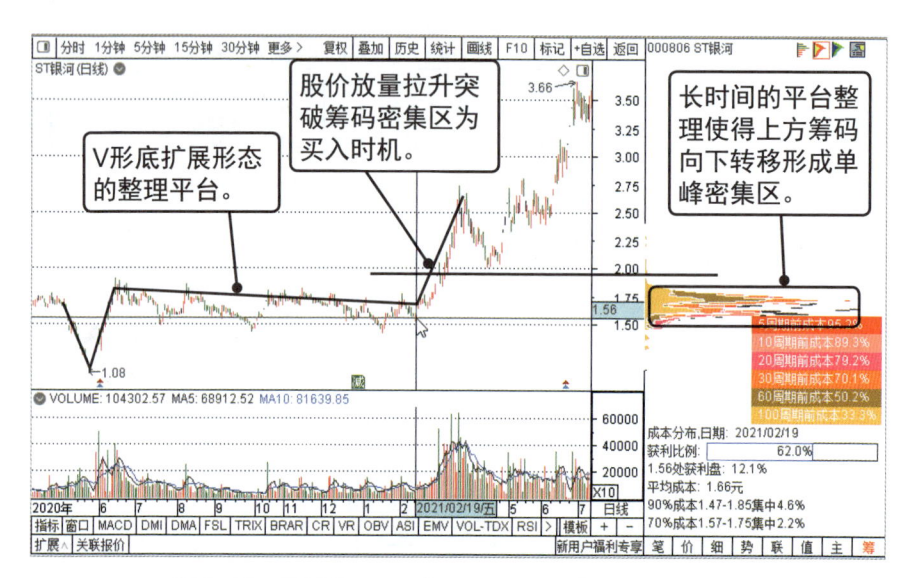

图 3-32　ST 银河 2020 年 5 月至 2021 年 7 月的 K 线图

3.3.2　倒 V 形顶形态与筹码分布实战

倒 V 形顶形态形成的顶非常尖锐，通常在几个交易日之内便形成，而且成交量一般也会大幅增加。在股价大涨或快涨后见到此形态，至少有一波较大幅度的回调行情。

如果整体市场同步下跌，也可能成为长期趋势的逆转。而且，在形成倒 V 形顶的时候，前期上涨阶段股价上涨速度越快，且上涨幅度越大，那么相应，行情转势后下跌的速度就越快，且跌幅也越大。

要想有效规避倒 V 形顶之后的大跌，我们可以结合筹码分布图来分析行情是否转势，具体需要从以下几点来进行考察。

- 股价必须是在大幅上涨之后的短时间内出现快速上涨形成的倒V形顶形态。

- 在股价大幅上涨到高位出现快速上涨之前,下方筹码虽然已经逐步开始上移,但是还未形成高位的单峰密集形态,这也说明了主力尚未完成全部筹码的兑现。此时主力快速拉升,造成行情涨势强劲的假象,吸引场外资金进场接盘,同时自己大量派发手中的筹码,因此在较短时间内就可以完成出货操作。一旦主力出货完成,之后快速下跌形成倒V形顶,带动行情下跌也就是顺理成章的事情了。

- 通常而言,高位单峰密集形态一般出现在股价快速上涨的价位附近。当股价经历一波快速上涨后,股价从顶部快速转向,并跌破这个筹码密集峰位置,就是下跌行情的启动时刻,此时即使没有成交量放大的配合,也能发出十分可靠的看跌信号,如果股价快速下跌伴随成交量的放大,则会加快股价的下跌,投资者更应该清仓出局。

有时候,在股价运行到顶部区域后,低位的筹码可能仍然没有完全转移到高位,此时在股价快速上涨后转势向下接近倒V形顶快速下跌的价位时可能会受到支撑,从而进入一个横盘整理阶段,形成了倒V形顶的扩展形态,其示意图如图3-33。

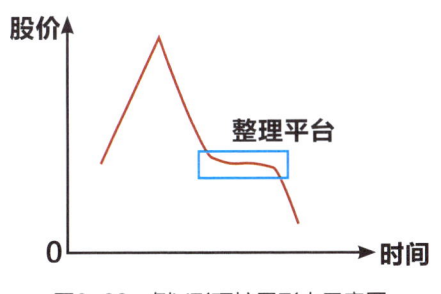

图3-33 倒V形顶扩展形态示意图

出现这种形态,主要是主力为了更好地派发筹码,并将低位筹码转移至高位,一旦形成高位密集峰,且股价跌破这个密集峰,股价加速下跌的行情就被打开,此时投资者要积极抛售持股,离场观望。

实例分析

东方能源（000958）倒 V 形顶扩展形态与筹码分布结合分析卖点

如图 3-34 所示为东方能源 2018 年 11 月至 2019 年 5 月的 K 线图。

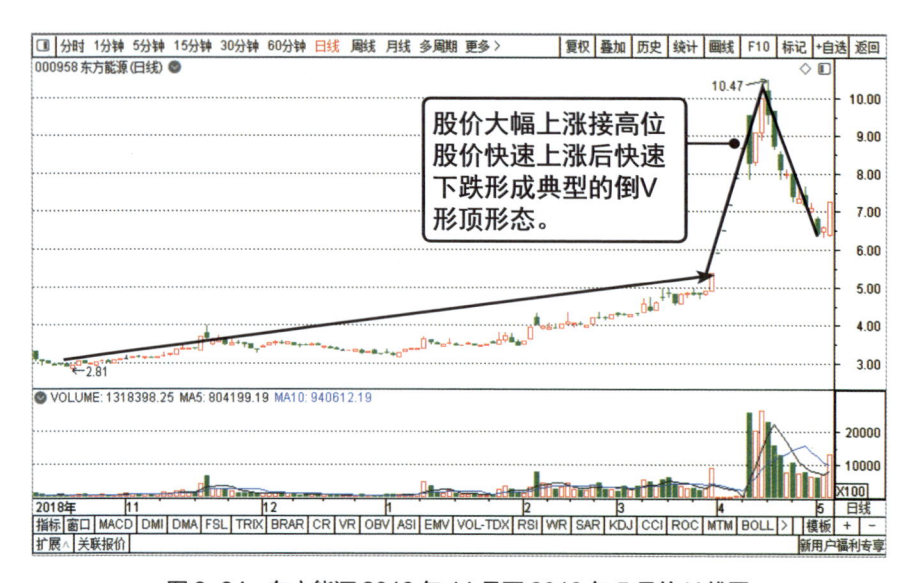

图 3-34　东方能源 2018 年 11 月至 2019 年 5 月的 K 线图

从图中可以看到，该股在 2018 年 10 月 19 日创出 2.81 元的最低价后缓慢拉升步入上涨行情，经过 5 个月左右的时间，股价上涨到 5.00 元的价位，涨幅约 78%。

之后股价连续收出一字涨停板快速拉高股价，并在 2019 年 4 月 16 日—19 日放巨量拉升股价创出 10.47 元的最高价。

4 月 22 日股价开盘后一路低走，当日以 9.01% 的跌幅拉低股价，随后股价出现了一波快速下跌行情，短短几个交易日股价就下跌到 6.50 元左右。

从 5.00 元快速上涨到 10.47 元，再下跌到 6.50 元，整个行情发生只有一个月左右的时间，从 K 线形态上来看，形成了典型的倒 V 形顶形态。

5 月初，股价快速下跌后出现止跌行情，新的上涨是否又启动了呢？下面我们结合筹码分布图来进行分析。

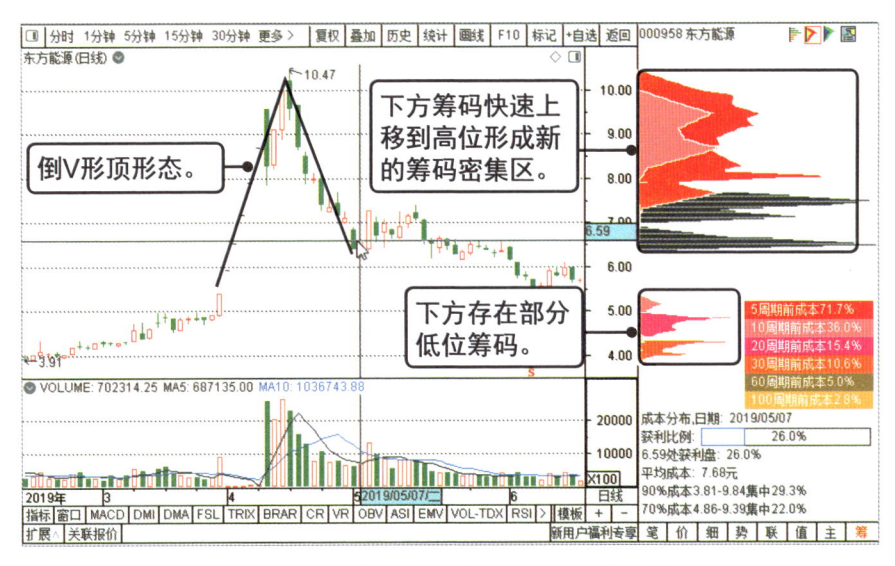

如图3-35所示为东方能源2019年2月至6月的K线图。

图3-35　东方能源2019年2月至6月的K线图

从图中可以看到，通过快速上涨和下跌，下方筹码快速上移，并在高价位区形成了许多新的筹码密集区，从2.81元上涨到最高的10.47元，涨幅已经超过270%，因此可以肯定行情已经见顶，投资者要积极抛售离场。

虽然此时在下方4.00～5.00元的低价格区间仍然存在许多的低价筹码，这部分筹码会对股价的继续下跌形成一定的支撑，但是因为总量比较少，不足以支撑股价向上突破高位密集区的压力走出继续上涨行情，只能说明股价不会立即出现快速下跌，倒V形顶形态可能走出倒V形顶扩展形态，对还未离场的投资者来说，在随后的平台整理阶段，应逢高卖出，锁定利润。

如图3-36所示为东方能源2019年1月至2020年6月的K线图。

从图中可以看到，该股经过6个月左右的横向整理，股价始终在5.00～7.00元的价格区间波动变化。此时筹码也在该价格区间附近形成了密集区，这个区域将对后市股价的反弹起到阻碍。

在 2019 年 11 月 20 日附近，股价向下跌破筹码密集区进入下跌行情中，之后的反弹始终受到整理期间形成的筹码密集区的压制。

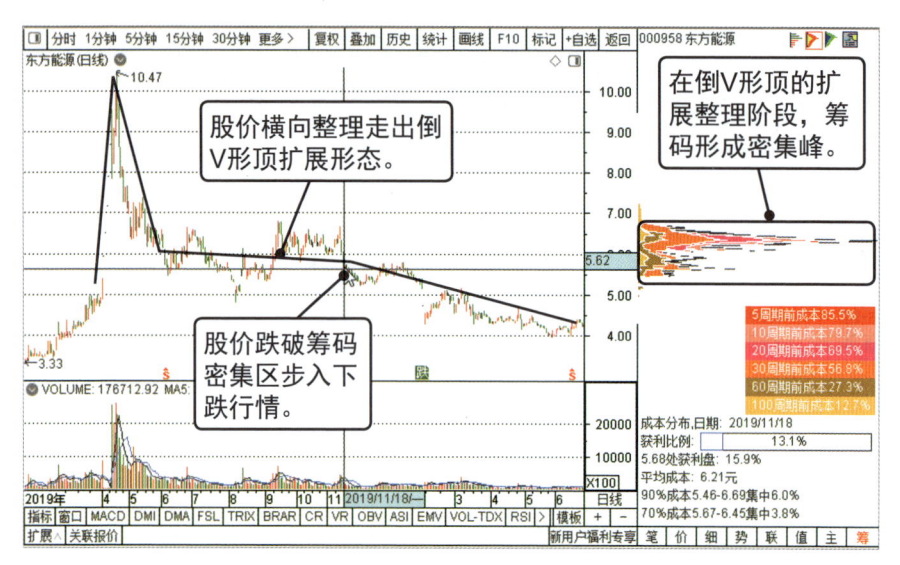

图 3-36 东方能源 2019 年 1 月至 2020 年 6 月的 K 线图

3.3.3 双重底形态与筹码分布实战

双重底不一定都是行情的反转，也可能是下跌过程中一次比较大的技术反弹，当反弹结束后，行情会继续前期的下跌行情。如何能够可靠地研判双重底发出的趋势反转信号呢？比较有效的方法就是结合筹码分布图来进行分析。

在使用筹码分布图结合双重底形态判断趋势反转时，应该从以下几点进行分析。

◆ 股价在大幅下跌的低位创出新低后出现反弹，此时前期高位套牢投资者寄希望于此轮反弹会出现大涨，因此抛售筹码有限，此时大部分筹码还在高位，并没有转移到下方形成密集区。主力没有收集到足够的筹码，肯定不会大幅拉升，为了让更多套牢盘交出筹码，主力会再进行一次打压。

- 股价在第一个底形成并反弹一段时间后就会主动出击打压股价，前期套牢盘恐怕行情继续下跌，于是纷纷割肉清仓，此时市场中交投活跃，成交量明显放大，上方筹码迅速向下转移，低位筹码峰不断增大。如果在右底位置时能形成低位筹码峰，则行情见底信号更可靠。

- 由于股价多次往返双重底的颈线位置，因此该位置就会聚集大量的筹码，低位筹码峰的核心区域也出现在该位置，之后如果股价突破该筹码密集区，那么上涨就成了必然的趋势，投资者此时就应该积极买入抄底。

- 有时候经过第二次底后，如果上方筹码没有完全转移到下方，此时还会出现回抽颈线的情况，目的是让上方筹码转移到低位，减轻主力的拉升阻力。

实例分析

沃森生物（300142）双重底形态与筹码分布结合分析买点

如图3-37所示为沃森生物2020年8月至2021年3月的K线图。

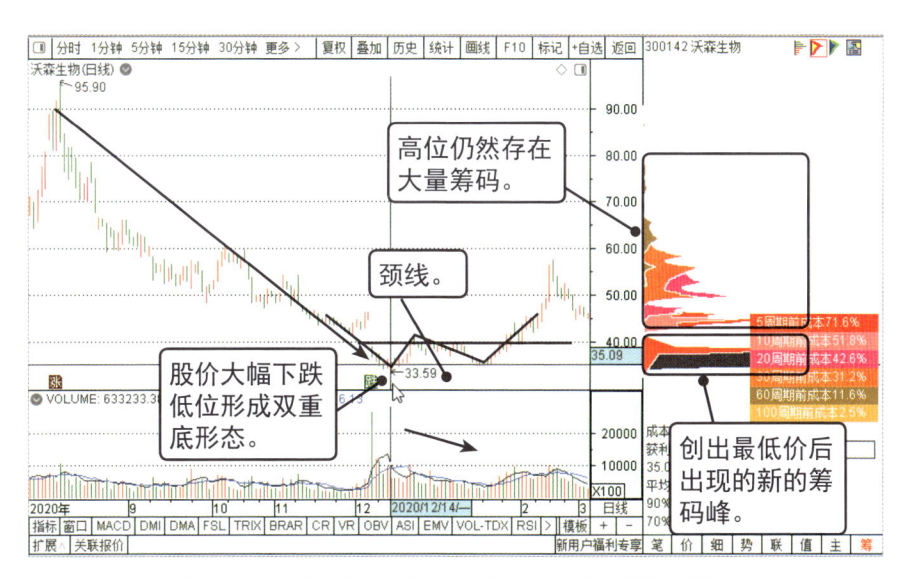

图3-37　沃森生物2020年8月至2021年3月的K线图

从图中可以看到，该股从 95.90 元的高价经过 4 个多月的下跌后于 2020 年 12 月 14 日创出 33.59 元的低价，跌幅约 65%。之后股价短暂反弹在触及 40.00 元的价位线时反弹结束后缩量下跌，并于 2021 年 1 月中旬在前期最低点的附近止跌后温和放量拉升股价，形成典型的双重底形态。

观察该股创出 33.59 元的最低价的筹码分布图可以发现，此时该股在 34.00～37.50 元的价格区间形成了新的低位筹码密集峰，但是在 40.00 元价格上方还存在大量的高位筹码，说明此时市场中还存在大量的套牢盘。

如图 3-38 所示为沃森生物 2020 年 11 月至 2021 年 8 月的 K 线图。

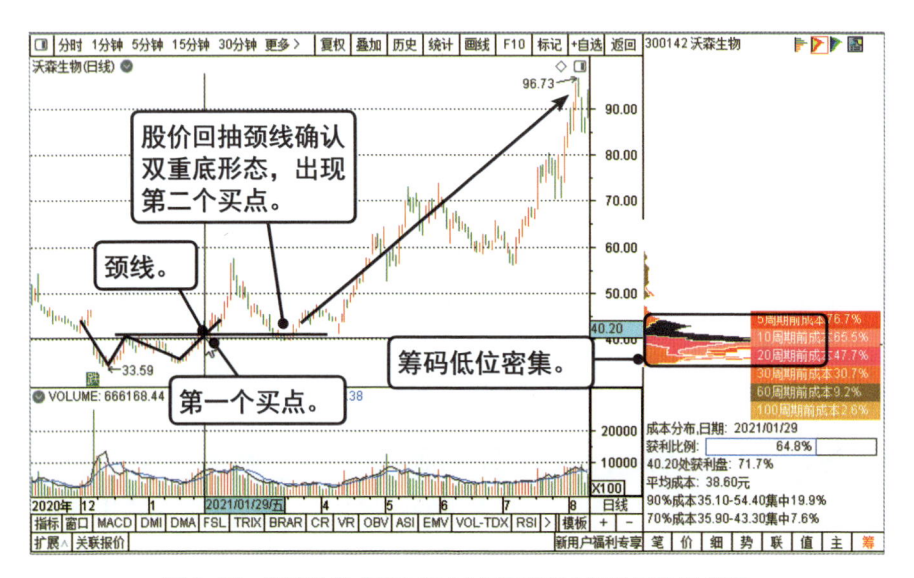

图 3-38　沃森生物 2020 年 11 月至 2021 年 8 月的 K 线图

从图中可以看到，在双重底形态形成之后，股价温和放量突破颈线后，上方高位筹码快速下移，并以 40.00 元为中心形成低位筹码密集区，说明经过第二底后，主力收集到了足够的筹码，双重底发出的是可靠的行情反转信号，在股价放量突破该筹码密集区时就是一个买点。

虽然该股在 60.00 元价格线下方上涨受阻出现回落，但是股价在 40.00 元的颈线位置受到低位筹码密集区的支撑后止跌，这是双重底回抽颈线的形态，其更加确认双重底形态形成，此时投资者应积极买入或者加仓，持股待涨。

从后市的走势来看，该股最高上涨到 96.73 元的最高价，出现翻倍上涨行情，如果投资者在双重底回抽颈线获得低位筹码密集区的支撑后买进，持股一段时间后，在任意时间卖出，都将获得不错的收益。

3.3.4 双重顶形态与筹码分布实战

构筑双重顶的时间要求没有双重底严格，因为在股价的底部通常成交清淡，主力需要通过较长的时间才能在不引起散户注意的情况下吸收足够的筹码完成建仓动作。而在股价的顶部通常成交活跃，成交量巨大，主力不需要太长的时间就能完成出货动作。

如果双重顶的形成时间越长，其见顶的可靠性也越高。但是对于双重顶形成时间超过半年的，其判断价值就很小了。

在使用筹码分布图结合双重顶形态判断趋势反转时，应该从以下几点进行分析。

- ◆ 在股价大幅上涨的高位，股价创出一个新高后反转向下时，追涨者会认为这只是上涨过程中的正常回调，于是纷纷进场接盘，主力乘机进行出货，因此在高位会形成大量的筹码，而此时下方低位的筹码峰仍然存在，这就表明经过第一个顶，主力还未完成出货。

- ◆ 为了让更多的追涨者介入接盘，主力会再次拉升股价，引诱散户入场，主力顺利派发，即在双重顶的第二个顶形成时，成交量会明显放大，对应的筹码分布图中显示为下方筹码快速向上转移，高位筹码峰不断增加。

- ◆ 由于股价多次往返在双重顶的颈线位置，因此该位置就会聚集大量的筹码，高位筹码峰的核心区域也出现在该位置，之后如果股价跌破该筹码密集区，那么下跌就成为必然的趋势，投资者此时就应该立即清仓离场。

实例分析

平潭发展（000592）双重顶形态与筹码分布结合分析卖点

如图 3-39 所示为平潭发展 2020 年 4 月至 8 月的 K 线图。

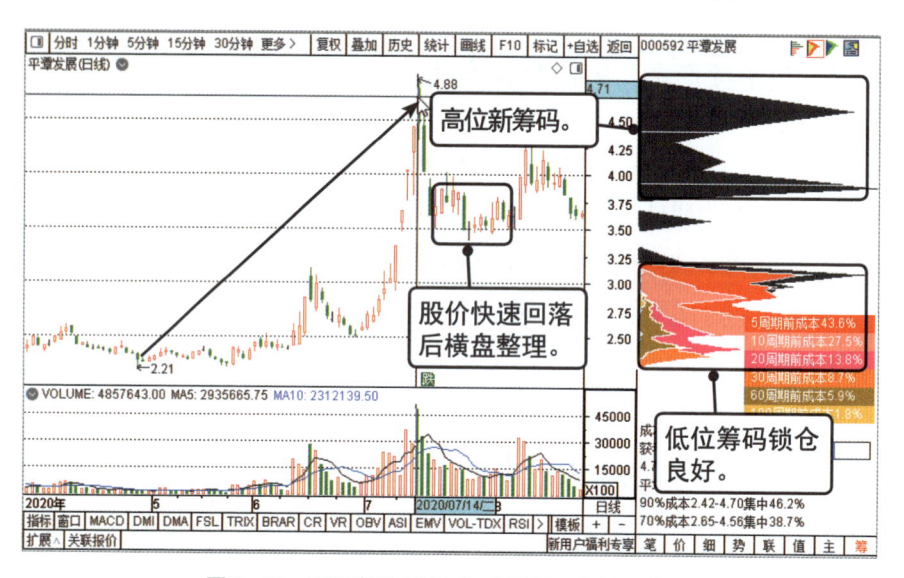

图 3-39　平潭发展 2020 年 4 月至 8 月的 K 线图

从图中可以看到，该股下跌到 2020 年后跌势减缓，并在 4 月 28 日创出 2.21 元的最低价，之后股价企稳回升步入上涨行情。

股价在 6 月中旬有过几日快速上涨后急速下跌调整，但是股价在 2.50 元的价位线止跌，随后该股放量快速大涨，并在 7 月 14 日创出 4.88 元的最高价，从最低的 2.21 元到此时最高的 4.88 元，该股涨幅已经超过 120%。

观察创出 4.88 元最高价当日的筹码分布图可以发现，虽然当日在高位新增了很多筹码，但是下方筹码锁定良好，因此，在之后股价出现回落，很多散户都认为是上涨过程中的正常回调，于是纷纷在此时追涨。

下面来观察股价回落过程中的筹码分布变化。

如图 3-40 所示为平潭发展 2020 年 4 月至 9 月的 K 线图。

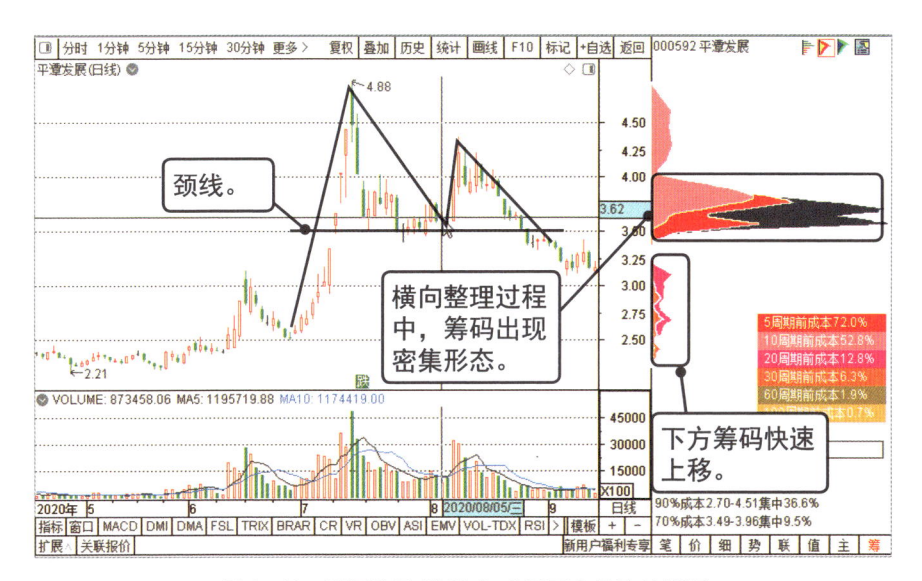

图3-40 平潭发展2020年4月至9月的K线图

从图中可以看到，该股在创出4.88元的最高价后连续两日收出跌停大阴线拉低股价快速回落，随后跌势减缓，并在3.50元价位线上方横向窄幅波动。

观察此时的筹码分布图可以发现，下方低位筹码只有少许还未转移，而大部分筹码已经转移到上方，并在股价回落后横向波动的价位附近形成高位密集峰，说明主力趁着股价回落，散户追涨时，已经完成了大部分的筹码兑现。

该股随后放量拉高股价，但是股价反弹不及前期高位，仅仅反弹上涨几个交易日便拐头向下，说明股价上涨缺乏足够的动力，之后股价快速跌破前期回落的低点，K线图上形成典型的双重顶形态，此时投资者就要谨慎追涨了，最好逢高抛售，落袋为安。

如图3-41所示为平潭发展2020年7月至2021年2月的K线图。

从图中可以看到，虽然股价之后回抽颈线，但是在颈线位置受到阻碍，反弹结束。

观察回抽颈线的筹码分布图可以发现，此时下方低位筹码已经几乎全部转移到上方，并且颈线位置处的筹码密集峰对股价形成了明显的压力，更加确定了行情见顶，投资者要果断清仓。

随后，该股出现了翻倍下跌的下跌行情，如果投资者没有在股价回抽双重顶颈线时及时清仓，将会损失惨重。

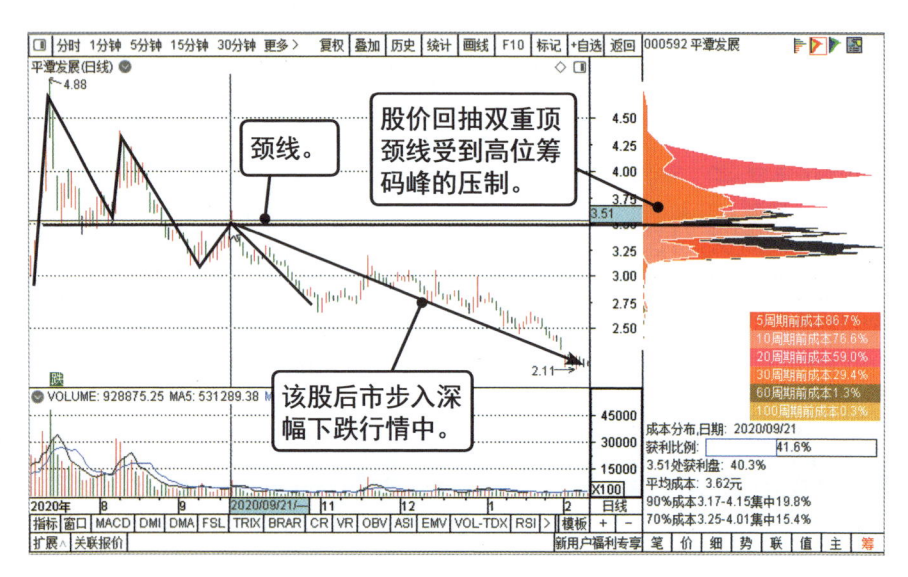

图 3-41　平潭发展 2020 年 7 月至 2021 年 2 月的 K 线图

3.3.5　头肩底形态与筹码分布实战

头肩底形态形成的时间通常比较长，一旦向上突破颈线后，反转概率比双重底更高。

在使用筹码分布图结合头肩底形态判断趋势反转时，应该从以下几点进行分析。

◆ 在股价大幅下跌低位，当头肩底形态的左肩和头部形成时，此时高位套牢者仍然寄希望于之后出现更大反弹，因此抛售筹码有限，筹码分布图显示出高位仍然聚集大量筹码，而底部的筹码却相对较少，没有形成密集筹码峰，此时主力是不会大幅拉升的。

- 为了获得更多廉价筹码，此时主力会再次主动打压股价，迫使高位套牢者交出筹码，因此在头肩底的右肩形成时，往往都伴随着成交量的明显放大，从筹码分布图上来看，高位筹码迅速向下转移，并在低位形成密集峰。

- 在头肩底形态中，通常情况下，颈线位置附近就是底部筹码峰的核心区域，只有当股价向上突破这一密集区域，上涨行情才真正被打开，此时投资者应该积极买入、做多。

- 有时候股价在低位形成头肩底形态后，高位可能仍然存在许多筹码，此时主力可能会再次大幅度打压股价，从而使得这部分高位筹码被迫向下转移到低位，一旦低位形成了单峰密集形态，就表示主力控盘程度高，后市的上涨也比较可期。

实例分析

东方日升（300118）头肩底形态与筹码分布结合分析买点

如图 3-42 所示为东方日升 2017 年 2 月至 2018 年 10 月的 K 线图。

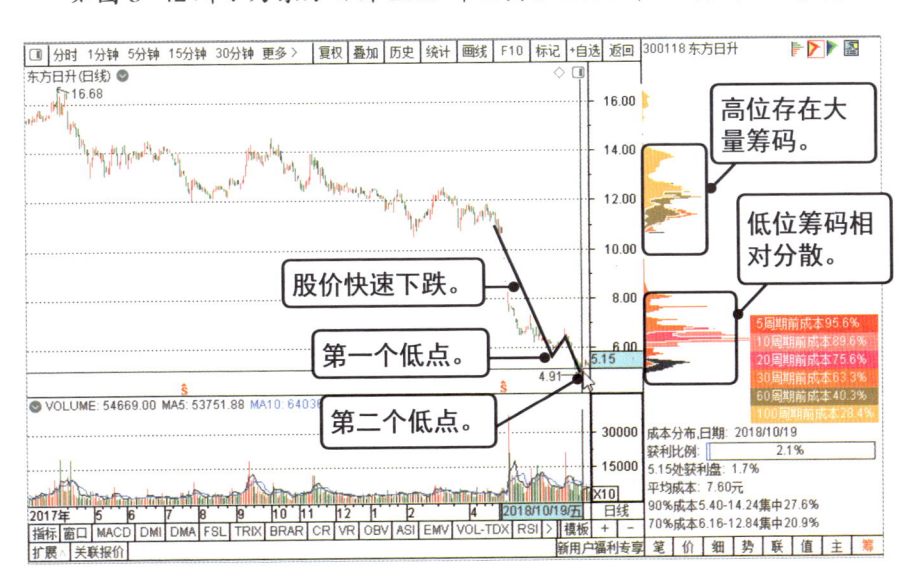

图 3-42　东方日升 2017 年 2 月至 2018 年 10 月的 K 线图

从图中可以看到，该股经历了一波长时间的深幅下跌行情。在整个下跌过程中，股价在下跌到11.00元的价位线附近时出现了跌势减缓的走势，之后股价出现一波快速下跌行情，最终在6.00元的位置止跌，出现一个低位，短暂反弹后又出现快速下跌，并在2018年10月19日创出4.91元的最低价，出现第二个低位。

下面来观察对应的筹码分布图，从筹码分布图中可以发现，此时在11.00～14.00元的价格区间还存在大量的高位筹码，虽然下方也出现了一些低位筹码，但是相对而言比较分散。

如图3-43所示为东方日升2017年4月至2018年12月的K线图。

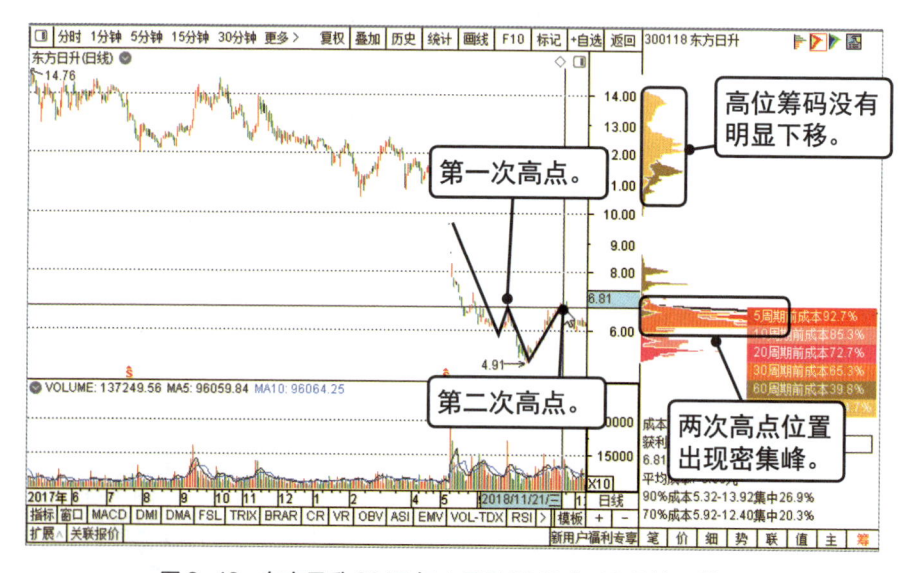

图3-43　东方日升2017年4月至2018年12月的K线图

从图中可以看到，该股创出4.91元的最低价后出现了一波不错的反弹行情，但是行情反弹到前期高点位置时滞涨。观察此时的筹码分布图可以发现，高位筹码并没有明显减少，说明高位套牢盘仍然在观望。

主力如果要操作这只股票，为了减轻后市的拉升阻力，就会主动继续打压股价，从而迫使这部分投资者交出手中筹码。

如图3-44所示为东方日升2018年8月至2020年1月的K线图。

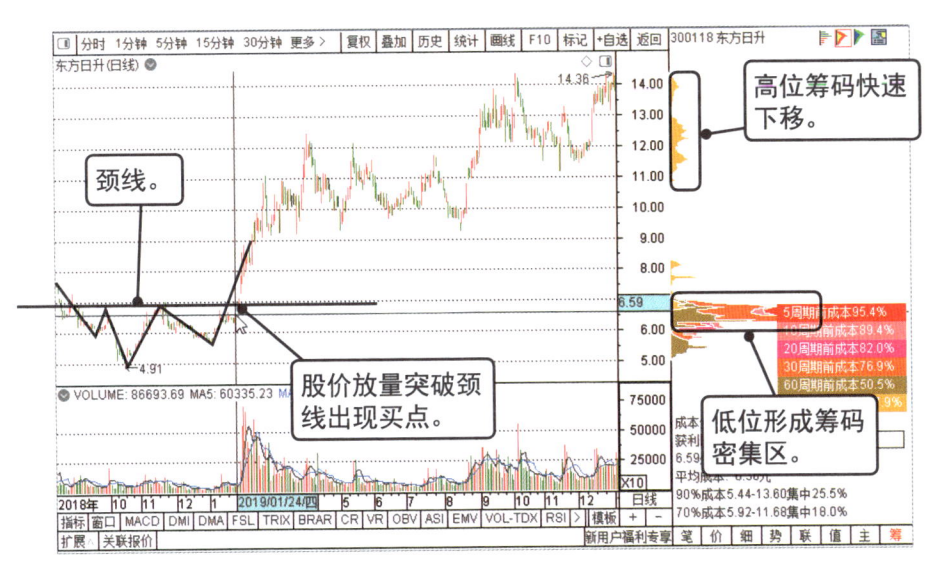

图 3-44 东方日升 2018 年 8 月至 2020 年 1 月的 K 线图

从图中可以看到，该股经历了一波长达两个多月的回调下跌行情，股价在下跌到 6.00 元价位下附近时止跌回升，K 线走势形成典型的头肩底形态，预示着行情已经见底。

随后该股反弹到前期两个高点附近位置出现了短暂的停留，在短暂的横盘整理后股价放量急速拉升股价强势突破头肩底形态的颈线，发出可靠的行情见底回升的信号。

观察对应的筹码分布图可以发现，在股价经过一波回调后反弹行情，并在颈线位置短暂停留后，此时高位筹码出现了快速下移，并在颈线位置附近出现明显的低位筹码密集区，说明此时市场中的大部分筹码都掌控到主力手中。

之后股价放量强势拉升股价突破这一筹码密集区就是上升行情开启的标志，综合头肩底形态和筹码分布图的分析，可以更加确定此时上涨行情已经来临，投资者应该积极逢低吸纳，持股待涨。

从后市的涨势来看，该股经历了一波翻倍上涨的上升行情，如果投资者能够及时跟进，将获得不错的收益。

3.3.6 头肩顶形态与筹码分布实战

当双重顶的第二顶高于第一个顶部时，就很容易形成头肩顶形态，因此头肩顶的形成时间通常比双重顶形成的时间更长，这就给主力更充分的出货时间，往往后市的跌势也更加凶猛。

在使用筹码分布图结合头肩顶形态判断趋势反转时，应该从以下几点进行分析。

- ◆ 在股价大幅上涨的高位，当头肩顶形态的左肩和头部形成时，由于头部比左肩高出许多，这就让散户以为股价还会继续创出新高，于是纷纷追涨接盘，主力乘机出货，此时成交量出现明显放大。对应的筹码分布图中显示，高位出现许多筹码峰，但是此时下方仍然存在部分筹码，因此，股价还不会快速下跌。

- ◆ 由于经过前面两次拉高，主力出货不理想，此时为了便于将手中剩下的筹码全部抛售，会再进行一波拉伸，这就是头肩顶形态的右肩。但是此时右肩冲高相较于前面两个顶来说，成交有比较明显的缩量，下方筹码也迅速向高位转移，并在高位形成密集峰。

- ◆ 在头肩顶形态中，通常情况下，颈线位置附近就是高位筹码峰的核心区域，如果股价向下跌破这一密集区域后，伴随着下跌低位筹码的快速消失，则表明一波长期上升趋势发生扭转，下跌行情来临，此时投资者要果断抛售、做空。

- ◆ 有时候股价在高位形成头肩顶形态后，低位可能仍然存在许多筹码，此时主力可能会在高位震荡，从而派完手中的筹码，此时筹码分布图中显示低位筹码基本上全部转移到高位，一旦高位形成了单峰密集形态，就表示主力出货完毕，随之而来的就是漫漫下跌路。

实例分析

亚光科技（300123）头肩顶形态与筹码分布结合分析卖点

如图3-45所示为亚光科技2019年11月至2020年7月的K线图。

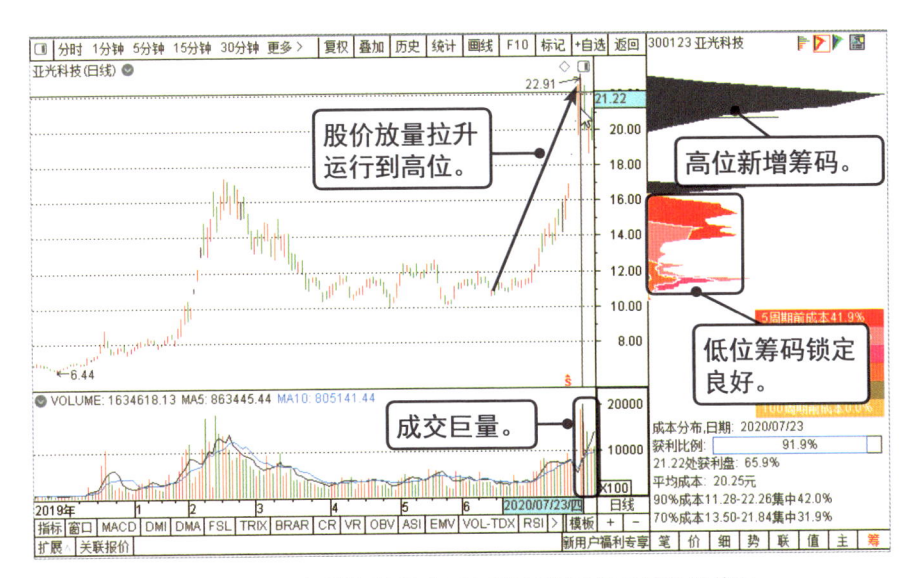

图3-45 亚光科技2019年11月至2020年7月的K线图

从图中可以看到，该股在2019年12月以6.44元的最低价见底后一路上涨，在2020年2月中旬运行到17.00元的价位附近后阶段性见顶。

随后该股经历了一波大幅回落调整后步入长时间的横向整理，最终该股在2020年6月底重拾升势，并经历了一波快速拉升行情，尤其在7月下旬，该股更是放出巨量拉升股价。

观察此时的筹码分布图可以发现，该股在创出22.91元的最高价当日，筹码分布图的高位新增了大量筹码，并形成明显的高位筹码峰，而下方的低位筹码呈现出良好的锁定状态，说明此时主力手中还有大量筹码没有派发，股价不会立即见顶。

如图3-46所示为亚光科技2020年4月至8月的K线图。

从图中可以看到，该股在创出22.91元的高价后阶段见顶，随后股价出现回落调整走势，在回落过程中成交出现明显缩量，之后股价在18.00元价位线上方止跌回升，许多散户误认为此时为股价的正常回调，因此在股价止跌后纷纷追涨，成交量温和放大，并在2020年8月10日创出26.13元的高价。

观察此时的筹码分布图可以发现，经过回调→拉升这一过程，下方低位筹码快速转移到高位，在高位形成两个明显的筹码峰，下方低位筹码剩余不多，说明市场中大部分低位筹码已经转移到高位，这是主力兑换大部分筹码的表现。

在大幅上涨的高价位区出现这种形态，股价见顶的可能性很大，稳健的投资者最好逢高卖出，落袋为安。

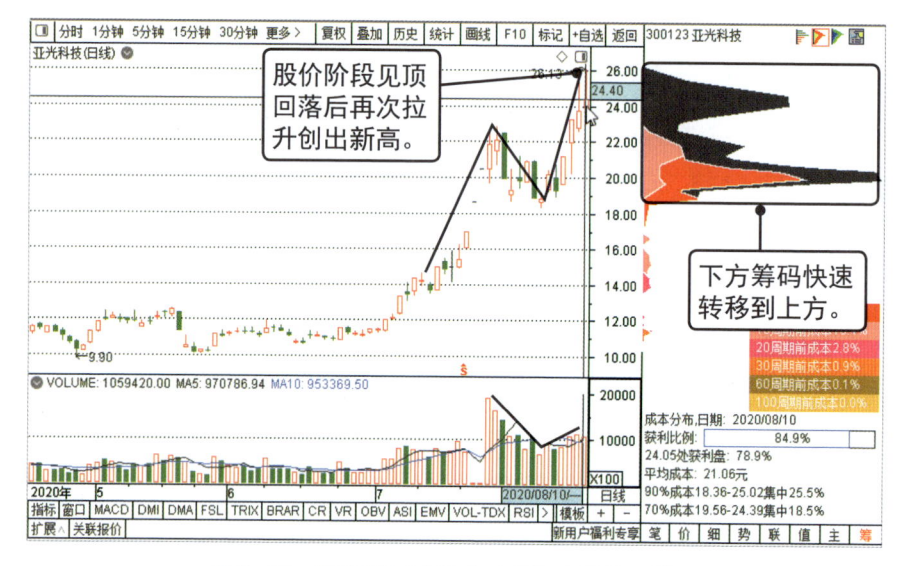

图 3-46 亚光科技 2020 年 4 月至 8 月的 K 线图

如图 3-47 所示为亚光科技 2020 年 7 月至 2021 年 3 月的 K 线图。

从图中可以看到，该股创出 26.13 元的最高价后出现了快速回落的走势，短短不到一个月的时间，股价从 26.13 元下跌到 18.00 元附近，跌幅达到 31%。

之后股价在前期低点位置止跌回升，但是此轮上涨的成交量相较于前两次上涨的成交量明显小，且股价上涨到第一个高点位置附近便拐头向下，K 线图形成典型的头肩顶形态。

观察此时头肩顶形态右肩时的筹码分布图可以发现，此时下方低位筹码已经全部转移到高位，并在 18.00～23.00 元的价格区间形成明显的筹码密集区，更加确定了主力派发已经完成，后市看跌。

之后股价强势跌破颈线后步入长期深幅下跌行情中，不给投资者任何喘息机会，如果投资者在头肩顶形态出现，并结合筹码分布图确定行情见顶时没有及时清仓出局，将被长时间深度套牢。

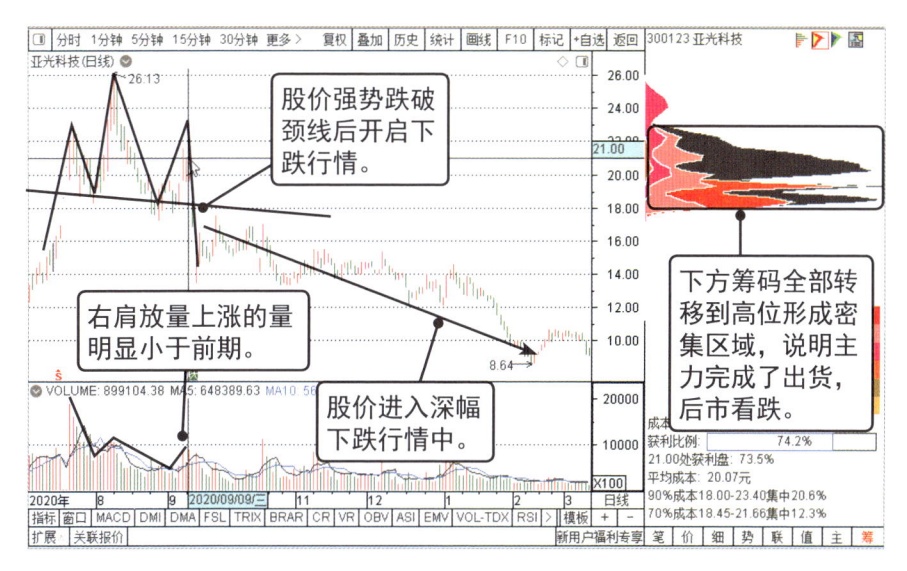

图 3-47　亚光科技 2020 年 7 月至 2021 年 3 月的 K 线图

3.3.7　圆弧底形态与筹码分布实战

由于圆弧底是一个比较温和而缓慢的形成过程，因此在圆弧低位时，筹码图上不一定能形成低位筹码峰，筹码的分布可能相对比较发散，需要上方大部分筹码跟随股价的变化向下移动，则有效性更高。

如果在圆弧底形成之前，股价在大幅下跌低位经历了一波长时间的整理，将筹码转移到下方并形成密集区，此时若再出现圆弧底形态，则更加确定了股价见底的事实。此时，当在圆弧底的右侧放量拉升股价突破密集区时，就是最稳妥的买入时机。

实例分析

长源电力（000966）圆弧底形态与筹码分布结合分析买点

如图 3-48 所示为长源电力 2019 年 4 月至 2020 年 12 月的 K 线图。

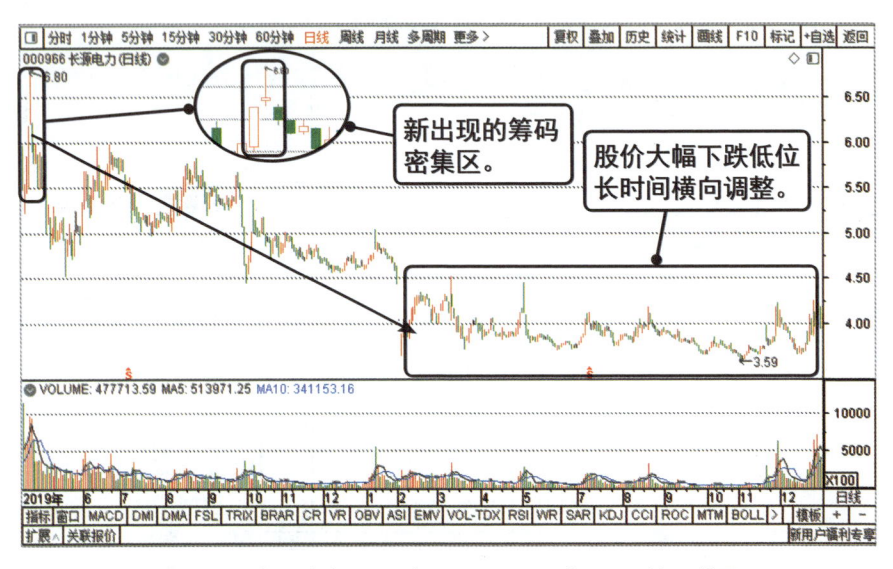

图 3-48　长源电力 2019 年 4 月至 2020 年 12 月的 K 线图

从图中可以看到，该股在 2019 年 4 月 18 日放量收出一根涨停大阳线后，次日股价跳空高开收出带长上影线、实体非常小的小阳线，创出 6.80 元的最高价。第三日，股价跳空低开低走在阳线实体内形成一根阴线，形成黄昏之星变形形态（与标准黄昏之星的作用一样，也是一个可靠的见顶信号），之后股价一路震荡长时间下跌。

在 2020 年 1 月，该股跌势减缓，并在 3.50～4.50 元之间横向整理长达一年的时间。

如图 3-49 所示为长源电力 2019 年 3 月至 2020 年 12 月的 K 线图。

从图中可以看到，该股 6.80 元见顶并经过震荡下跌→长时间横盘整理后，高位筹码快速下移到低位区，尤其在低位横盘整理期间，大部分筹码都转移到 3.50～4.50 元的低价位区，并形成筹码密集峰，虽然此时上方仍然存在少量的高位筹码，但是大部分筹码已经集中到主力手中了。一旦整理结束，上涨行情就将开启。

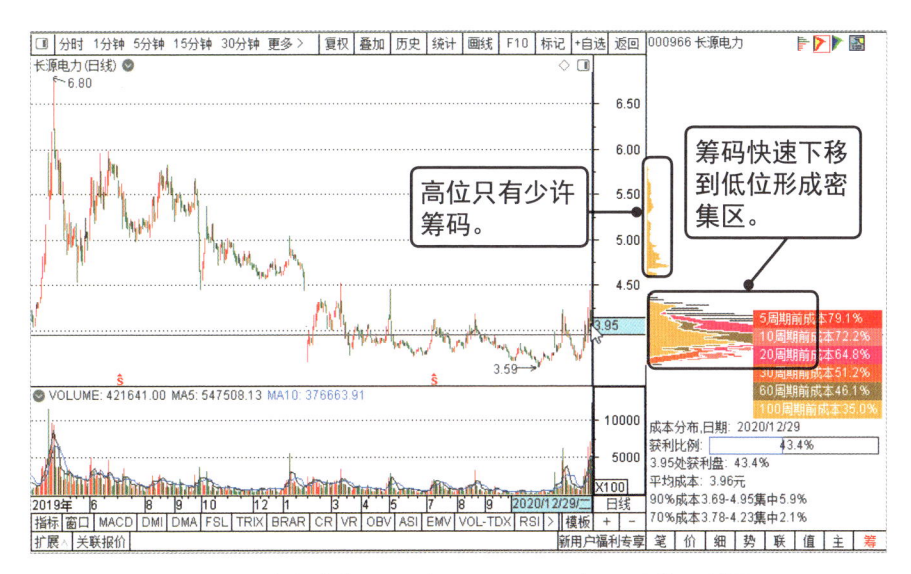

图 3-49　长源电力 2019 年 3 月至 2020 年 12 月的 K 线图

如图 3-50 所示为长源电力 2020 年 12 月至 2021 年 6 月的 K 线图。

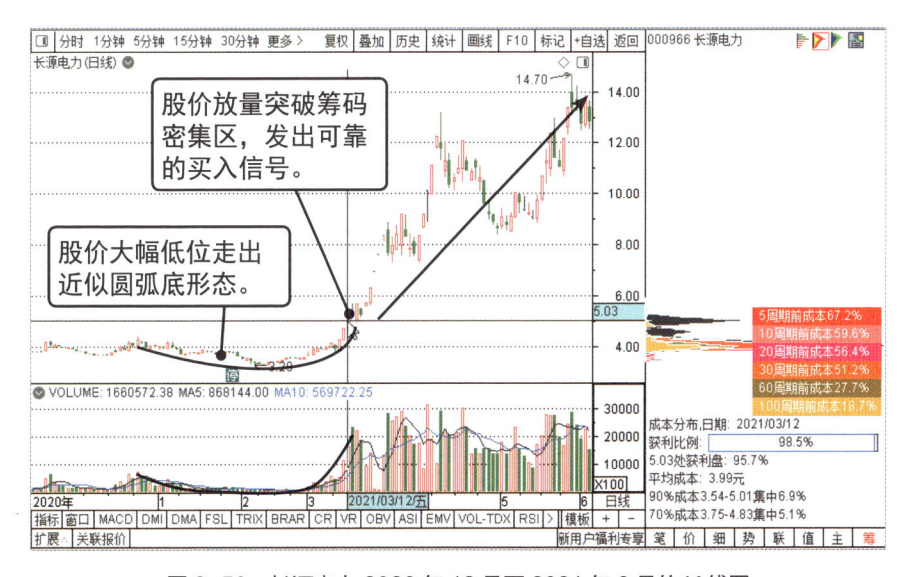

图 3-50　长源电力 2020 年 12 月至 2021 年 6 月的 K 线图

从图中可以看到，该股在 2020 年 12 月底触及 4.50 元价位线后止涨回落，并跌破前期横盘整理低位继续向下缓慢下跌。在 2021 年 2 月初创出 3.29

元的最低价后股价止跌缓慢回升，整个缓慢下跌→创出最低价→缓慢上涨变化过程，形成了近似圆弧底的形态。

与此同时，成交量在缓慢下跌过程中也逐渐缩小，在企稳回升的过程中也温和放大，符合圆弧底特征。并且此时高位的剩余筹码几乎也下移到低位密集区，综合分析，更加判断行情见底了。

在之后股价继续放量拉升股价突破低位筹码密集峰时，就是上涨行情的开始，此时投资者应积极买入、做多。

从后市的涨势来看，在圆弧底之后，股价一路快速上涨，在4月经过一波调整后继续快速上涨，创出14.70元的最高价，从放量突破筹码密集区5.00元左右的价格，到最高的14.70元，该股涨幅接近200%，可谓是暴涨行情。

第 4 章
瞄准时机：筹码分布与整理形态结合

股价的移动是由多空双方力量大小决定的，遵循"保持平衡→打破平衡→新的平衡→再打破平衡→再寻找新的平衡……"这样的规律。而整理行情通常就是保持平衡的那段走势。分析整理走势有助于投资者在股价打破平衡时及时把握买卖时机，获取更大收益。

○ 经典持续整理形态及其市场意义
○ 常见整理形态与筹码分布结合应用

4.1 经典持续整理形态及其市场意义

持续整理形态是指对原有趋势有暂时休整作用的 K 线形态，即股价在某个方向上运行一段时间后遇到持续整理形态，待形态形成后股价将沿着之前运行的方向继续运行。

常见的持续整理形态有三角形整理、楔形整理、旗形整理和矩形整理这 4 种，下面分别进行介绍。

4.1.1 三角形整理形态

三角形整理形态包括对称三角形、上升三角形和下降三角形 3 种，各形态的介绍及其市场意义如下。

（1）对称三角形

【形态特征】对称三角形也称收敛三角形，它可以出现在上涨趋势或下跌趋势中，它有两条聚拢的直线，上面的直线向下倾斜，起压力作用；下面的直线向上倾斜，起支撑作用，两条线一条向上发展，一条向下发展，显示多空力量对等。两条直线的交点称为顶点，对称三角形一般有 6 个转折点。图 4-1 所示分别为上涨行情中的对称三角形整理示意图（左）和下降行情中的对称三角形整理示意图（右）。

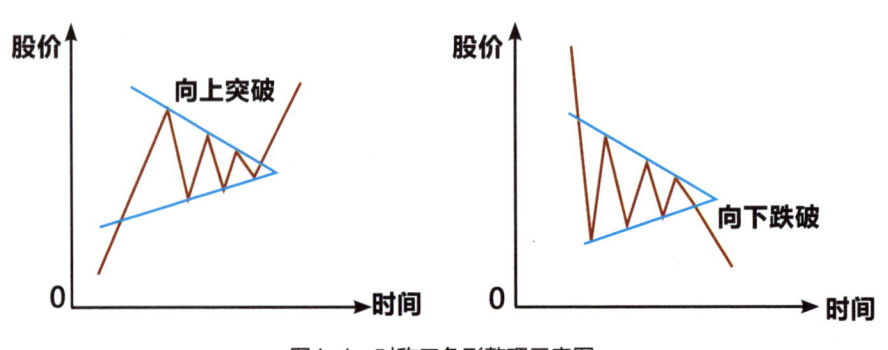

图4-1 对称三角形整理示意图

【市场意义】 对称三角形整理的最后，市场多头和空头争夺的焦点将集中在一个很小的价格区域内，这就是收敛三角形的末期。一旦某一方获得胜利，那么价格将持续向胜利的一方运行，所以收敛三角形的跌破和突破预示这一段中期趋势的延续。对称三角形在形成过程中，成交量应逐步减少。当股价向上突破时需要有大的成交量相配合，而向下跌破时则不必。除了成交量的配合外，最好还需要突破幅度和时间的配合，要求与突破趋势线的要求相同。

理财贴士 *三角形整理形态补充说明*

由于三角形整理形态需要至少3个及以上的波段才能称为整理，因此三角形整理的时间较长，一般在一个月以上，长的长达半年甚至一年以上。

三角形整理并非一定要整理到三角形末端才突破，有时离末端还较远时便开始突破，突破时离末端越远，突破后的力度越大。

（2）上升三角形

【形态特征】 上升三角形通常出现在上涨初期或上涨途中，股价每次上涨的高点基本处于同一水平位置，回落的低点却不断上移，将每次上涨的高点和回落低点分别用直线连接起来，就构成一个向上倾的三角形，即上升三角形，其示意图如图4-2。

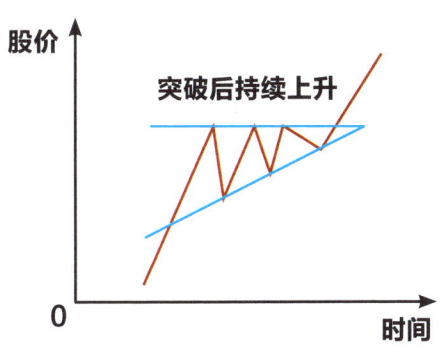

图4-2 上升三角形整理示意图

【市场意义】上升三角形整理形态表示在股价震荡变化中，买方的力量不断增强，多次冲击空方的打压价位，成交量由大到小，显示盘内持股力量逐渐稳定，当股价突破上边线的阻力向上时，前期观望的投资者会入市持仓，因此交易量会出现增加，后市看好，在股价突破上边线时就是一个很好的介入机会。

（3）下降三角形

【形态特征】下降三角形与上升三角形刚好相反，它一般出现在下跌初期或下跌途中，每次股价反弹的高点不断下移，但回落的低点基本处于同一水平位置，将每次的上涨高点和回落低点分别用直线连接起来，就构成一个向下倾的下降三角形，其示意图如图4-3。

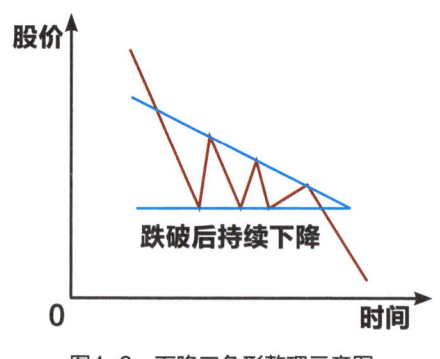

图4-3　下降三角形整理示意图

【市场意义】下降三角形形态下边线呈水平方向，可以明显地看出买方对股价的支撑，但是卖方不断打压股价，当股价跌破该支撑后，买方无力抵挡，后市股价会继续下跌，因此这种形态释放出卖出清仓的信号，投资者在股价跌破下边线后要积极抛售，及时止损。

在实战操作中，上升三角形的上边线或者下降三角形的下边线完全水平的情况很少，只要是近似水平的边线，也具有标准上升三角形和标准下降三角形的作用。

理财贴士 *股价回抽K线整理形态*

在持续整理形态中，股价突破形态上边线的压制或者跌破形态下边线的支撑后，有时候也不会立即延续前期走势，此时通常还有一个回抽上边线或者下边线的情况，这个回抽动作就是对突破或者跌破持续形态的有效确立。

图4-4所示为股价突破上升三角形上边线后的回抽示意图，股价回抽上边线受到上边线的支撑止跌，更加确立股价突破形态上边线，发出更加可靠的买入信号，投资者在股价回抽止跌后应积极买入做多。

图4-5所示为股价跌破下降三角形下边线后的回抽示意图，股价回抽下边线受到下边线的压制止涨，更加确立股价跌破形态下边线，发出更加可靠的卖出信号，投资者在股价回抽止涨后应积极清仓出局。

此外，还需要特别注意，大部分情况下在大趋势中出现的三角形整理形态都会继续原来的趋势，但也有少数时候会发生反向运动。因此不能教条地全部生搬硬套这些理论，若向上突破三角整理上边线后又跌回到上边线的下方，此时投资者应立即止损卖出；若向下有效跌破三角整理下边线后又重新升回到下边线之上，此时投资者可适当买入短线操作。

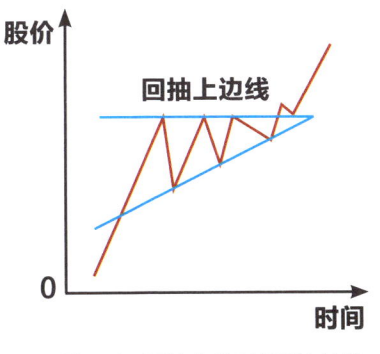

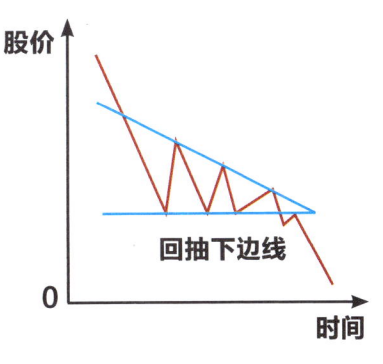

图4-4 回抽上升三角形上边线　　图4-5 回抽下降三角形下边线

4.1.2 楔形整理形态

楔形整理形态包括上升楔形和下降楔形两种，各形态的介绍及其市场意义如下。

(1) 上升楔形

【形态特征】股价在整理过程中，分别连接股价的上涨高点与回调低点，形成两条均向上方倾斜靠拢但未能相交的线，这两条线构成的楔形形状就是上升楔形整理，其示意图如图4-6。

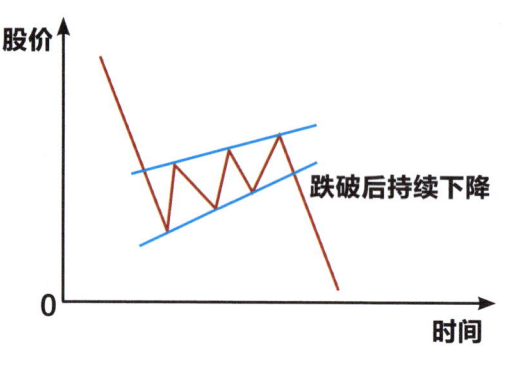

图4-6 上升楔形整理示意图

【市场意义】上升楔形整理通常出现在下跌趋势的反弹阶段，在该整理形态中，虽然股价上升，但是市场中的做多氛围仍然不浓，致使股价上涨的每个新的上升波动都比前一个弱，最后当市场做多需求完全消失时，股价便会反转回跌。因此，上升楔形整理形态表示多方力量逐渐减弱，当形态的下边线被跌破后，股价通常会急速下跌，此时投资者应顺势而为，看空市场。在股价跌破下边线后也会出现回抽的情况，当回抽下边线受阻后，更加确定后市的下跌行情，投资者就应该果断卖出，持币观望。

(2) 下降楔形

【形态特征】股价在整理过程中，分别连接股价的上涨高点与回调低点，形成两条均向下方倾斜靠拢但未能相交的线，这两条线构成的楔形形状就是下降楔形整理，其示意图如图4-7。

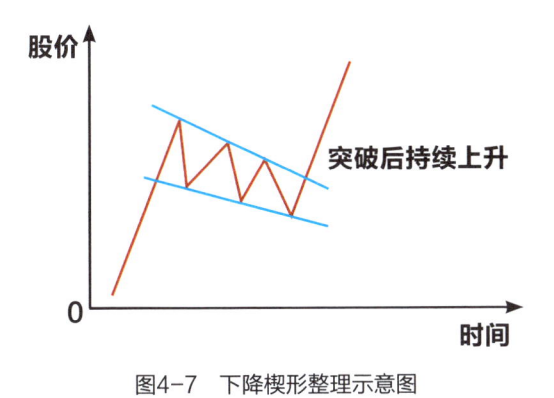

图4-7 下降楔形整理示意图

【市场意义】下降楔形整理通常出现在上升趋势的回落阶段，在该整理形态中，虽然股价下跌，但是市场中的做空氛围仍然不浓，是上升途中股价回调无力的表现，是主力的洗盘行为，目的是减轻后市的拉升压力。因此，后市看涨。一旦股价向上突破下降楔形整理的上边线后，新一轮的上涨行情就展开了，此时投资者要积极买入做多。如果股价突破上边线后出现回抽上边线的情况，当股价回抽获得上边线的支撑后，更加确定突破的有效性，此时投资者要勇敢加仓追涨，持股待涨。

4.1.3 旗形整理形态

旗形整理形态包括上升旗形和下降旗形两种，各形态的介绍及其市场意义如下。

（1）上升旗形

【形态特征】股价在整理过程中，分别连接股价的上涨高点与回调低点，形成两条均向下方倾斜的平行线，这两条平行线构成略下倾的平行四边形就是上升旗形整理，其示意图如图4-8。

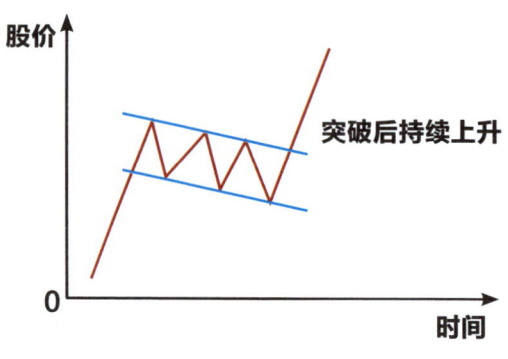

图4-8　上升旗形整理示意图

【市场意义】上升旗形通常出现在急涨的行情中，经过一段快速的上升行情后，股价出现整理行情。当股价突破上升旗形整理形态的上边线或者回抽上边线确认后，预示着此时市场中多方势力优胜于空方势力，后市继续看涨，投资者可逢低吸纳买入该股。

（2）下降旗形

【形态特征】股价在整理过程中，分别连接股价的上涨高点与回调低点，形成两条均向上方倾斜的平行线，这两条平行线构成略上倾的平行四边形就是下降旗形整理，其示意图如图4-9。

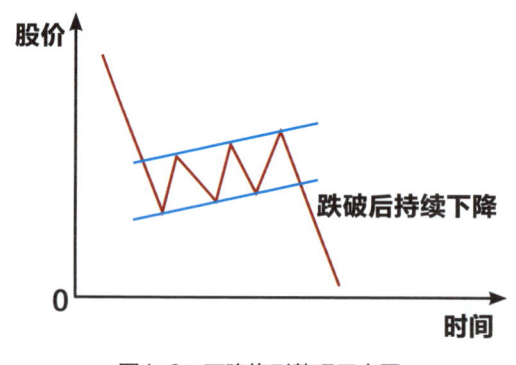

图4-9　下降旗形整理示意图

【市场意义】下降旗形与上升旗形相反，通常出现在急跌行情中，经过一段快速的下跌行情后，股价出现横向整理。当股价跌破下降旗形整理形态的下边线或者回抽下边线确认后，预示着此时市场中空方势力优胜于多方势力，后市继续看跌，投资者要积极卖出，落袋为安。尤其在股价回抽下边线后，必须要离场，持币观望。

4.1.4 矩形整理形态

矩形整理形态包括上升矩形和下降矩形两种，各形态的介绍及其市场意义如下。

（1）上升矩形

【形态特征】在上涨行情中，股价始终在一个较为固定的区间内上下波动，分别连接波动的高点和低点，形成一个类似矩形的形状，该整理形态即为上升矩形整理形态，其示意图如图4-10。

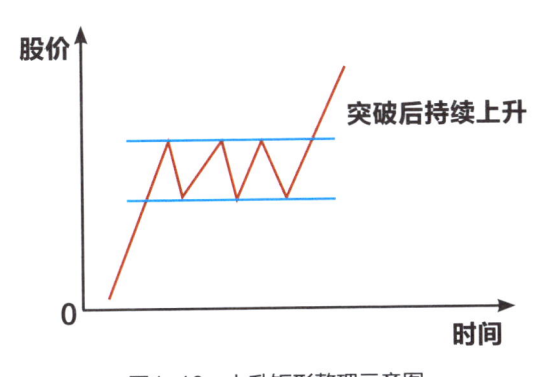

图4-10 上升矩形整理示意图

【市场意义】在上涨行情中出现上升矩形整理形态，通常是主力洗盘动作，其目的是清理浮筹，为后市更好地拉升，因此，一般当股价向上突破矩形上边线时，就形成了第一买点，此时投资者可以少量买入；如果在股价向上突破矩形上边线并回抽得到确认后，此时就是第二买点，投资者可积极进入建仓或加仓。

(2) 下降矩形

【形态特征】在下降行情中，股价始终在一个较为固定的区间内上下波动，分别连接波动的高点和低点，形成一个类似矩形的形状，该整理形态即为下降矩形整理形态，其示意图如图4-11。

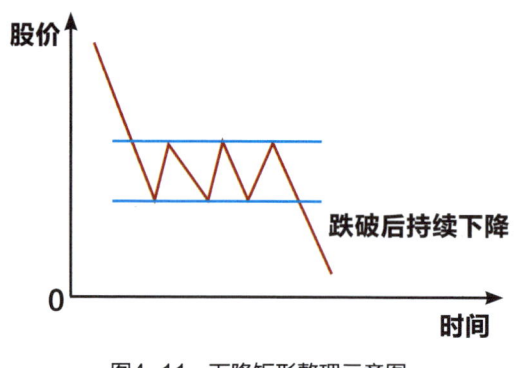

图4-11 下降矩形整理示意图

【市场意义】在下跌行情中出现下降矩形整理形态后，若股价跌破下边线或回抽下边线，投资者都要果断地卖出股票，规避行情后市继续下跌。

在实战操作中，很少出现两条边线完全水平的矩形整理形态，近似水平边线的整理形态也可看作是矩形整理形态。

4.2 常见整理形态与筹码分布结合应用

通过对前面内容的学习，我们已经对持续整理形态有了基本的认识，也对其具体的市场意义有了一定了解。下面我们介绍几种常见的整理形态如何与筹码分布图进行结合使用，来提高买卖时机研判的准确性。

4.2.1 上升三角形整理形态与筹码分布结合

上升三角形相对来说是比较常见的整理形态，该形态的出现说明了市场中的多方力量正在不断增强，对应的空方力量正在不断减弱，一旦股价向上突破上升三角形的上边线，就是上涨行情继续的标志。

从筹码分布图的角度来看，在上升三角形形成的过程中，对应的筹码分布图会随着三角形形态的收敛不断从分散聚集到一起。

换而言之，股价在上升三角形整理形态中不断震荡的同时，筹码不断向股价所在区域聚集，并形成密集区域，这是主力拉升过程中的重新洗盘策略，目的是清理浮筹，增加自身筹码数量。

当筹码分布图中出现单峰密集形态后，此时就是股价要做出方向选择的时候。通常，在股价放量突破上升三角形形态的上边线，股价突破筹码密集峰压制时，发出了可靠的买入信号，投资者应积极买入追涨。

实例分析

奥园美谷（000615）突破上升三角形与筹码分布图结合分析买入时机

如图 4-12 所示为奥园美谷 2020 年 10 月至 2021 年 4 月的 K 线图。

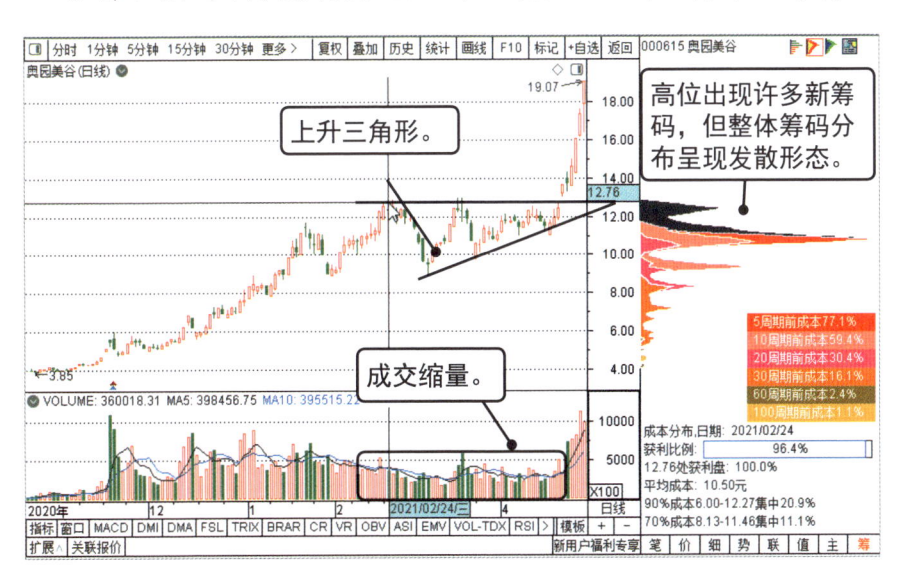

图 4-12　奥园美谷 2020 年 10 月至 2021 年 4 月的 K 线图

从图中可以看到，该股在 2020 年 10 月 26 日创出 3.85 元的最低价后止跌回升开启上涨行情。之后股价出现一波放量拉升的行情，在 2021 年 2 月下旬，该股运行到 13.00 元价格附近出现滞涨。此时股价涨幅已经达到 238% 左右，此时滞涨是股价见顶，还是上涨途中的短暂休整呢？

观察此时对应的筹码分布图可以明显看到，股价在高位新增了大量的筹码，但是下方低位仍然有很多筹码，整个筹码分布图呈现出明显的分散状态。

之后股价在高位震荡变化，但是此轮震荡行情的高位始终保持在 13.00 元价位线附近，而震荡低点不断上移，从 K 线形态上来看，形成了典型上升三角形整理形态。

在整个形态形成过程中，成交量没有出现放大，反而呈现缩量行情，说明市场中出现惜售现象，大概率可以判断这不是主力出货。

下面继续观察上升三角形整理形态形成后的筹码分布图。

如图 4-13 所示为奥园美谷 2020 年 10 月至 2021 年 9 月的 K 线图。

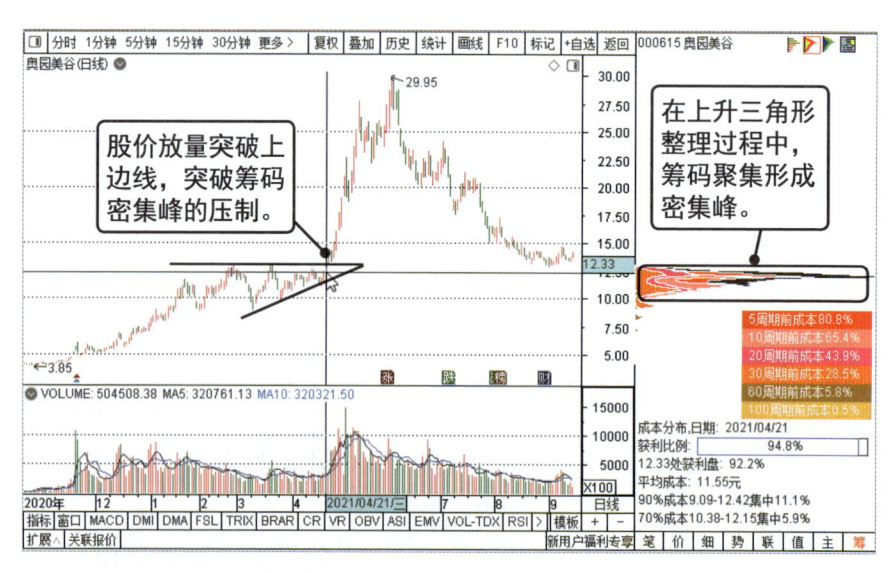

图 4-13　奥园美谷 2020 年 10 月至 2021 年 9 月的 K 线图

从图中可以看到，该股在 2021 年 4 月下旬整理完后放量强势突破上升三角形的上边线，股价突破筹码密集峰的压制，说明新的上涨行情已经打开，此时投资者要积极逢低吸纳、做多。之后股价最高上涨到29.95元，从13.00元左右上涨到29.95元左右，该股继续走出了一波涨幅超过130%的大幅上涨行情。

在本例中，因为前一轮上涨已经出现了238%的涨幅，相对来说是比较大的涨幅了，因此在之后的高位滞涨行情中，很多散户都会判断是行情见顶，于是纷纷抛售。

但是，如果仔细分析，充分结合上升三角形整理形态和筹码分布图，就可以分析出这波调整只是上涨行情中的一段休整，目的是为后市继续拉升蓄势，从而帮助投资者抓住这波继续上涨行情，扩大投资收益。

4.2.2 下降三角形整理形态与筹码分布结合

下降三角形相对来说是比较常见的整理形态，该形态的出现说明了市场中的空方力量正在不断增强，对应的多方力量则正在不断减弱，一旦股价向下突破下降三角形的下边线，就是下跌行情继续的标志。

从筹码分布图的角度来看，在下跌三角形形成之处，筹码分布图也是呈现出分散形态，但是在下降三角形形成时的震荡期间，筹码会不断从上方下移到震荡价格区间聚集，并形成密集区。

下跌途中出现这种震荡走势，是主力刻意为之，其不希望股价快速下跌，可能是因为手中还有部分筹码未派发完，因此，一旦高位筹码在震荡区形成密集峰时，就表明主力出货完成。

之后股价跌破筹码密集峰，就表明加速下跌行情来临，而震荡期形成的相对低位密集峰就成为股价下跌行情中的新高位筹码峰，其将对股价的下跌形成持续压制，因此，投资者在股价跌破下降三角形下边线，运行到密集峰下方时，就应该果断清仓出局，规避行情之后的继续下跌。

实例分析

唐人神（002567）跌破下降三角形与筹码分布图结合分析卖出时机

如图 4-14 所示为唐人神 2018 年 11 月至 2019 年 9 月的 K 线图。

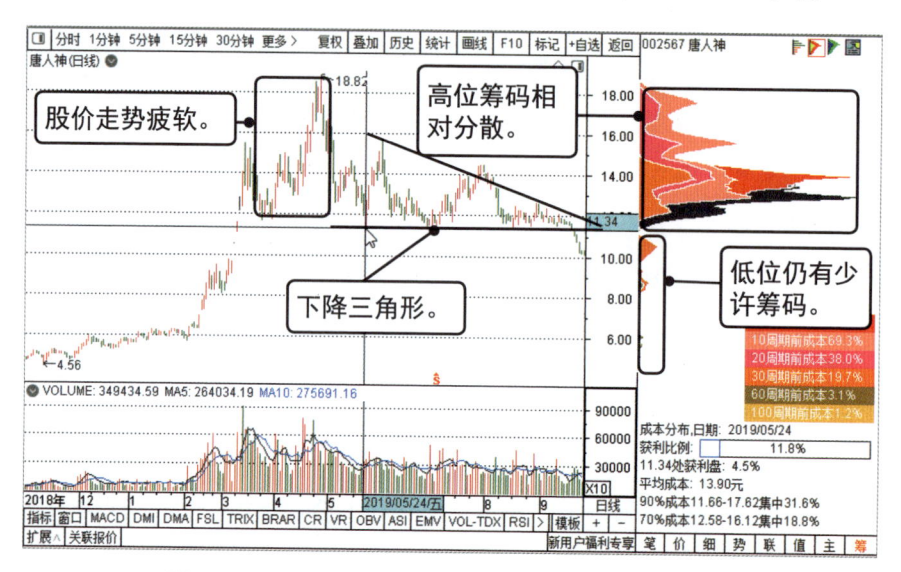

图 4-14　唐人神 2018 年 11 月至 2019 年 9 月的 K 线图

从图中可以看到，该股经过一轮大幅上涨后在 2019 年 3 月左右运行到 15.00 元价位线附近后阶段见顶回落，虽然股价短暂回调后再次出现上涨，但是这波上涨对应的成交量明显没有前期上涨行情的成交量大，说明上涨缺乏动力支撑，这波股价很快在 18.82 元见顶后回落，并在前期低点附近出现止跌。

此时在股价大幅上涨的高位出现这种走势疲弱的行情，是股价见顶，还是上涨途中的休整呢？

观察此时对应的筹码分布图可以发现，在股价创出 18.82 元的最高价后回落，到止跌时低位大部分筹码都转移到上方，分布在 12.00～18.00 元的价格区间，下方只有少量筹码。

之后股价出现了高位震荡走势，从整个震荡来看，震荡的低位基本保持在相同的水平价位线上，而震荡高点却不断变低，K 线走势形成典型的下降三角形整理形态。这种形态是空方势力逐步加强，多方势力逐步减弱的反映。

下面继续观察下降三角形整理形态形成后的筹码分布图。

如图4-15所示为唐人神2019年4月至2020年3月的K线图。

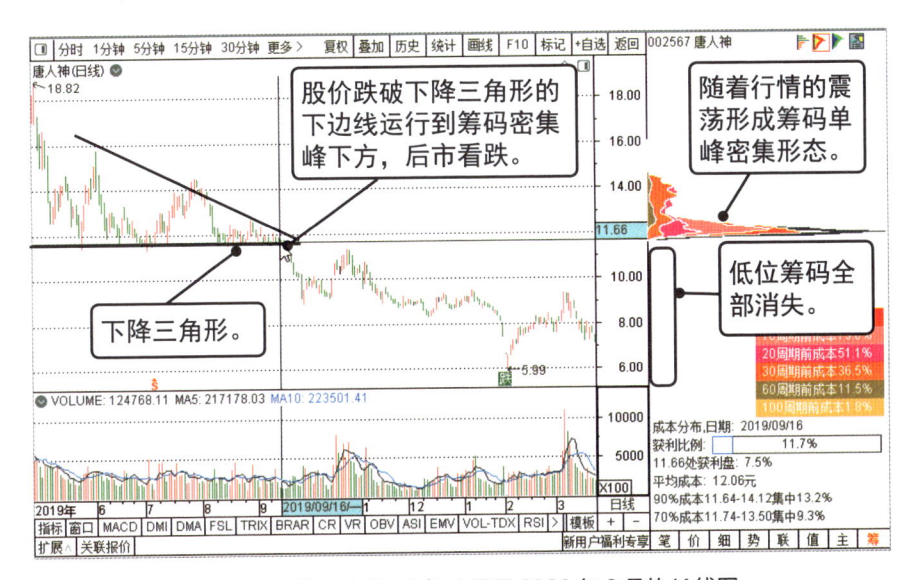

图4-15　唐人神2019年4月至2020年3月的K线图

从图中可以看到，在2019年9月中旬基本形成了下降三角形整理形态，观察此时对应的筹码分布图可以发现，此时下方的低位筹码已经全部消失，前期高位新出现的筹码也逐步开始下移，并在12.00～14.00元价格区间聚集，并且随着下降三角形的整理过程，筹码在12.00～13.00元的价格区间形成了尖锐的筹码单峰形态，这一密集峰将对股价未来的走势形成支撑或者压制作用。

之后股价连续阴线跌破下降三角形的下边线，运行到筹码单峰的下方，加速下跌行情被打开，此时的密集峰不会是主力进场的标志，毕竟高位还有筹码没有全部转移，并且下跌行情是刚开启不久，因此不可能会有主力进场接盘，这只能说明主力已经完成了最后筹码的派发，此时投资者要果断清仓，因为后市迎面而来的是快速的大幅下跌行情。

4.2.3　上升楔形整理形态与筹码分布结合

上升楔形整理形态是下跌过程中的一种技术反弹，其形成的时间较长，一般至少需要 3 周（即 15 个交易日），有时甚至会持续 3～6 个月，或者更长的时间。上升楔形整理形态持续的时间越长，跌破该形态下边线后继续下跌的信号就越可靠，且之后股价下跌的力度也会越大。

从筹码分布图上来看，在上升楔形形成过程中，筹码分布是从发散逐步转为密集的。并且，在股价震荡反弹期间，筹码会不断集中到股价所在的区域，且通常在反弹结束时形成密集峰。

只要主力完成派发，就会跌破这个密集峰，之后该密集峰就是股价上涨的阻力。这个阻力会压制股价长时间运行在下跌通道中，因此投资者在股价跌破上升楔形整理形态的下边线，运行到筹码密集峰下方时，就要积极逢高卖出，离场持币。

实例分析

宜华健康（000150）跌破上升楔形与筹码分布图结合分析卖出时机

如图 4-16 所示为宜华健康 2013 年 1 月至 2017 年 1 月的 K 线图。

从图中可以看到，该股从 4.80 元上涨到 2015 年 4 月 14 日的 54.34 元最高价，股价上涨了 49.54 元。之后股价出现了连续 4 个交易日收出一字跌停拉低股价，结束上涨，且在涨幅超过 10 倍的高价位区出现这种暴跌行情，股价见顶回落的可能性很大。

接着股价进入了横向整理阶段，股价大部分时间维持在 35.00～40.00 元的价格区间波动。在 2016 年 1 月下旬，在连续 6 个交易日阴线报收拉低股价的作用下，震荡行情被打破。

之后股价止跌企稳，观察此时对应的筹码分布图可以发现，在前期的横盘整理期间，该股在 35.00～40.00 元的价格区间形成了一个筹码密集峰。

观察这一时间的整个筹码分布图也可以发现，筹码分布也相对分散，10.00元以上，50.00元以下都分布有筹码，因此可以判定，即使前期经过了两波比较强劲的下跌以及一波长时间的横向整理，但是主力仍然没有来得及派发完所有筹码。

由此可以预判之后有一波反弹行情，便于主力完成手中剩余筹码的派发，对在前期未来得及卖出的投资者来说，一定要基于后市看空的思想来指导操作此轮反弹行情。

从后市的走势来看，该股之后经历了一波长时间的震荡反弹走势，整个反弹持续的时间接近一年，在这一震荡走势中，震荡高点越来越高，震荡低点也越来越高，但是震荡幅度却越来越小，形成典型的上升楔形整理形态。

一旦股价跌破形态的下边线，新的下跌将开启，而且从该形态形成的时间来判断，后市的下跌将是一波长时间的深幅下跌行情，因此投资者在这一震荡期间最好逢高卖出，锁定利润，规避之后的下跌。

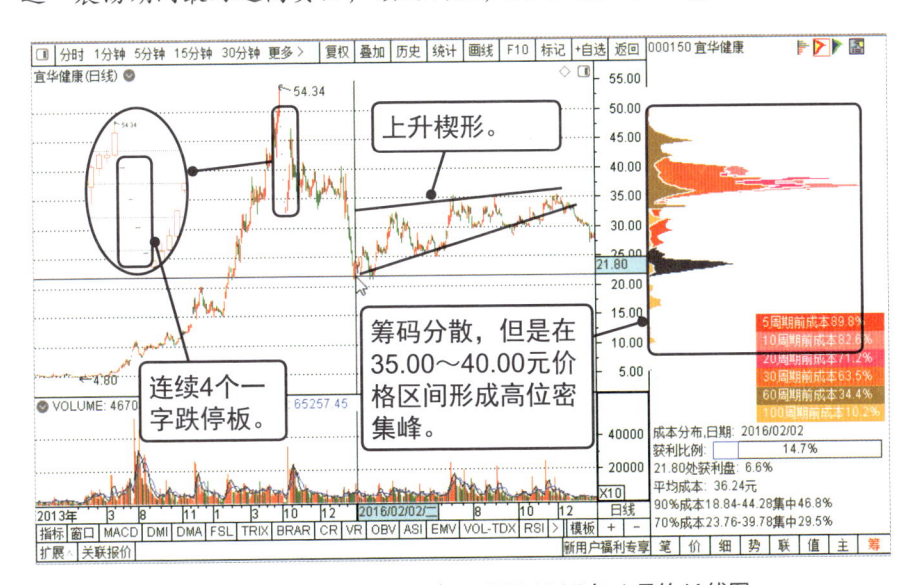

图4-16　宜华健康2013年1月至2017年1月的K线图

如图4-17所示为宜华健康2015年3月至2020年9月的K线图。

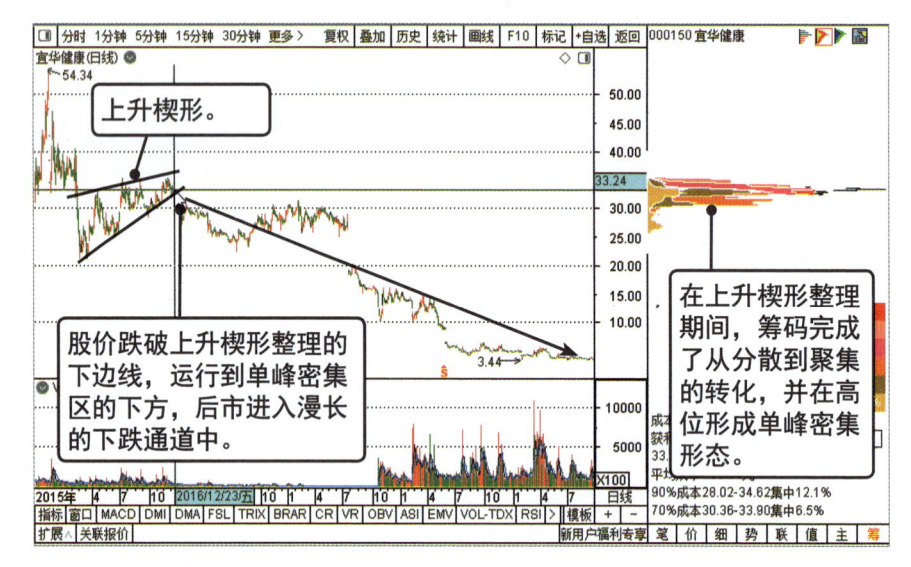

图 4-17　宜华健康 2015 年 3 月至 2020 年 9 月的 K 线图

从图中可以看到，该股在 2016 年 12 月底跌破了上升楔形整理的下边线，结束了近一年的反弹调整行情，此时前期形成的筹码单峰密集区对股价下跌起到强大压制，之后股价进入长时间的下跌通道中，股价甚至跌到了前期上涨初期的价格之下。

如果投资者在之前股价跌破上升楔形整理下边线运行到筹码峰下方时没有及时抛售，将被越套越牢、越套越久。

4.2.4　下降楔形整理形态与筹码分布结合

相较于上升楔形整理形态而言，下降楔形整理形态形成的时间要短一点，但是至少也需要两周（即 10 个交易日）。

在下降楔形构造过程中，成交量一般呈持续萎缩状态，但是在向上突破形态上边线时，一定要配合成交的放量，突破的有效性才更高。

从筹码分布图上来看，在下降楔形形成过程中，筹码分布也是从发散逐步转为密集的。并且，随着股价震荡回落，筹码会不断集中到股价所在的区域,且通常在回落结束时形成密集峰。此时股价就会重新选择方向,投资者不要着急对股价运行方向进行预判,一定到等到股价放量突破下降楔形整理形态的上边线后,结合二者综合判断,才能更加确定股价选择的继续向上的新运行方向的可靠性,此时投资者再积极买入做多,会更安全。

实例分析

常山北明(000158)突破下降楔形与筹码分布图结合分析买入时机

如图4-18所示为常山北明2018年9月至2020年2月的K线图。

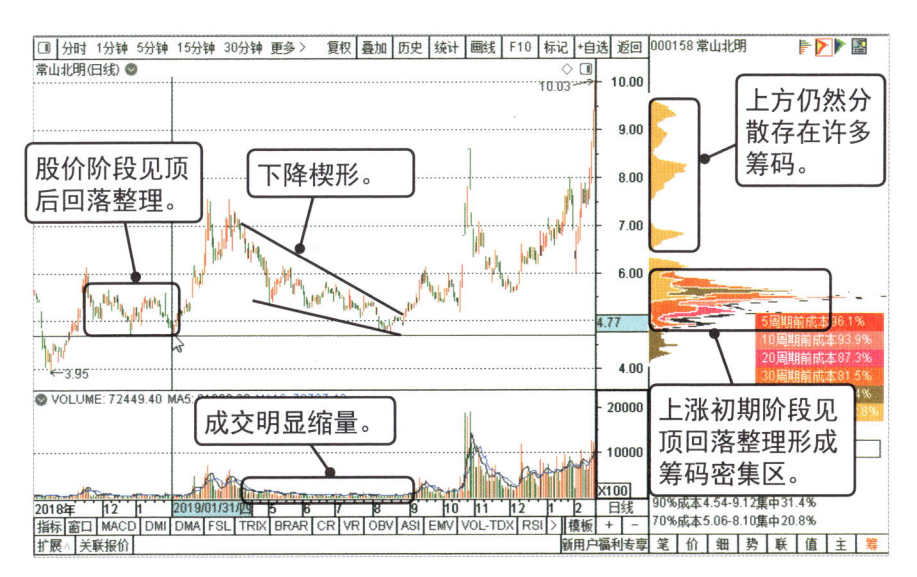

图4-18 常山北明2018年9月至2020年2月的K线图

从图中可以看到,该股在2018年10月下旬创出3.95元的最低价后企稳回升步入上涨。此时市场中的筹码还比较分散,说明主力还未收集到足够的筹码,因此该股短暂拉升后在2018年11月下旬阶段见顶后出现了回落走势。

通过这一波的震荡整理,虽然市场的筹码仍然比较分散,在7.00～10.00元的价格区间还存在不少的筹码,但是大部分筹码已经被转移到5.00～6.00

元之间聚集。随后股价继续放量拉升股价触及 7.50 元的阶段高位后继续震荡下跌。

从整个震荡下跌的走势来看，股价出现一波更比一波低的走势，K 线走出典型的下降楔形整理形态，整个下降过程中，成交出现了明显的缩量情形，最终股价在前期震荡低位附近止跌。

下面继续观察此时的筹码分布图。

如图 4-19 所示为常山北明 2018 年 10 月至 2020 年 3 月的 K 线图。

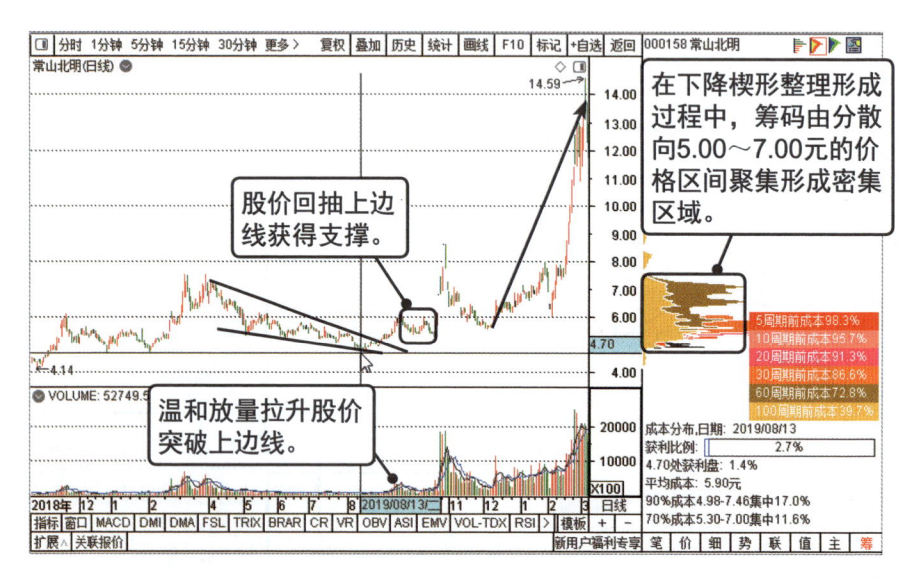

图 4-19　常山北明 2018 年 10 月至 2020 年 3 月的 K 线图

从图中可以看到，通过下降楔形整理形态的持续震荡后，8.00 元上方的筹码已经基本消失，但是下方 5.00～6.00 元价格区间的筹码锁定良好，并且市场中的筹码基本上在 5.00～7.00 元的价格区间聚集，形成筹码密集区，说明主力并未撤离，缩量下跌调整只是主力洗盘的一种手段，目的是聚集更多的筹码，提高自己的持仓量。

随后该股出现了温和放量拉升股价突破下降楔形上边线的走势，但是很快股价出现回抽上边线的情形，最终获得上边线的支撑后止跌回升，放量拉高股价，运行到筹码密集区上方，更加强了行情继续上涨的可能性。

之后股价短暂回调后便进入快速拉升行情中，创出14.59元的最高价，走出一波翻倍上涨行情。

4.2.5 旗形整理形态与筹码分布结合

通过前面的形态介绍我们可以知道，上升旗形整理形态与下降楔形整理形态相似，下降旗形整理形态与上升楔形整理形态相似，唯一的区别是旗形的上下边线是一组平行线。

因此，旗形整理形态形成时的筹码分布变化也与对应的楔形整理形态的筹码分布变化相同，并且也会在整理区域形成较为集中的筹码密集峰，以后股价作出方向性选择时，也就是股价突破该筹码峰之时。

实例分析

南玻A（000012）突破上升旗形与筹码分布图结合分析买入时机

如图4-20所示为南玻A在2020年1月至11月的K线图。

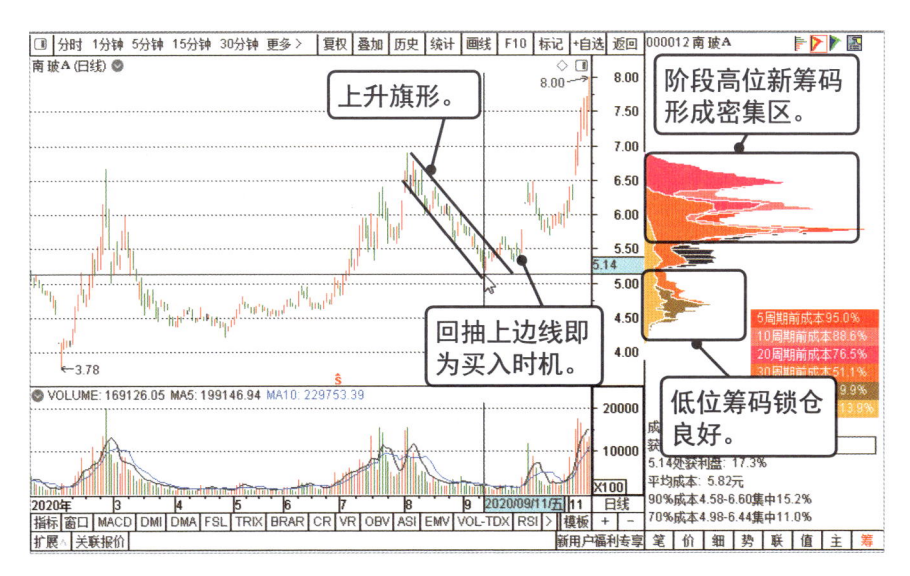

图4-20 南玻A在2020年1月至11月的K线图

从图中可以看到，该股在 3.78 元见底后步入上涨行情，在股价上涨触及 6.50 元价位线后阶段见顶回落，这是上涨行情初期常见的走势，是主力清理浮筹的一种手段。

之后股价继续走出一波上涨行情，在股价再次上涨到 6.50 元价位附近时再次回落，在这一波回落过程中，股价波幅不大，但是一波比一波更低，形成典型的上升旗形整理形态。

观察上升旗形整理形态形成时的筹码分布图可以发现，虽然上方出现许多新筹码，并且在 5.50～7.00 元价格区间形成密集区，但是下方低位筹码锁仓良好。说明此时的回调仍然是主力洗盘的一种手段，后市行情长期看好。

之后股价向上突破上升旗形上边线后快速回抽上边线，在获得有效支撑后放量拉高股价，此时即为买入加仓的好时机。

如图 4-21 所示为南玻 A 在 2020 年 1 月至 2021 年 9 月的 K 线图。

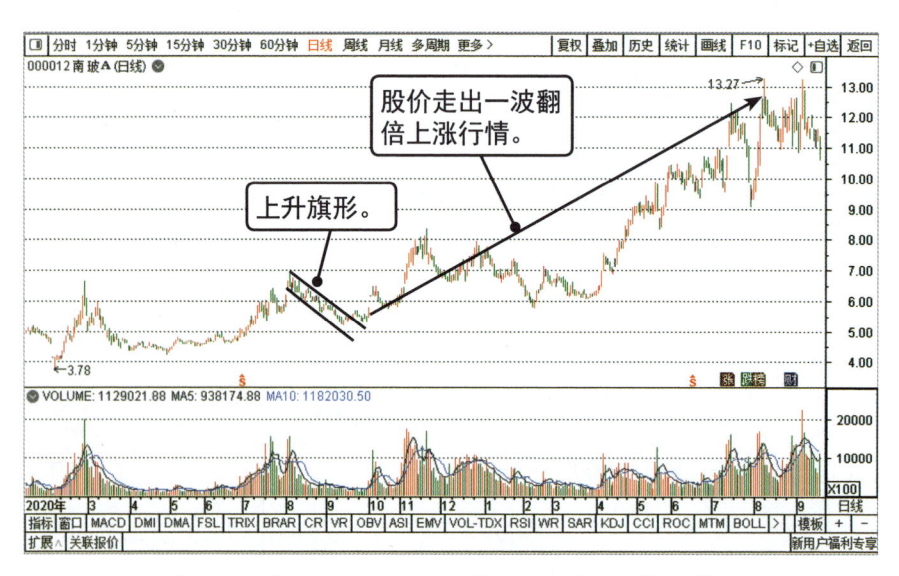

图 4-21　南玻 A 在 2020 年 1 月至 2021 年 9 月的 K 线图

从图中可以看到，该股之后经历了一波大幅拉升行情，最高上涨到

13.27元。如果投资者在股价回抽上升旗形上边线后,放量拉升股价运行到筹码密集区上方时积极买入做多,将获得丰厚的利润。

4.2.6 矩形整理形态与筹码分布结合

股价走出矩形整理形态表示此时多空双方的势力保持一种均衡状态,斗争中互有胜负,一旦其中一方力量占据主导,另一方力量削弱,这种势均力敌的平衡局面就将被打破,也就是股价重新选择方向的时候。具体有两种情况:

◆ 上升行情中的矩形整理

在上升行情中,由于主力前期吸筹不足,因此在上涨行情开启后出现的上升矩形整理形态,是主力为了清理浮筹,从而获得更多筹码采取的一种洗盘手段。

从筹码分布的角度来看,在上升矩形整理形成过程中,筹码分布形态是由分散向密集转变,即股价在箱体中震荡时,筹码会从下方逐步向股价震荡的中心价格区域集中,最终呈现出单峰密集形态。此时表示市场大部分筹码被聚集到主力手中。

如果股价向上突破上升矩形整理的上边线,并突破筹码密集区的阻力,则股价延续之前的上升趋势继续上涨。突破上边线的位置,或者回抽上边线受到支撑时就是可靠的买入时机。

◆ 下降行情中的矩形整理

在下跌行情中,由于主力前期出货不彻底,因此在股价见顶回落后出现的下降矩形整理形态,是主力为了诱多,完成手中剩余筹码派发的一种出货手段。

从筹码分布的角度来看,在下降矩形整理形成过程中,筹码分布形态也是由分散向密集转变,即股价在箱体中震荡时,筹码会从上方逐步向股价震荡的中心价格区域集中,最终呈现出单峰密集形态。此时表示主力完成了剩余筹码的派发。

当股价向下跌破下降矩形整理的下边线,并跌破筹码密集区的支撑,则股价延续之前的下降趋势继续下跌。跌破下边线的位置,或者回抽下边线受到阻碍时就是可靠的卖出时机。

实例分析

中金岭南(000060)突破上升矩形与筹码分布图结合分析买入时机

如图4-22所示为中金岭南2019年2月至2020年6月的K线图。

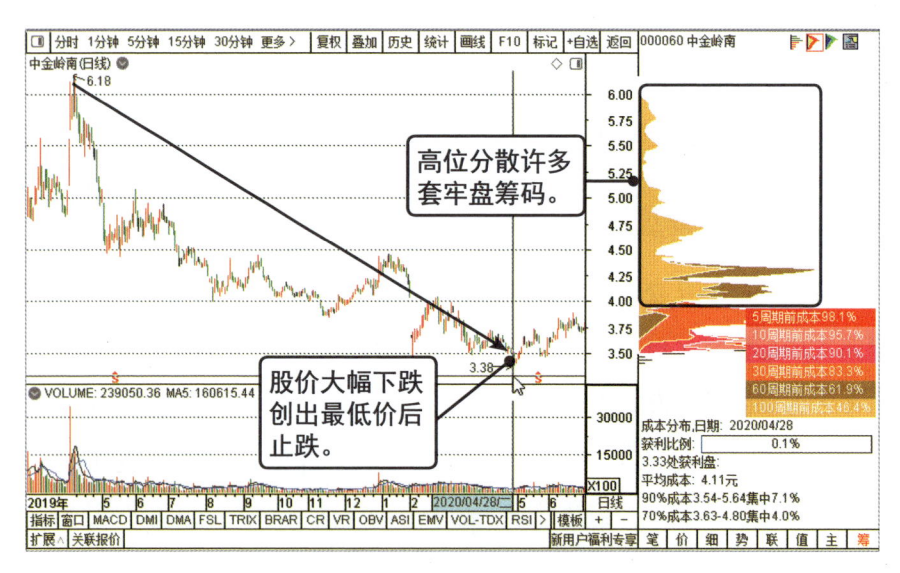

图4-22 中金岭南2019年2月至2020年6月的K线图

从图中可以看到,该股在2019年4月初创出6.18元的最高价后见顶回落步入下跌行情,整个下跌行情持续了一年左右的时间。最终于2020年4月28日下跌到低价位区并创出3.38元的最低价止跌。

观察此时的筹码分布图可以发现,虽然在下方3.50～4.00元的低位新增了许多筹码,但是上方高位也分散了许多前期套牢盘,这些筹码对股价后市的拉升会形成一定的阻力。因此可以判断主力在正式拉升之前肯定会采取手段清理掉这部分筹码。

如图 4-23 所示为中金岭南 2020 年 4 月至 2021 年 8 月的 K 线图。

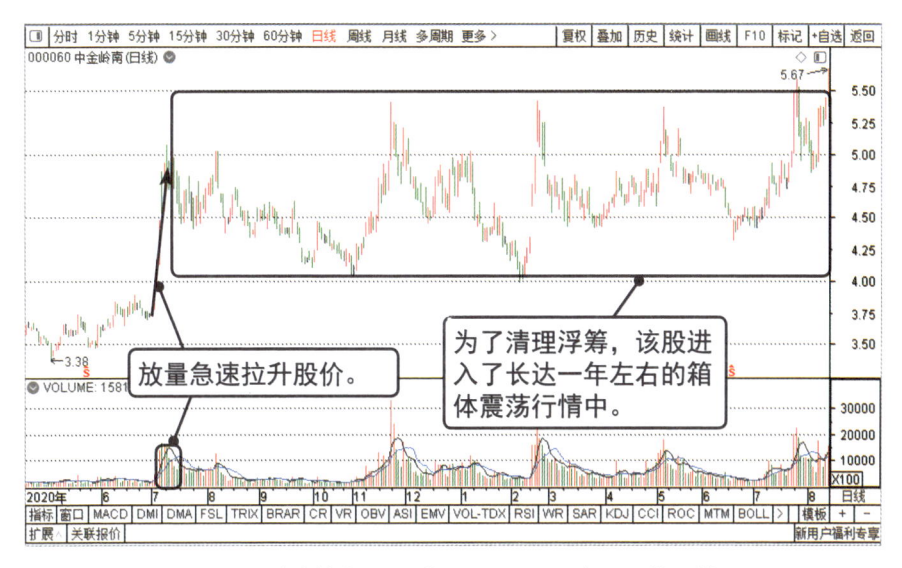

图 4-23　中金岭南 2020 年 4 月至 2021 年 8 月的 K 线图

从图中可以看到，该股在创出 3.38 元的最低价后先是缓慢拉升，成交量变化不大。在 7 月初，股价放出巨量快速拉高股价走出一波急速拉升行情，股价快速触及 5.00 元价位线。

之后，该股便进入了一波长时间的横向整理，整个震荡时间持续一年左右，并且在整个整理期间，股价始终保持在 4.00～5.50 元的价格区间震荡，形成明显的矩形整理形态。

如图 4-24 所示为中金岭南 2020 年 4 月至 2021 年 9 月的 K 线图。

从图中可以看到，在 2021 年 6 月下旬，该股回落还未到箱体的下边线位置便止跌，说明此时主力护盘明显。

观察对应的筹码分布图可以发现，经过一年左右的箱体震荡整理后，市场中的筹码被集中在了箱体价格之间，并形成较为明显的筹码峰，说明主力洗盘彻底。

8月底，该股放量拉高股价突破上升矩形形态的上边线，此时即为一个可靠的买入信号，投资者应积极逢低吸纳，持股待涨。

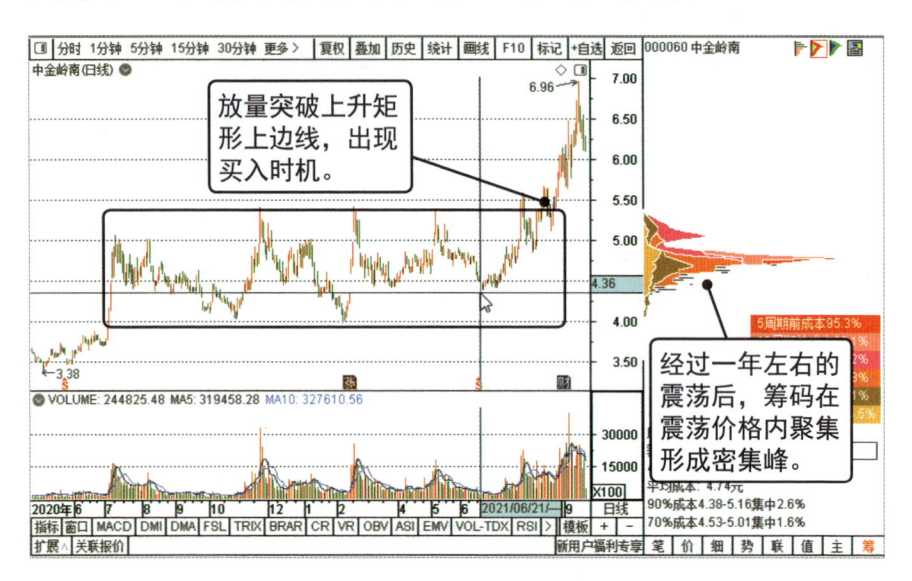

图4-24 中金岭南2020年4月至2021年9月的K线图

第 5 章
精准操盘：筹码分布与技术指标组合

技术指标分析是依据一定的数理统计方法，运用一些复杂的计算公式，来判断股价走势的量化分析方法。在炒股软件中内置了很多技术指标，例如移动平均线指标、平滑异同移动平均线指标等，投资者可以根据自己的使用习惯和偏好自行选择。本章则挑选几个比较大众化的技术指标，讲解其如何与筹码分布进行结合，实现精准操盘。

○ MA指标与筹码分布形态组合分析
○ MACD指标与筹码分布形态组合分析

5.1 MA指标与筹码分布形态组合分析

MA 指标是 Moving Average 指标的简称，其中文名称为移动平均线指标。它是用统计分析的方法，将一定时期内的股价加以平均，并把不同时间的平均值连接起来，形成一根 MA 曲线，用以观察股价变动趋势的一种技术指标。在介绍 MA 指标与筹码分布形态组合使用分析股价走势之前，首先需要对 MA 指标的基础知识进行简单掌握。

5.1.1 MA 指标基础概述

移动平均线是由著名的美国投资专家 Joseph E.Granville（葛兰碧，又译为格兰威尔）于 20 世纪中期提出来的，是分析价格运行趋势的常见方法。下面从移动平均线周期、转点、交叉和排列几方面来具体认识这个指标。

（1）移动平均线周期

移动平均线指标是直接加载在炒股软件主图上的，其默认情况下显示 5 日、10 日、20 日和 60 日移动平均线，如图 5-1 所示。

图 5-1 炒股软件中默认显示的移动平均线

根据移动平均线周期的不同，可将其分为短期移动平均线、中期移动平均线和长期移动平均线 3 类，具体如表 5-1 所示。

表 5-1　不同周期的均线类型介绍

周期类型	介绍
短期移动平均线	指一个月以下的移动平均线，其波动较大，过于敏感，适合短期投资者。常用的短期移动平均线包括 5 日均线和 10 日均线，其中，5 日均线代表一个星期股价运行方向；10 日均线代表半月股价运行方向。
中期移动平均线	指一个月以上、半年以下的移动平均线，其走势较沉稳，因此常被使用。常用的中期移动平均线大多以 20 日均线、30 日均线或 60 日均线为准。20 日均线或 30 日均线称为月移动平均线，代表一个月的平均价或成本；60 日移动平均线俗称季线，另外还有以 55 日或 72 日移动平均线作为中期平均线的。
长期移动平均线	是指半年以上的移动平均线，其走势过于稳重不灵活，适合长线投资者。欧美股市技术分析所采用的长期移动平均线，多以 200 天为准。在国内则以半年以上的时间样本作为长期移动平均线，通常以 120 日移动平均线代表半年线，250 日移动平均线则代表年线。

（2）移动平均线的转点

每只股票的价格都是波动变化的，而移动平均线是刻画股价一段时间的平均值的，因此移动平均线也是一条波动变化的曲线，其波峰和波谷就是移动平均线的转点，也称为拐点。它通常预示着趋势的转变，因此是移动平均线中非常重要的研究对象。

根据波峰和波谷的划分，转点有波峰转点和波谷转点两种，具体介绍如下。

◆ 波峰转点

当一个移动平均线向上运行后无法再创出新高，并显示出波峰形状（即改变运行方向）后，就是有可能转变趋势的征兆，这种转点通常也是卖点。

◆ 波谷转点

在股价下跌过程中，移动平均线向下运行，当移动平均线转平并调头向上时，就形成了波谷，这种转点通常是人们所说的买点。

当股价突然发生逆向运行时，时间周期越长的移动平均线的转点越平滑，时间周期越短的移动平均线转点越尖锐。如图5-2所示为炒股软件中不同周期均线对应的波峰转点和波谷转点效果。

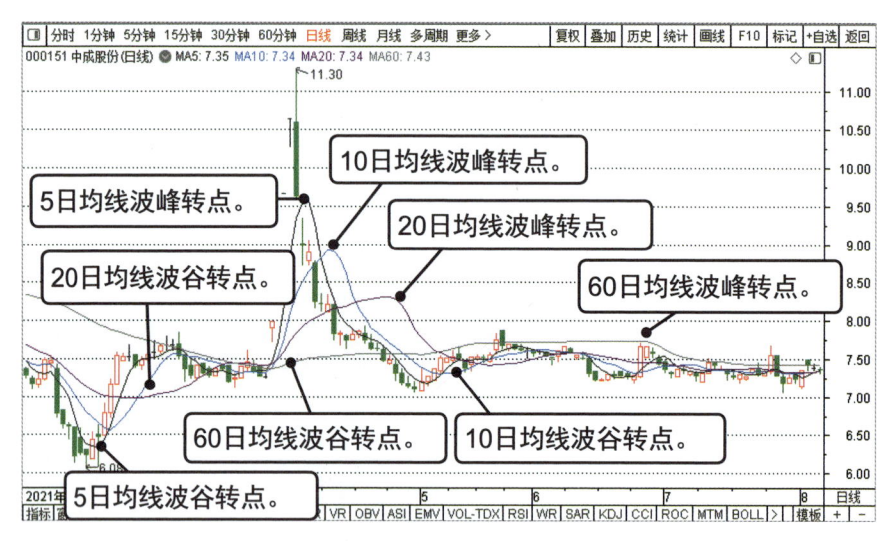

图5-2 移动平均线的转点

（3）移动平均线的交叉

当多条移动平均线同时存在时就会出现交叉。

如果上升的短期移动平均线由下而上穿过上升的中、长期移动平均线，形成的交叉就是黄金交叉，简称金叉。一般而言，当出现金叉时，表示后市看好，投资者可以介入持股待涨。

如果下降的短期移动平均线由上而下穿过下降的中、长期移动平均线，形成的交叉就是死亡交叉，简称死叉。一般而言，当出现死叉时，表示后市看空，投资者可以离场观望。

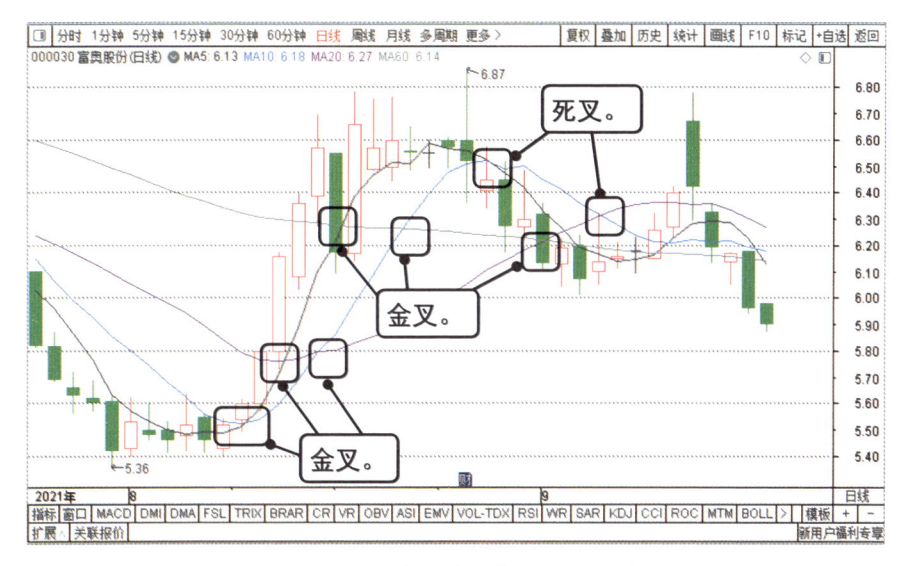

如图 5-3 所示为炒股软件中的金叉和死叉形态。

图 5-3 炒股软件中的金叉和死叉形态

由于移动平均线只是一种基本趋势线，并且股价的短期波动很容易被主力操纵，因此形成的金叉或者死叉可能不是股价正常走势形成的。所以，如果投资者仅依据金叉或者死叉来指导买卖操作，是不准确的。在实际的投资分析中，单个的金叉和死叉只能作为股价涨跌的一种参考。

（4）移动平均线的排列

在股价运行过程中，各条移动平均线会出现在某个方向上持续按某种规则运行，不同周期的移动平均线之间会有各种排列组合，其中的多头排列和空头排列是最具分析意义的排列形态。

◆ 多头排列

多头排列组合情况下，各条移动平均线从上到下按照短期均线、中期均线、长期均线进行排列，并且各均线保持同时向右上方持续运行，如图5-4所示。该形态说明市场短期介入的投资者的平均成本超过长期持有投资者的平均成本，市场做多氛围浓，后市看涨。

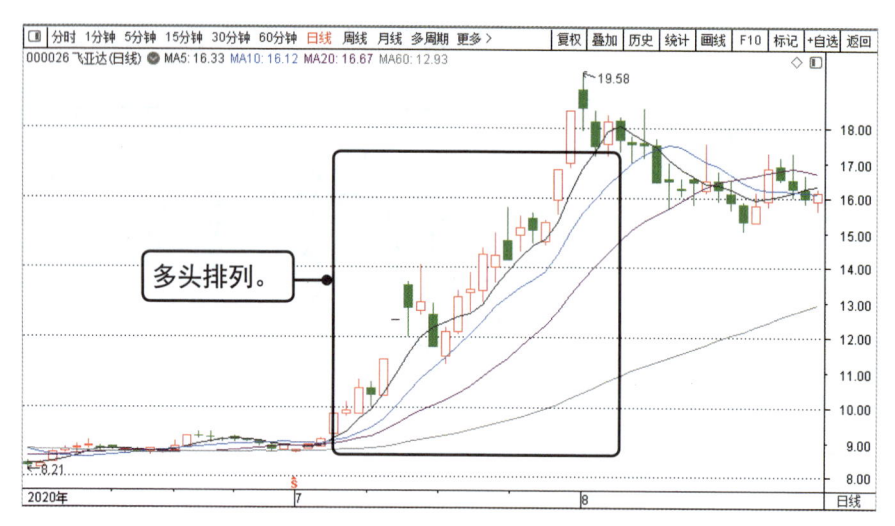

图 5-4 炒股软件中的多头排列形态

- 空头排列

空头排列组合情况下，各条移动平均线从下到上按照短期均线、中期均线、长期均线进行排列，并且各均线保持同时向右下方持续运行，如图5-5所示。该形态说明市场短期介入的投资者的平均成本低于长期持有投资者的平均成本，市场做空氛围浓，后市看跌。

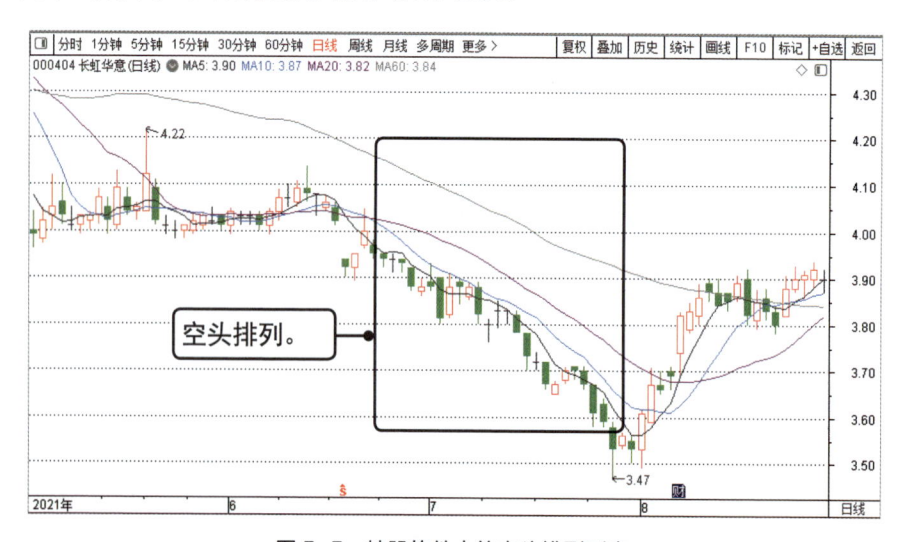

图 5-5 炒股软件中的空头排列形态

在对移动平均线及其常见应用有基本了解后,下面来具体介绍其如何与筹码分布图结合以判断股价的运行趋势。

5.1.2 股价偏离 5 日均线出现单日筹码峰

在股价稳健上涨过程中,股价依附于 5 日均线呈现出一致向上运行的情形,如果此时出现快速上涨行情,股价就会偏离 5 日均线,乖离率(又称偏离率)太大,这时候股价往往会有回调的风险,属于单边走势结束的标志。如果此时再出现单日筹码密集峰,这就是主力借势快速上涨的追涨效应趁机出货造成的,尤其在大幅上涨的高位出现这种现象,主力出货的概率更大,投资者最好抛售出局,落袋为安。

实例分析

冰山冷热(000530)上涨高位股价偏离 5 日均线出现单日筹码峰卖出分析

如图 5-6 所示为冰山冷热 2018 年 10 月至 2019 年 3 月的 K 线图。

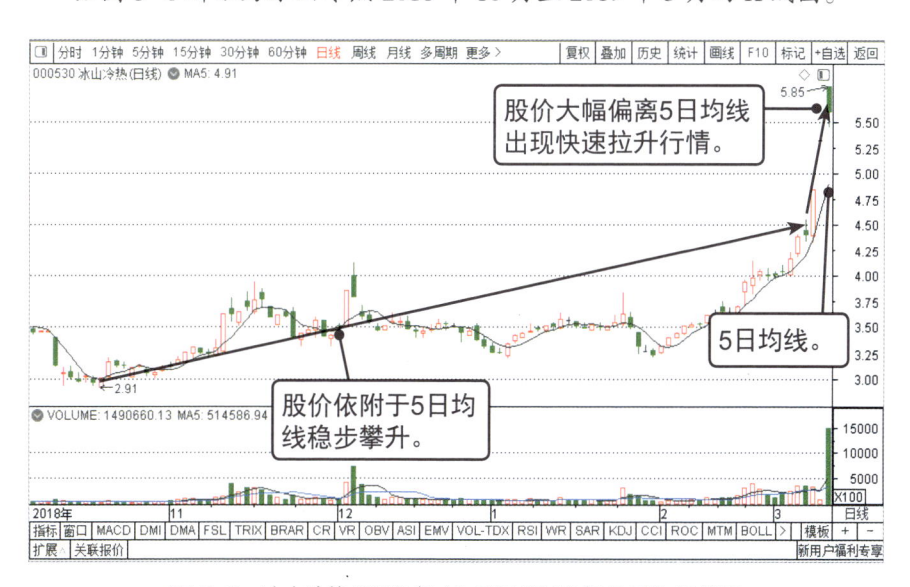

图 5-6　冰山冷热 2018 年 10 月至 2019 年 3 月的 K 线图

从图中可以看到，该股在 2018 年 10 月 19 日创出 2.91 元的最低价后企稳回升步入上涨行情。整个上涨过程中，股价基本上都依附于 5 日均线缓慢攀升。

在 2019 年 3 月 8 日，股价平开后快速打到涨停板并封住涨停板，当日以涨停大阳线拉高股价；次日股价继续出现一字涨停板拉高股价偏离 5 日均线；第三日，股价再次以 5.85 元的价格跳空高开继续大幅偏离 5 日均线，但是开盘之后股价一路下跌，最终以阴线报收。

通过这短短 3 个交易日的快速上涨，股价已经创出 5.85 元的高价，从最低的 2.91 元到 5.85 元，该股已经走出了翻倍上涨行情，此时股价大幅偏离 5 日均线，并放出天量，预测主力出货的可能性较大。

下面继续分析对应的筹码分布图。

如图 5-7 所示为冰山冷热 2019 年 2 月至 2020 年 5 月的 K 线图。

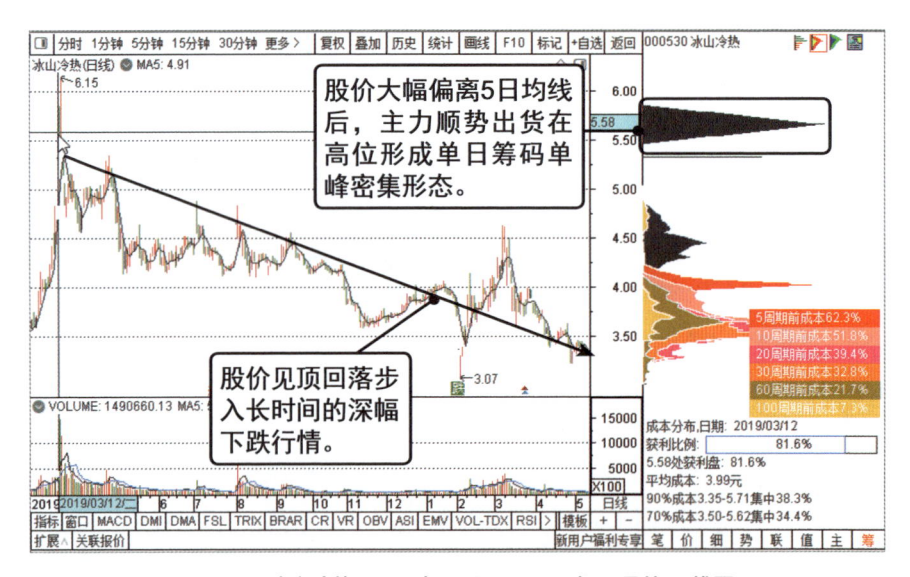

图 5-7 冰山冷热 2019 年 2 月至 2020 年 5 月的 K 线图

从图中可以看到，股价连续上涨拉升，股价偏离 5 日均线。在 3 月 12 日开盘拉高股价偏离 5 日均线，筹码分布图的高位出现了单日筹码单峰密集形态，更加可以确定，在股价翻倍上涨的高位，主力借快速拉升行情诱多，致使追涨盘介入顺利承接了主力抛售的筹码，从而形成了单日筹码密集峰形态。主力出货痕迹明显，此时投资者应该逢高卖出。

如图 5-8 所示为冰山冷热 2019 年 3 月 13 日的分时图。

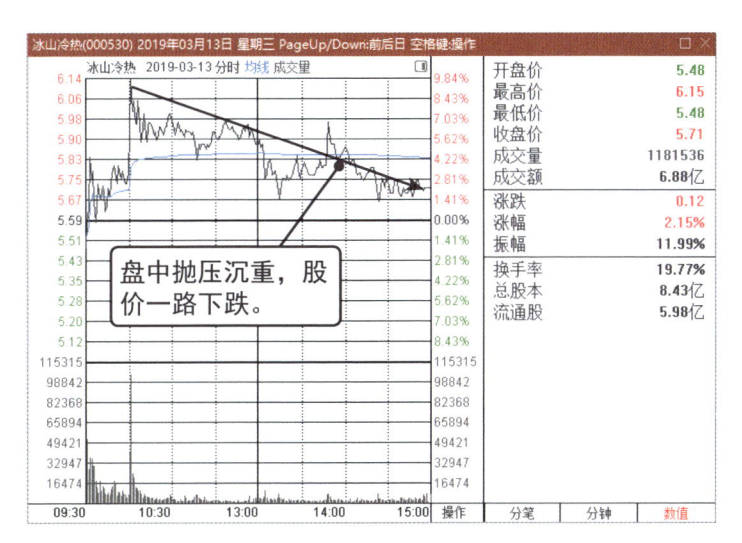

图 5-8　冰山冷热 2019 年 3 月 13 日的分时图

从图中可以看到，该股当日低开后震荡拉升，并在 10：30 放巨量打到涨停板，创出 6.15 元的最高价。由于主力已经开始出货，盘中抛压沉重，之后该股一路下跌，此时散户投资者也要顺势逢高卖出。

从后市的走势来看，该股在创出 6.15 元的最高价后一路下跌，经历了一波长时间的大幅下跌行情。由此可见，前期股价大幅偏离 5 日均线并在高位形成单日筹码密集峰形态发出的卖出信号是十分可靠的。

5.1.3　均线多头排列后短线回落出现筹码单峰密集形态

在股价大幅下跌的低位，均线系统拐头向上出现多头排列，表示买方势力不断增强，行情可能见底回升步入上涨行情。

但是此时却出现上涨后的短期回落，如果股价经过回落调整后筹码分布图中出现筹码密集峰，则可以肯定前期多头排列发出的买入信号的可信度。

股价之所以回落是主力洗盘的一种动作，所以最终才会形成筹码密集峰。如果下方筹码锁仓状态良好，则更加可以确定行情步入上涨，股价回落止跌的位置就是投资者入场的时机。

通常情况下，这个止跌点也是个股快速上攻前的启动位置，投资者入场后一定要坚决持股待涨。

实例分析

英特集团（000411）下跌低位多头排列后短期回落出现筹码峰买入分析

如图 5-9 所示为英特集团 2020 年 1 月至 7 月的 K 线图。

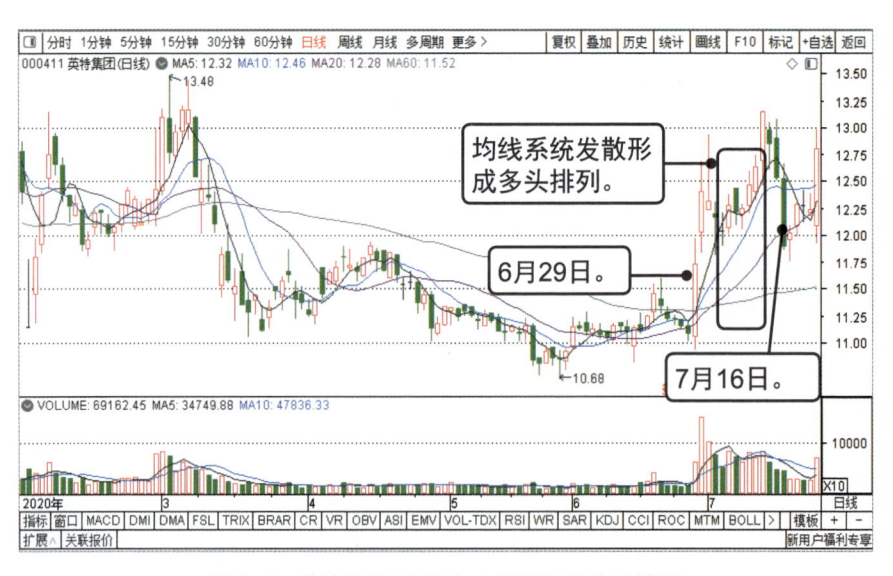

图 5-9 英特集团 2020 年 1 月至 7 月的 K 线图

从图中可以看到，该股在 2020 年 5 月 28 日运行到低价位区并创出 10.68 元的最低价止跌，之后 5 日、10 日和 20 日均线出现拐头向上的走势，60 日均线也逐渐走平。

6月29日，该股放量拉升股价，当日以5.87%的涨幅收出一根大阳线穿破所有均线系统，之后短期均线分别逐步上穿中长期均线形成多个金叉，股价继续保持上涨，均线系统也向上发散形成多头排列，市场一片看好。

但是在7月14日～16日，连续三日阴线报收拉低股价出现短期回落，尤其是16日的大阴线更是同时跌破5日、10日和20日均线，跌势比较凶猛。此时是否说明行情还要继续下跌呢？

下面结合筹码分布图进行分析。

如图5-10所示为英特集团2020年3月至7月的K线图。

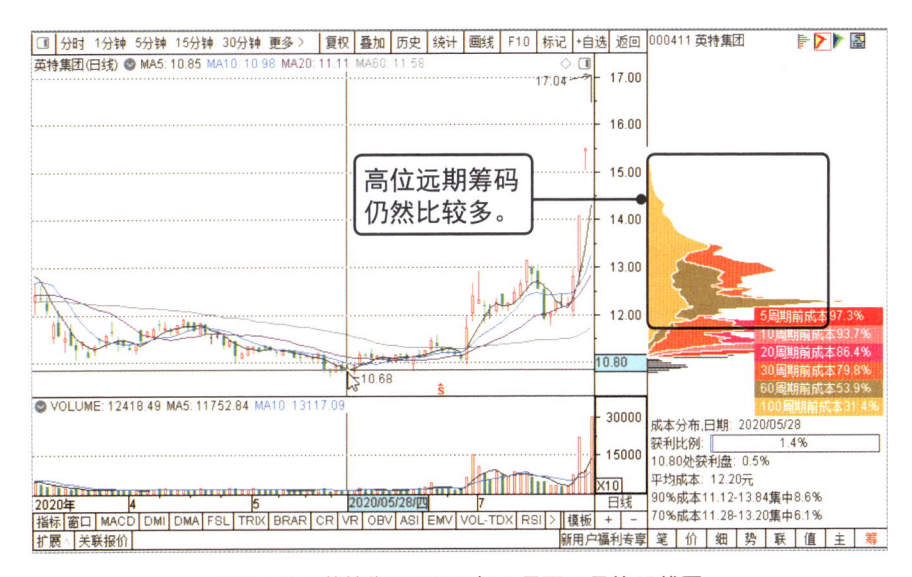

图5-10 英特集团2020年3月至7月的K线图

从图中可以看到，该股在创出10.68元的最低价时，筹码分布图中虽然下方新增了许多筹码，但是在12.00～15.50元的价格区间中仍然存在大量的远期筹码，说明主力吸筹不充分。股价拉升不能持续也是情理之中的事。

下面继续分析股价多头排列后短期回落的筹码分布图。

如图5-11所示为英特集团2020年5月至7月的K线图。

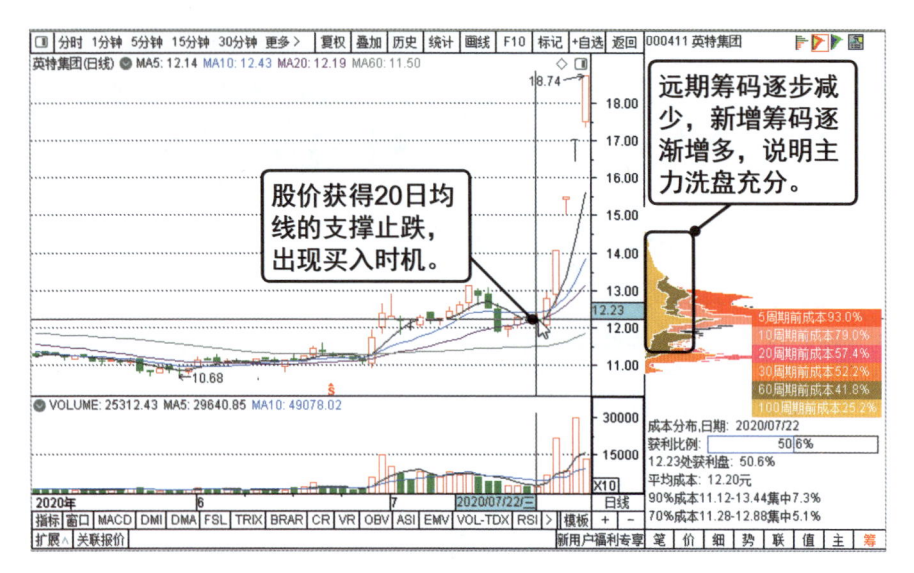

图 5-11　英特集团 2020 年 5 月至 7 月的 K 线图

从图中可以看到，随着股价的上涨后回落，高位的大部分远期筹码已经完成了兑换，在 12.00～13.00 元的筹码密集区已经转化成了近期的筹码。说明通过一轮短暂的回调，前期浮筹被集中到了主力手中，而且下方 11.00～11.50 元价格区间的低位密集峰并未消失，这更加确定这轮回落只是主力洗盘的一种手段。

7 月 16 日的一阴跌破多条均线是主力为使浮筹交出筹码而刻意为之的洗盘手段。

并且观察此时的 20 日均线和 60 日均线，均保持良好的向上趋势形态，最终股价在 20 日均线位置获得支撑止跌，此时就是一个很好的买入和加仓时机，投资者要积极逢低吸纳、追涨。

如图 5-12 所示为英特集团 2020 年 4 月至 8 月的 K 线图。

从图中可以看到，该股在 7 月下旬受到 20 日均线的支撑后止跌回升，并在 7 月 24 日放量拉高股价站到 5 日均线上方，此时均线系统再次发散形成多头排列，新一轮的上涨行情开启。

从这轮涨势来看，可谓十分惊人。仅用了不到一个月时间，股价从

13.00 元左右最高上涨到 31.60 元，涨幅达到 143%。如果投资者在股价短暂回落时，结合筹码分布图和均线系统分析出主力的洗盘手法，果断持股或追涨，将获得翻倍的投资收益。

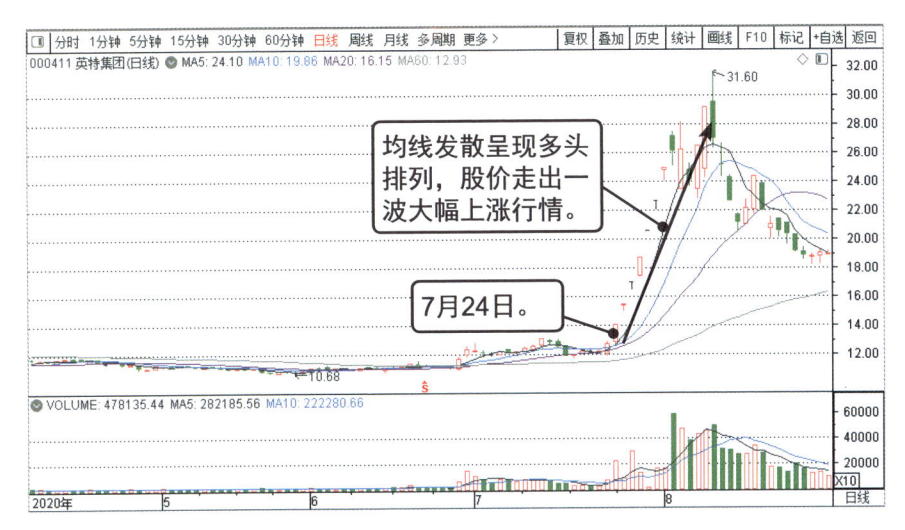

图 5-12　英特集团 2020 年 4 月至 8 月的 K 线图

5.2　MACD 指标与筹码分布形态组合分析

MACD 指标是 Moving Average Convergence Divergence 的简称，其中文全称为指数平滑异同移动平均线。它是重要的股市分析技术指标之一，尤其是在波段操作分析中，可以说占有很重要的位置，甚至被称为"指标之王"。在使用该指标与筹码分布图结合分析股价走势之前，同样需要对该指标及其用法有基本的了解。

5.2.1　MACD 指标基础概述

MACD 指标是美国人 Gerald Appel 于 1979 年在移动平均线基础之上

发明的，用于研判股价的趋势，也可以判断买进和卖出信号。下面从指标的构成、交叉和背离3个方面来认识这个指标。

（1）MACD指标的构成

要了解MACD指标的构成，就需要先了解其设计原理。

MACD指标的设计原理是首先计算出快速移动平均线（即EMA1，一般取12日）和慢速移动平均线（即EMA2，一般取26日）；以这两者数值作为测量两者（快慢速线）间的差离值（DIF）的依据，两者的差离值即为DIF值；然后再求DIF的N周期的平滑移动平均线DEA线；最后用前面计算得出的DIF减去DEA，得到MACD柱状线的值。

上述的DIF、DEA和MACD柱状线就是MACD指标的核心内容，这些内容都会在炒股软件的副图中直接显示出来，如图5-13所示。

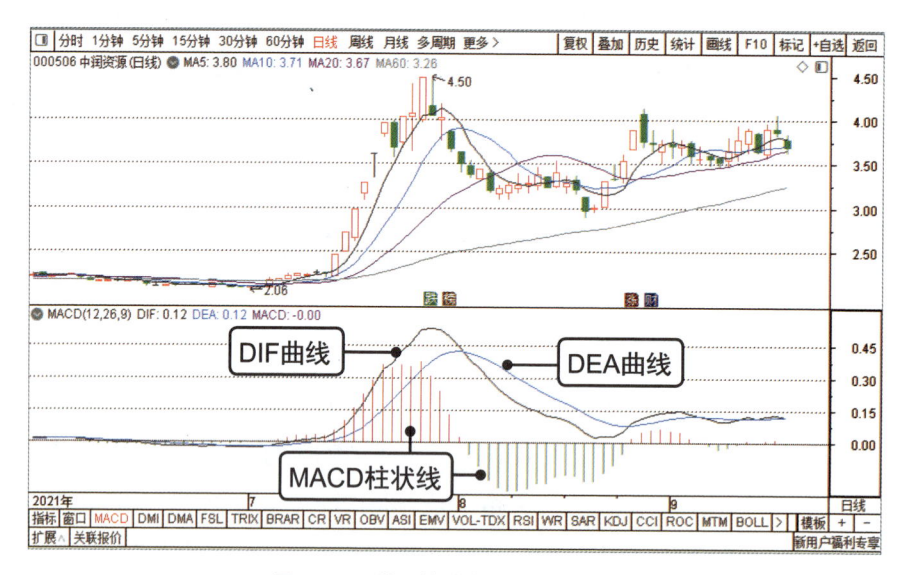

图5-13 炒股软件中的MACD指标

从图中可以知道，MACD指标是由DIF曲线、DEA曲线和MACD柱状线构成，各构成的具体介绍如表5-2所示。

表 5-2 DIF 曲线、DEA 曲线和 MACD 柱状线介绍

构　　成	具体介绍
DIF 曲线	【阐述】DIF 是指短期指数移动平均线与长期指数移动平均线之间的差，用于反映指数移动平均线的聚合程度。在我国早期股市中一周有 6 个交易日，两周为 12 个交易日，一个月即为 26 个交易日，所以 DIF 也指 12 日的指数平均数与 26 日指数平均数的差值。因 DIF 取值间隔时间较短，图形波动比较迅速，所以又称为快线，是 MACD 指标计算中最早得出的一条线，也是最具有指示意义的一条线 【应用】在实战中，DIF 经常与股价走势呈现出高度的一致性，特别是 DIF 与 0 轴的相对关系，更是判断买卖点的准确信号。当 DIF 向上穿越 0 轴，预示后市行情将转好；当 DIF 向下跌破 0 轴，则后市行情看空
DEA 曲线	【阐述】DEA 也叫差离值移动平均数，是 DIF 的 M 日移动平均数，将差离值进行平滑处理，即是在 DIF 的基础上运用 EMA 的算法得到的结果。因其取值的间隔时间稍长，图形波动更为平缓，所以称为慢线。 【应用】DEA 是 DIF 经过平滑计算处理后得出的，所以在使用 MACD 时，通常以 DIF 为主，DEA 为辅。当 DIF 在低位向上突破 DEA 时，为买入信号；当 DIF 在高位向下突破 DEA 时，为卖出信号
MACD 柱状线	【阐述】MACD 柱状线是用差离值减去异同平均数值的两倍绘制而成的，可代表未来发展趋势的强弱程度。 【应用】MACD 柱状线能很好地表达出多空双方力量强弱变化，当柱状线从红色转变为绿色时，即表明多方开始乏力，空方势力增加，此时应卖出。当柱状线从绿色转变为红色时，表明多方力量战胜空方，占据主动，此时应买入

（2）MACD 指标的交叉

MACD 指标的交叉具体是指 DIF 线与 DEA 线的交叉，也有金叉和死叉之分。

◆ MACD 金叉

当 DIF 线从下向上突破向上运行的 DEA 线形成的交叉即为 MACD 金叉。不同位置的 MACD 金叉，其具有的意义不同。

①金叉在 0 轴上方，是强烈的买入信号。

②金叉在 0 轴附近，表明上涨趋势刚开始，后市上涨空间大，买入风险相对小。

③金叉在 0 轴下方，表明市场中多方刚开始占据优势，上涨行情还未确立，此时买入回报高，风险也大。

◆ MACD 死叉

DIF 线从上向下跌破向下运行的 DEA 线形成的交叉即为 MACD 死叉，不同位置的 MACD 死叉，其具有的意义不同。

①死叉出现在 0 轴下方，这种情况通常出现在下跌行情反弹阶段，意味着反弹行情的结束，后市行情将继续下跌，投资者此时应卖出股票。

②死叉在 0 轴附近，表明下跌动能开始集聚，又将迎来新一轮下跌行情，为卖出信号。

③死叉出现在 0 轴上方，这种情况通常出现在上涨行情回调阶段，表明回调的结束，后市行情将继续上涨，投资者此时应持股观望。

如图 5-14 所示为炒股软件中 MACD 金叉和 MACD 死叉的形态。

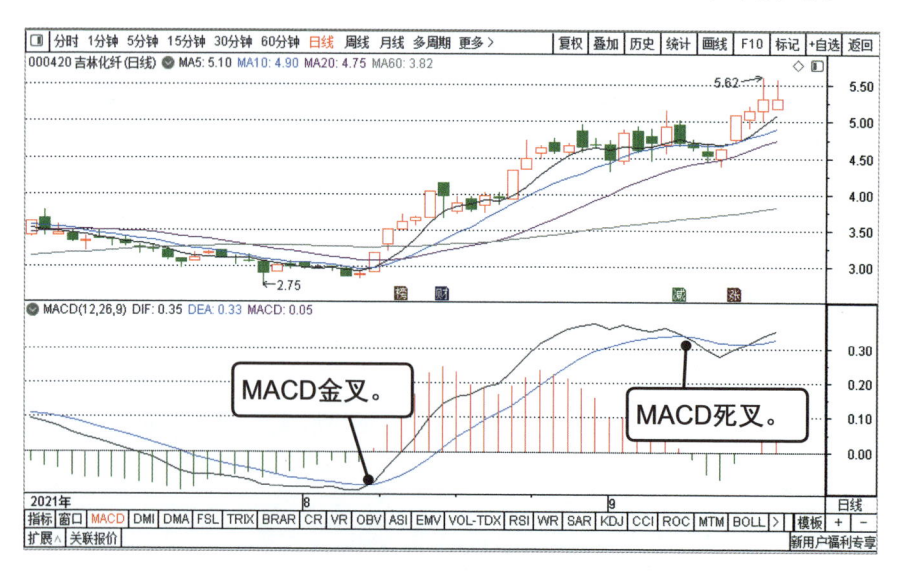

图 5-14　炒股软件中 MACD 指标的交叉

（3）MACD 指标的背离

一般情况下，MACD 指标的背离也是研究股价与 MACD 指标的两条曲线的走势背离。

所谓 MACD 指标的背离就是指 MACD 技术指标与股价走势相反，它有顶背离和底背离两种形态，具体介绍如下。

◆ 股价处于上涨趋势中，而 MACD 指标的整体运行趋势却是相反——向下运动，称为顶背离，是卖出信号，如图 5-15 所示。

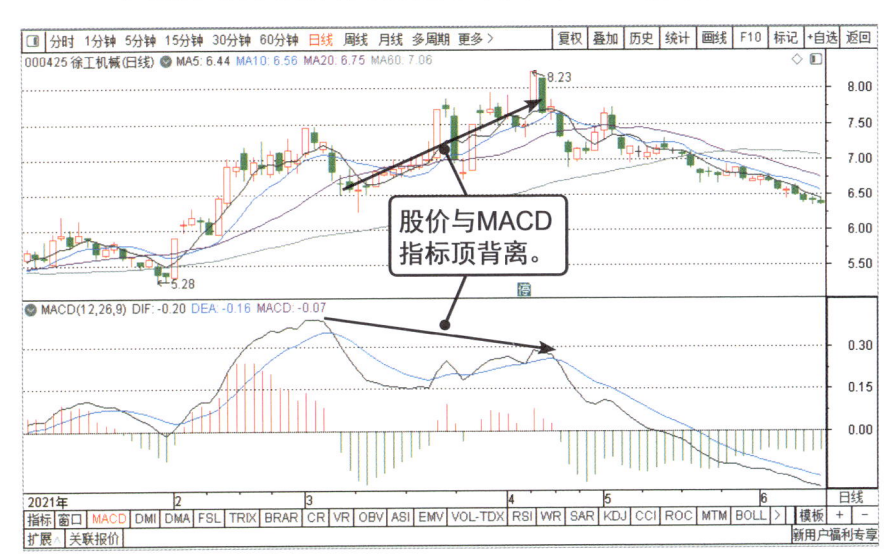

图 5-15 MACD 顶背离

◆ 股价处于下跌趋势中，而 MACD 指标的整体运行趋势却是相反——向上运动，称为底背离，是买入信号，如图 5-16 所示。

理财贴士 *MACD 指标的背离使用注意事项*

在实战中使用背离时应注意 3 点：①背离始终与趋势紧密相连，背离实际上是两个完整趋势之间的动能比较，没有趋势就没有背离；②背离是动能之间的比较，因此特别适用于趋势性指标，如 MA、MACD 指标等；③顶背离在顶部出现的次数越多、下跌可能越大，同样底背离在底部出现次数越多、上涨可能越大。

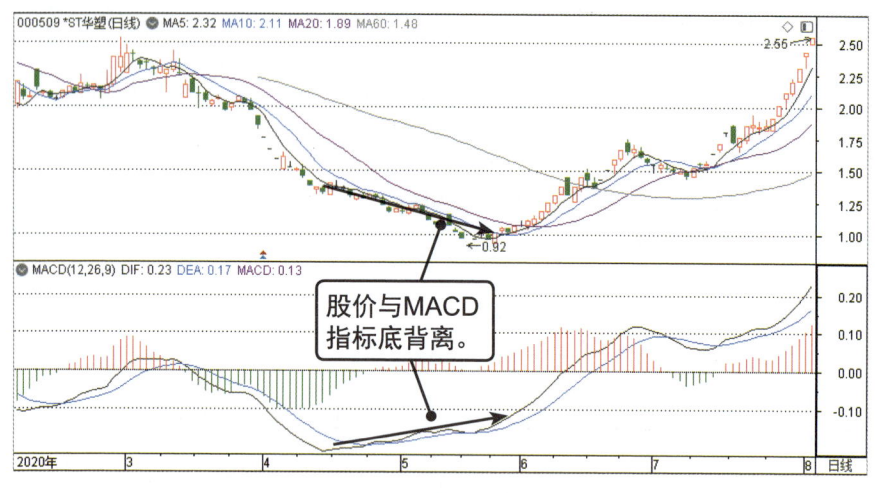

图 5-16 MACD 底背离

5.2.2 MACD 底背离结合低位密集峰抄底

在股价大幅运行到低价位即将见底时，MACD 指标与股价往往都会形成底背离形态。此时筹码分布图中虽然出现了低位筹码，但是上方仍然分布大量的高位套牢筹码。因此股价止跌上涨后会有一波回调整理，随着整理的结束，上方筹码向下转移，筹码分布图中出现低位密集筹码区，说明上涨动力已经蓄势完毕，后市必有一波上涨行情。

在实战的操作中，要判断此类行情，可以从以下 3 点来进行分析。

◆ 股价向上突破重要主力线之前最好观望

当 MACD 指标出现底背离后，上方仍然堆积大量筹码，虽然伴随着 0 轴下方的低位金叉的出现，上涨动能开始逐步增加，但是上方套牢盘依然会对股价的继续上涨形成较强的阻力。

如果股价能够顺利突破阻力位，则上涨行情就能启动；否则股价还会继续下跌。因此投资者此时不要急于抄底，最好持币观望。

◆ 股价回调的呈现方式很重要

因为 MACD 底背离后上方筹码并没有完全转移到下方，因此股价止跌回升的上涨幅度不会太大、时间不会太长，之后便会进入回调整理阶段。该轮回调的目的是清理浮筹，迫使套牢盘交出筹码，因此回调以横盘整理居多，且横盘整理的时间较长。

在这个整理过程中，筹码会逐渐转移到股价震荡的区域，并形成密集峰，说明大部分筹码集中到了主力手中，主力高度控盘后，离拉升上涨就不远了。

◆ 0 轴附近的金叉就是买点

在筹码密集峰形成后，上涨趋势就基本形成了，如果此时的 MACD 指标在 0 轴附近出现金叉，这是上涨动能开始释放的标志，是投资者安全抄底的时机，此时投资者可积极买入，抄底。当然，如果此时的 MACD 金叉出现在 0 轴上方，则买入的信号更强烈。

实例分析

国际医学（000516）MACD 底背离后的低位密集峰买入时机分析

如图 5-17 所示为国际医学 2019 年 4 月至 2020 年 6 月的 K 线图。

图 5-17　国际医学 2019 年 4 月至 2020 年 6 月的 K 线图

从图中可以看到，该股大幅下跌后在 2020 年 4 月初形成一个明显的阶段低位，但是股价反弹持续的时间并不长，之后股价继续下跌并创出 3.92 元的最低价后跌势减缓，随后步入横盘整理阶段。

观察同时期的 MACD 指标可以发现，早在 2020 年 4 月股价形成明显低位时 MACD 指标就止跌了，并且随着这轮短暂的反弹，MACD 指标中 DIF 线从下上穿 DEA 线形成金叉，之后两条曲线向上运行，与股价走出完全背离的走势，这是典型的 MACD 底背离形态。

下面来观察底背离形成初期的筹码分布图。

如图 5-18 所示为国际医学 2019 年 2 月至 2020 年 7 月的 K 线图。

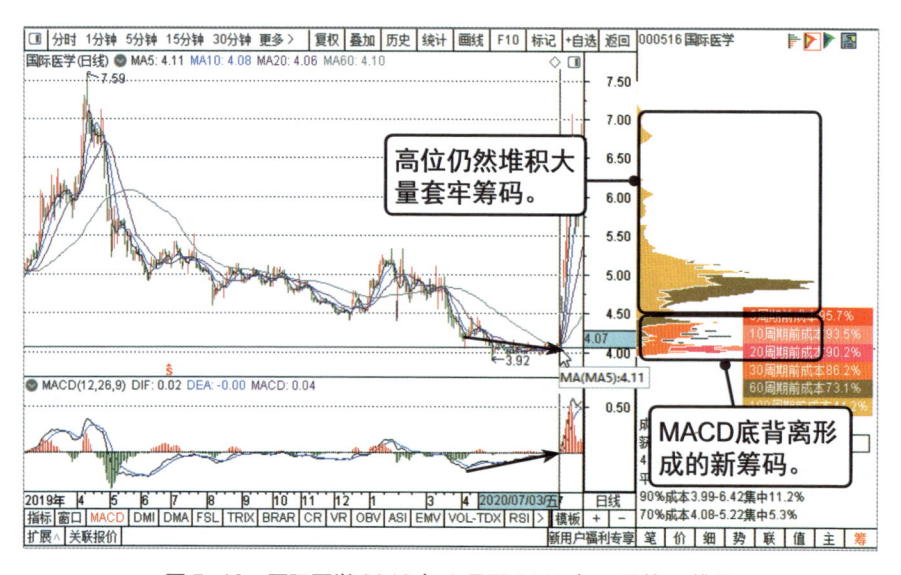

图 5-18　国际医学 2019 年 2 月至 2020 年 7 月的 K 线图

从图中可以看到，该股在 MACD 指标底背离的末期，虽然股价在低位横盘了一段时间，4.50 元下方也出现了许多新筹码，但是在 4.50～7.50 元之间仍然存在许多高位筹码，尤其在 4.50～5.50 元的价格区间，还存在一个高位筹码密集峰，这个密集峰将对后市股价拉升产生较强的阻力，因此股价必须有效突破这个价位才能真正步入上涨行情。

如图 5-19 所示为国际医学 2020 年 3 月至 10 月的 K 线图。

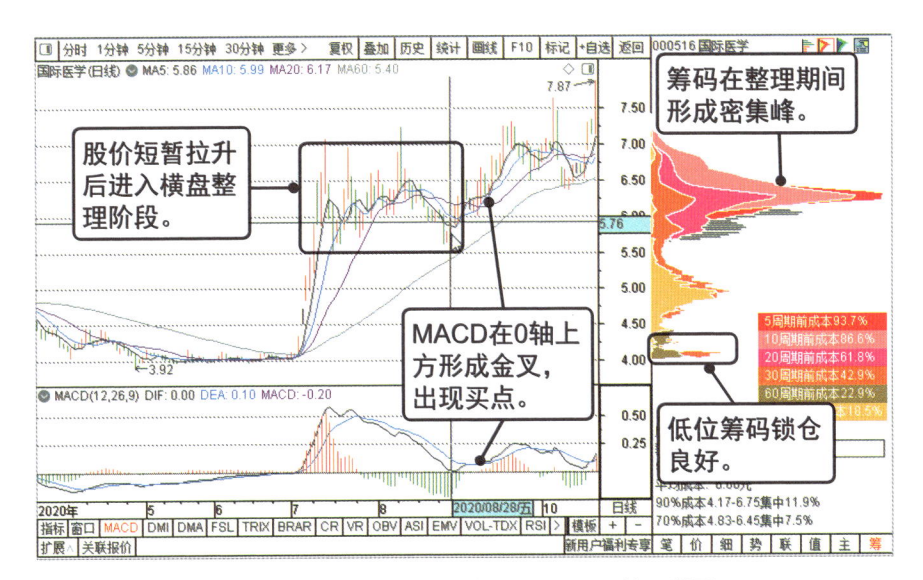

图 5-19　国际医学 2020 年 3 月至 10 月的 K 线图

从图中可以看到，该股之后经历了一波直线拉升行情，但是这波拉升仅仅维持了几个交易日便结束，之后股价始终在 5.75～6.50 元的价格区间横盘整理，整个横盘时间持续了两个多月。在 8 月底，该股出现了一个明显的震荡低点，同期的 MACD 指标的 DIF 线和 DEA 线也出现拐头向上运行的趋势。

观察对应的筹码分布图可以发现，通过这一波震荡整理走势，筹码分布图中在该价位区域出现了明显筹码密集峰，且下方低位的筹码锁仓良好，说明主力洗盘彻底，并且良好控盘。

之后，随着股价的上涨，DIF 线在 0 轴上方上穿 DEA 线形成金叉，综合多方面的分析，此时形成的金叉发出了可靠的买入信号，投资者此时应该积极逢低吸纳、抄底。

如图 5-20 所示为国际医学 2020 年 3 月至 2021 年 6 月的 K 线图。

从图中可以看到，该股在 2020 年 9 月初股价横盘整理结束后，在 60 日均线的支撑作用下一路上涨，走出一波可观的上涨行情。股价从 6.00 元左右，最高上涨到 21.66 元，涨幅达到 261%。

如果投资者在前期通过 MACD 指标底背离技术与低位筹码密集峰分析行情见底回落开启上涨行情后，并在 2020 年 9 月 MACD 指标在 0 轴上方形成金叉后买入，持股一段时间，之后在任意时间点卖出，都将获得不错的收益。通过这个案例也更加说明了此项分析技术在实战操盘中的重要作用。

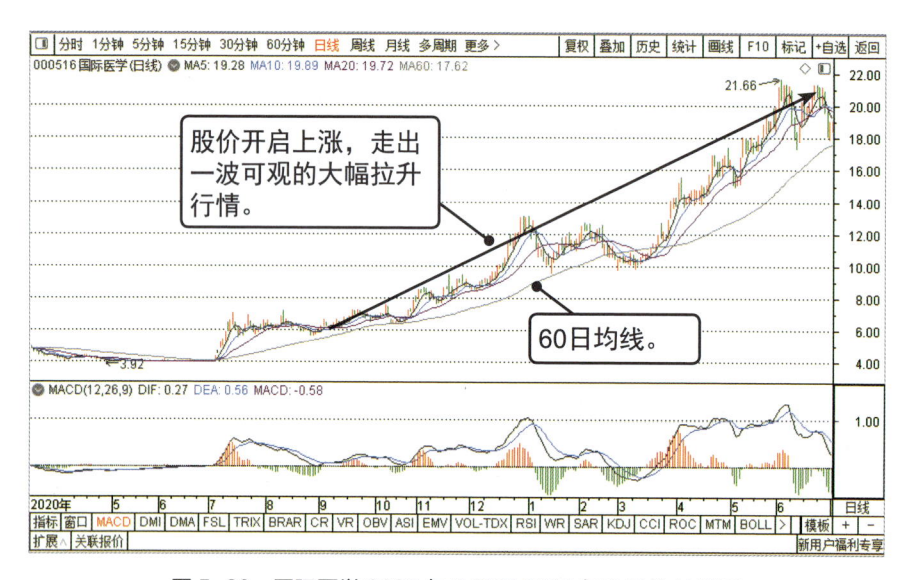

图 5-20　国际医学 2020 年 3 月至 2021 年 6 月的 K 线图

5.2.3　MACD 顶背离结合高位密集峰逃顶

在股价大幅上涨到高价位区后，主力随时都可能兑现筹码离场。当股价出现疲软上涨走势时，对应的 MACD 指标出现了向下的走势，与股价形成背离形态，此时一般是行情见顶的信号。

从筹码分布图来看，在 MACD 出现顶背离后，下方低位筹码快速上移，高位出现了大量筹码，说明此时主力已经开始出货，稳健的投资者就应该逢高抛售。如果主力在 MACD 顶背离时没有完成出货，通常就会在高位出现横盘整理或者小幅下跌后止跌整理，这一整理过程中，下方筹码快速转移到股价震荡价格区间，并形成密集峰，此时更加可以判定行情见顶，投资者要及时离场。尤其在股价跌破前期重要支撑位时，更是行情加速下跌的标志，此时投资者应该果断清仓。

实例分析

深赛格（000058）MACD 顶背离后的高位密集峰卖出时机分析

如图 5-21 所示为深赛格 2020 年 3 月至 8 月的 K 线图。

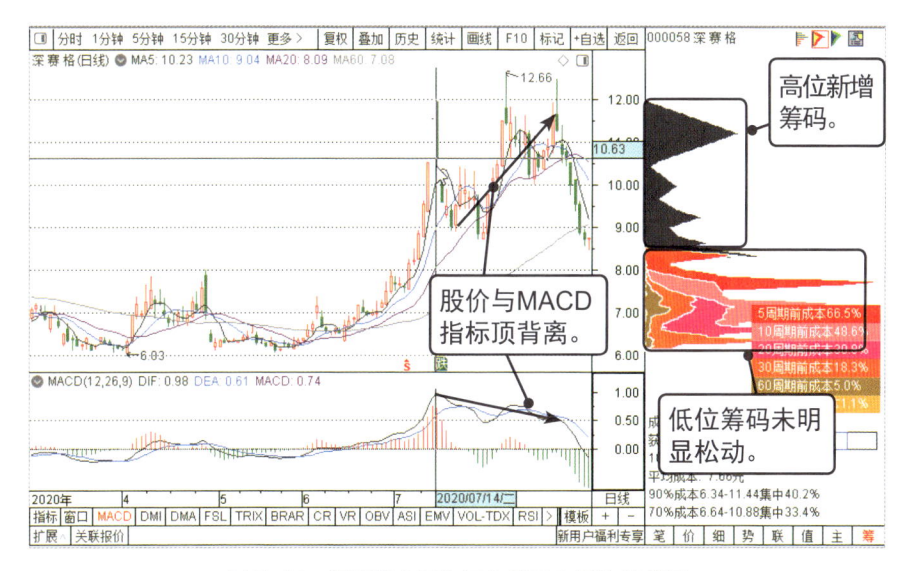

图 5-21 深赛格 2020 年 3 月至 8 月的 K 线图

从图中可以看到，该股在 2020 年 7 月中旬左右上涨到阶段性的高位，观察此时的筹码分布图可以发现，下方低位筹码基本没有松动，但是高位却新出现了许多筹码。

随后股价短暂回落后继续上涨，并创出 12.66 元的最高价，之后便在高位横向整理。虽然股价出现继续上涨行情，但是观察同期的 MACD 指标可以发现，DIF 线和 DEA 线均拐头向下，走出与股价完全相反的走势，形成典型的 MACD 顶背离形态。

下面继续观察形成顶背离形态后的筹码分布图。

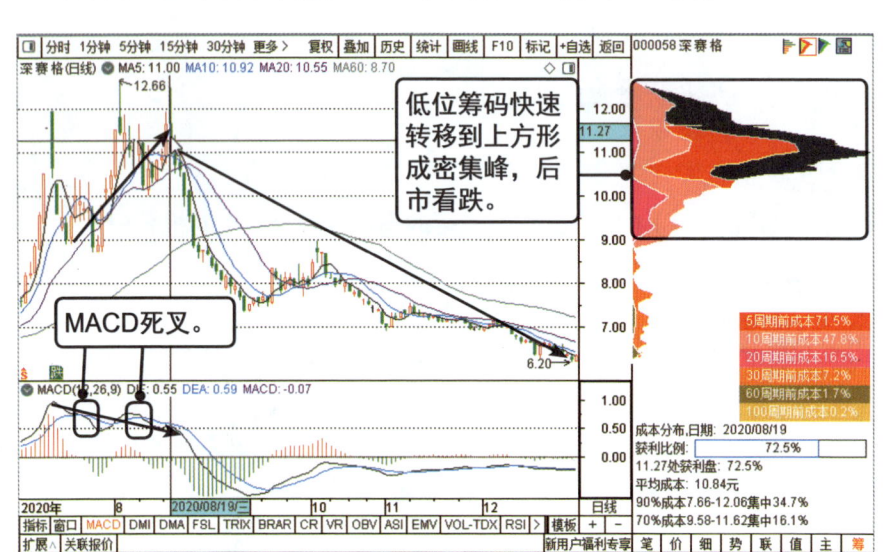

如图 5-22 所示为深赛格 2020 年 8 月至 12 月的 K 线图。

图 5-22　深赛格 2020 年 8 月至 12 月的 K 线图

从图中可以看到，在 MACD 形成顶背离形态后，下方筹码快速转移到上方，并在高位形成明显的密集峰，说明主力已经基本完成筹码派发，而且在 MACD 指标顶背离过程中，DIF 线两次从上下穿向下运行的 DEA 线，形成高位死叉，更说明了行情见顶的事实。

之后股价连续多日阴线报收拉股价快速下跌，行情步入下跌通道。如果之前投资者未及时离场，在后市的快速下跌行情中将损失惨重。

第 6 章
追踪主力：透过筹码分布特点识庄

任何一只股票，只有主力操作，散户才有赚钱的机会。而主力的运作手段又是影响股价变化的关键因素，因此，追踪主力是散户股市投资中必须要掌握的一门投资技术。主力坐庄的手法有很多，有时候为了迷惑投资者，主力还会刻意从走势形态上制造各种陷阱，让散户低卖高买。而筹码分布是主力成本变化的重要刻画，因此从筹码分布图上来追踪主力相对来说更加准确。

○ 解密股市主力
○ 监测主力筹码的3个关键点
○ 解析主力建仓的筹码分布图
○ 解析主力洗盘的筹码分布图
○ 解析主力拉升的筹码分布图
○ 解析主力出货的筹码分布图

6.1 解密股市主力

在前面的章节内容和实例分析过程中,我们或多或少已经接触到了主力这个概念。那么到底什么是主力?它的操盘特点是什么?要很好地利用筹码分布图来追踪主力,这些基础知识必须要掌握。

6.1.1 认识什么是主力

从字面意思理解,主力即是主要的力量。在股市投资中,一般情况下也指股票中的庄家。根据不同的划分依据,可以将庄家划分为不同的类型,下面介绍几种常见的划分方式。

(1) 依据控盘时长划分

从控盘时间的长短可以将庄家分为长线庄家、中线庄家和短线庄家。三种类型庄家的具体介绍如表 6-1 所示。

表 6-1 长线庄家、中线庄家和短线庄家的介绍

类型	具体介绍
长线庄家	长线庄家以价值取胜,控盘周期超过半年,有的甚至是 2～3 年。因为控盘能力强,从而推升股价持续走高,此类庄家一般会选择业绩优良的个股。
中线庄家	中线庄家稳扎稳打,控盘周期一般为半年,营造波段式上涨趋势,在关键位置有明确的买入或者出货信号。
短线庄家	短线庄家快进快出,控盘周期不超过一个月,收集筹码隐蔽,一旦派发则是股价的大幅变动。

(2) 依据操作阶段划分

依据其操作的阶段不同可分为新庄、老庄和被套庄,其具体介绍如表 6-2 所示。

表 6-2　新庄、老庄和被套庄的介绍

类　　型	具体介绍
新庄	新庄是指新近刚介入某只股票的主力，即刚开始介入吸货阶段的庄家。这类庄家在选股、选时、资金、题材等方面都有较充分的准备。对于新庄，由于它存在一个筹码吸收期，一旦成交量放量时，则可以考虑跟进；同时由于新庄要大幅拉高才获利，经常出现单边市，所以跟新庄要敢于追涨。
老庄	老庄是指已经完成了吸筹与拉高，只等待派发的庄家。老庄账面盈利丰厚，落袋为安思想较重，一般不会冒险大幅拉高，大多采用高位原地派发。
被套庄	被套庄是指在高位未出货或未出尽货，股价下跌而被市场套牢的庄家。分为轻度被套和深度被套两种。其中，轻度被套的庄家拉高不需要收集筹码，只要借机拉高就行，因此突然性较强，较难预测。而深度被套的庄家由于套牢较深，要想解套就必须要有较大升幅，所以它一旦拉高，升幅通常较为可观。这类庄家与轻度被套的庄家一样，因为不需要收集筹码，因此，从成交量方面也不容易准确把握其势。

（3）依据资金实力划分

根据资金实力不同，股市的庄家可分为强庄和弱庄，其具体介绍如表 6-3 所示。

表 6-3　强庄和弱庄的介绍

类　　型	具体介绍
强庄	所谓的强庄，并不是庄家一定就比别的庄强，而是某一时间段走势较强，或是该股预期的升幅巨大。
弱庄	弱庄一般指资金实力较弱的庄家，所以在拉升阶段只能慢慢推升，靠洗盘、打差价来抬高股价。由于弱庄的持仓量较低，靠打差价就能获得很大的收益，所以累积的升幅并不大。

无论是哪种类型的庄家，都具有如下所示的特点。

◆　庄家具有雄厚的资金，融资渠道多，融资金额大。

- 庄家往往有专门的研究机构，对国家宏观经济形势和上市公司基本面有详尽把握，因此具有专业的分析。
- 庄家操盘往往都会经过周密的考虑，有详细的计划和完整的组织决策体系。

6.1.2 了解主力操盘的 4 个阶段

从第一章介绍的内容中已经初步了解到，主力坐庄要经历建仓、洗盘、拉高和出货 4 个阶段。下面具体来了解各阶段的操盘内容，如图 6-1 所示。

建仓： 主要是指主力在对某一只股票进行长时间分析和考察后，选择何时开始买入该只股票，此时标志主力进入该只股票实质性的操作阶段。主力一般都是选择在股价较低时开始吃货。

洗盘： 在建仓完毕后，如果市场上浮筹比较多，主力就会清洗浮筹，以减轻日后拉升时的抛压，降低拉升成本，在这段时间中，股价经常是上下波动，且涨幅和跌幅不大。

拉升： 这是主力操盘的主要阶段，这段时间股价会急速上涨，一旦股价开始大涨，它就脱离了安全区，尤其是在股价大幅上涨的后期，主力随时都有派发的可能（该阶段也可能出现洗盘）。

出货： 这一阶段的主力会在股票的高价位区抛售手中的筹码。主力出货一般要做头部，头部的特点是成交量大、振幅大，除非赶上大盘做头，一般个股的头部时间都在 1 个月以上。

图 6-1 主力操盘的 4 个阶段

6.1.3 了解主力的坐庄路线与操盘特点

主力是利用市场运行的规律，运用操盘手段使自己获利。不同类型的主力，其为了达到获利目的，会使用不同的坐庄路线。散户投资者要想跟庄炒股获利，必须要了解常见主力类型的操盘路线与对应的操盘特点。下面具体介绍短线庄家、中线庄家和长线庄家的操盘路线及其操盘特点。

(1) 短线庄家的操盘路线与操盘特点

【操盘路线】

高抛低吸，即主力在低位收集筹码，然后把股价拉到高位后卖出，赚取差价。

【操盘特点】

这类主力是做多不做空，即只在行情的上升阶段控盘，在行情的下跌过程中不控盘，不能把行情的全过程控制在手里，随着出货的完成，坐庄也即告结束。因此这类主力一般出现在两种情况下：

- 一是抢反弹阶段。短线庄家会在散户抢反弹之前先在低位吸筹，等散户开始抢反弹的时候则出局。
- 二是市场爆出题材阶段。短线庄家会在个股发布重大利好消息前后吃货，之后迅速拉升股价，并在股价上升过程中快速离场，完成筹码的兑现，我们常听说的"利好兑现便是空"就是指的这种现象。

(2) 中线庄家的操盘路线与操盘特点

【操盘路线】

在行情的底部区域或相对底部区域建仓，建仓完成后等待时机，在时机向好时（如大盘向好、个股有利好消息等）拉升股价，获利后立即出局。

【操盘特点】

这类主力吸筹时间比较长，通常在底部潜伏1～2个月才能完成建仓。建仓完成之后便是等待外界市场的向好或者利好消息，借助消息拉升股价，在短时间内获利便出局。由于这类主力更多是依靠外界条件来操盘，因此其坐庄操盘的风险较大，所以通常这类主力所持有的筹码数量不会很大。

(3) 长线庄家的操盘路线与操盘特点

【操盘路线】

主动地创造市场机会,不仅要做多,还要做空。因此,在股价还在下跌时,可能长线庄家就开始布局该股了。其操盘路线一般是:打压股价→低位吸筹→拉高股价→高位出货。在股价步入下跌后,主力还会继续寻找机会,继续打压股价,进入到新一轮的坐庄过程,如此循环往复。

【操盘特点】

这类主力通常选择有业绩支撑的个股进行轮番操作。每一轮坐庄过程都比较长,散户从 K 线形态或筹码分布中比较容易分析出股价处于哪个坐庄阶段。

由于主力坐庄时间比较长,因此要求对该股能够绝对控盘,所以大部分筹码会集中在主力手中。不仅在底部会大量收集筹码,有时甚至在拉抬过程中还会继续打压股价,迫使获利盘交出筹码,以达到收集更多筹码的目的。这类主力的出货过程也是漫长的,尤其到了出货后期,主力甚至会不计成本抛售,这时散户投资者就要谨慎操作了。

6.2 监测主力筹码的 3 个关键点

正确把握主力动向可以提前做出操作决策,避免投资损失。准确把握主力动向的前提是监测主力筹码变化。监测主力筹码有一个原理和两种方法,它们是监测主力筹码的 3 个关键点。下面就来具体认识这 3 个关键点。

6.2.1 关键点 1:监测主力筹码的原理

对于每只股票,其筹码分布图中的筹码是由主力筹码和散户筹码构成的。要想追踪主力筹码，就必须总结出主力筹码的特点，但是，主力为了防止散户追踪，会不断变化筹码分布，或者将筹码分布成多份，从而误导散户判断。此时，相对来说，通过监测散户筹码来间接监测主力筹码，更简单一些。

对于散户来说，其比较显著的投资心理是"追涨杀跌"。他们往往会在股价上涨到一定程度时买入，也会在股价下跌到一定幅度后卖出。

大多数情况下，有70%的散户会在浮盈10%左右卖出股票，只有少数人会等到浮盈20%左右卖出。能等到浮盈30%以上再卖出的，基本都是主力了。因此，如果有筹码在面对30%以上浮盈仍未出局，这些筹码基本上都是主力筹码。

实例分析

湖北宜化（000422）监测主力筹码原理的分析

如图6-2所示为湖北宜化2020年2月至12月的K线图。

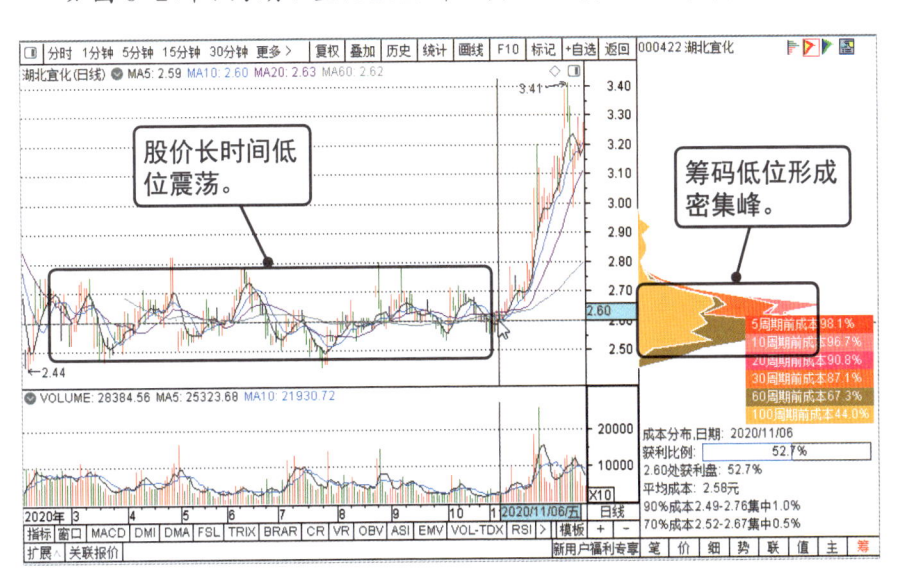

图6-2 湖北宜化2020年2月至12月的K线图

从图中可以看到，该股大幅下跌创出 2.44 元的最低价后，股价在低位进入了长时间的横盘整理阶段，从右侧的筹码分布图可以看到，在横盘的末期，筹码在 2.50～2.70 元的价格区间形成密集单峰，因此可以判断此时市场中多数资金的成本都在这个区间。

随后股价突破震荡走势向上运行经历了一波上涨行情，短短一个月左右的时间，股价被拉高并在 12 月 15 日创出 3.41 元的阶段高价。下面来观察这一时期对应的筹码分布图。

如图 6-3 所示为湖北宜化 2020 年 12 月 15 日的筹码分布图。

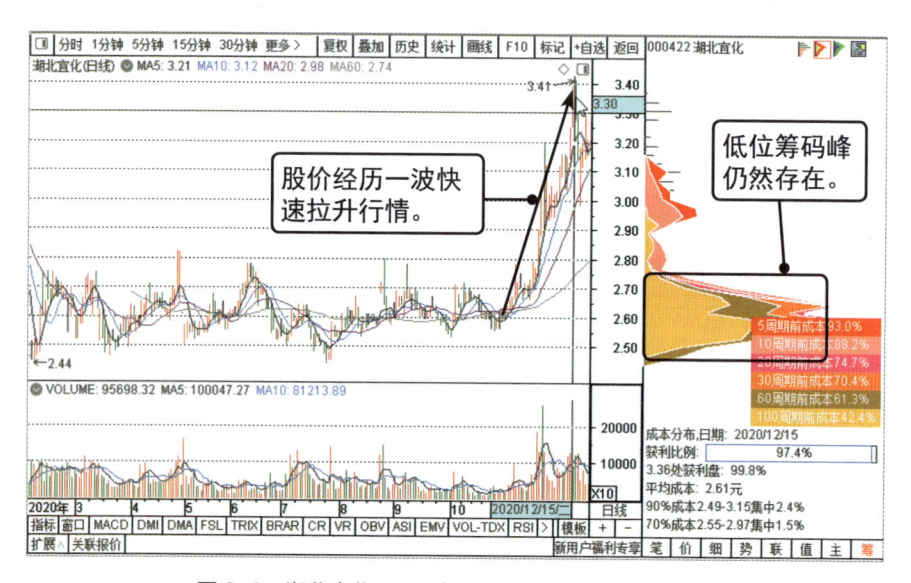

图 6-3　湖北宜化 2020 年 12 月 15 日的筹码分布图

从图中可以看到，虽然股价经历了一波快速上涨行情，但是从筹码分布图来看，此时下方的筹码密集峰并未出现明显变小，股价从 2.50 元上涨到 3.41 元，涨幅超过 36%。意味着这部分资金在拥有 36% 的收益之后仍然坚定持股，那么其必然以主力资金为主。

因此，在之后的股价上涨过程中，如果这部分筹码不松动，那么散户就可以大胆追涨，跟庄获利。

6.2.2 关键点2：运用横盘法监测主力筹码

市场处于震荡走势中时，大量的高位筹码会向下移动，低位筹码会向上移动，导致筹码在震荡区间的中间价位集中，形成筹码密集峰。

如果在震荡走势持续了很长一段时间后（至少两个月以上，否则对散户的考验强度不够，不能显示出主力的耐心），仍然有大量的高位筹码或低位筹码没有发生转移，依然保持在原来的位置，那么这部分筹码大多数是主力筹码。

实例分析

长安汽车（000625）横盘法监测主力筹码

如图6-4所示为长安汽车2019年4月至2020年12月的K线图。

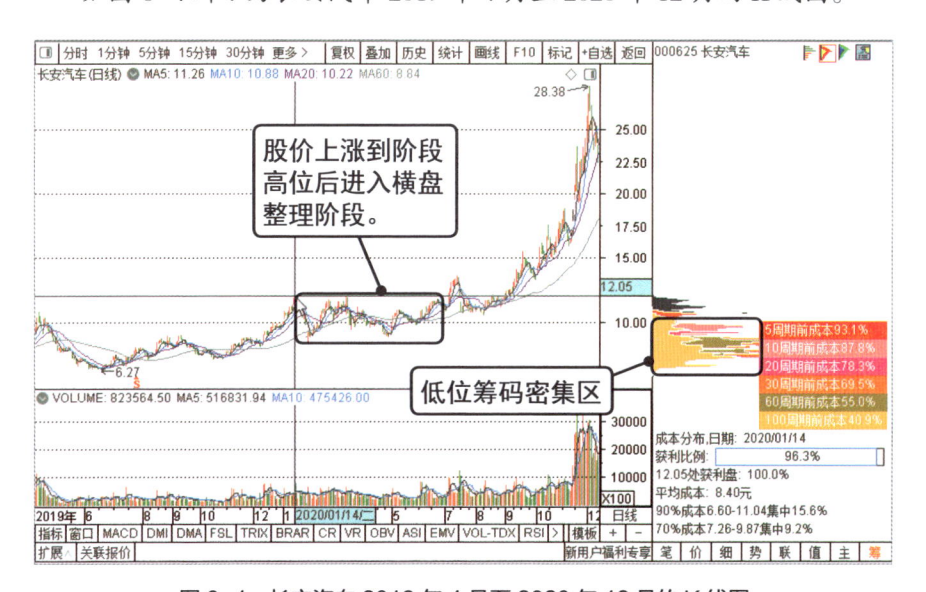

图6-4 长安汽车2019年4月至2020年12月的K线图

从图中可以看到，该股在2019年6月下旬创出6.27元的最低价后止跌回升。在经过一波短暂拉升后于2019年9月运行到阶段性的高位，出现阶段性见顶回落整理的走势。

之后股价在 11 月初止跌后再次上涨，于 2020 年 1 月 14 日运行到阶段性的高位，之后便进入了长达 6 个月左右的横盘整理中。

观察 2020 年 1 月 14 日的筹码分布图可以发现，高位新增筹码不多，大部分筹码集中在 10.00 元下方形成密集状态。

并且，在横盘整理的上边线位置附近，此时的筹码获利比例达到 96.3%，说明此时市场中大多数筹码处于盈利状态。

下面再来观察经历 6 个月左右横盘整理后的筹码分布图。

如图 6-5 所示为长安汽车 2020 年 6 月 16 日的筹码分布图。

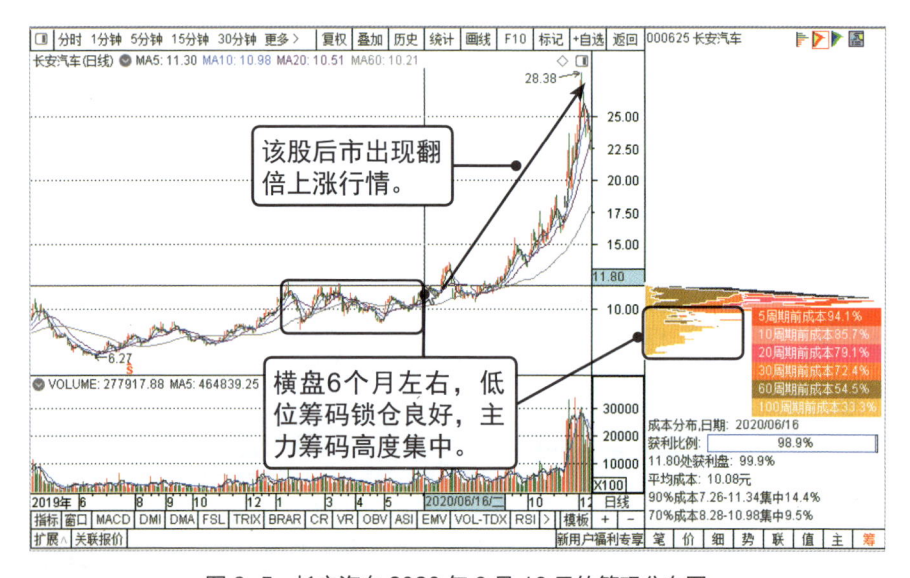

图 6-5　长安汽车 2020 年 6 月 16 日的筹码分布图

从图中可以看到，该股在经历长时间的震荡行情后，震荡区间新增了许多筹码，但是 10.00 元下方的密集区的筹码没有发生明显变化，并且在震荡区域上边线附近的筹码获利比例达到 98.9%。

面对如此长时间的横盘震荡走势，筹码分布变化都不大，而且获利比例不减反而增加，说明该股被主力高度控盘，后市的发展空间比较大，投资者可以积极追涨。

从后市的走势来看，该股最高上涨到 28.38 元，出现翻倍上涨行情。如果投资者监测出主力筹码分布后，果断追涨，将获得丰厚的收益。

6.2.3 关键点3：运用下移法监测主力筹码

下移法监测主力筹码的原理是：获利不抛的筹码是主力的筹码。该方法只适合在上涨行情中使用，在横盘震荡走势中不适合。其具体的监测方法是：在行情上涨到 30% 以上时，将鼠标光标移动到当时最高收盘价下方 20% 的位置，看下方有多少筹码获利而没有抛售，没有抛售的筹码即为主力筹码。

虽然下移法监测主力筹码平常使用得不多，但是在股价不断上涨时，利用该方法进行反复测量，可以监视主力的低位筹码的消失情况。若低位筹码大量消失，则说明主力在出货，此时投资者就要及时获利了结。

实例分析

长春高新（000661）下移法监测主力筹码

如图 6-6 所示为长春高新 2018 年 9 月至 2019 年 4 月的 K 线图。

从图中可以看到，该股在 2018 年 10 月 29 日创出 150.18 元的最低价后止跌回升，步入震荡拉升行情中，前期涨幅比较温和。

在 2019 年 2 月底至 3 月初，该股出现了连续涨停拉高股价的暴涨行情，并在 2019 年 3 月 11 日创出 290.00 元的最高价。

从最初的 150.18 元上涨到此时的 290.00 元，涨幅超过 93%。下面用下移法监测主力筹码的变化情况。

由于这里是连续涨停板拉高股价，一个涨停板就是 10% 的涨幅，因此直接将鼠标光标移动前两三个交易日的位置即可。这里将鼠标光标指向 2019 年 2 月 22 日的涨停大阳线。

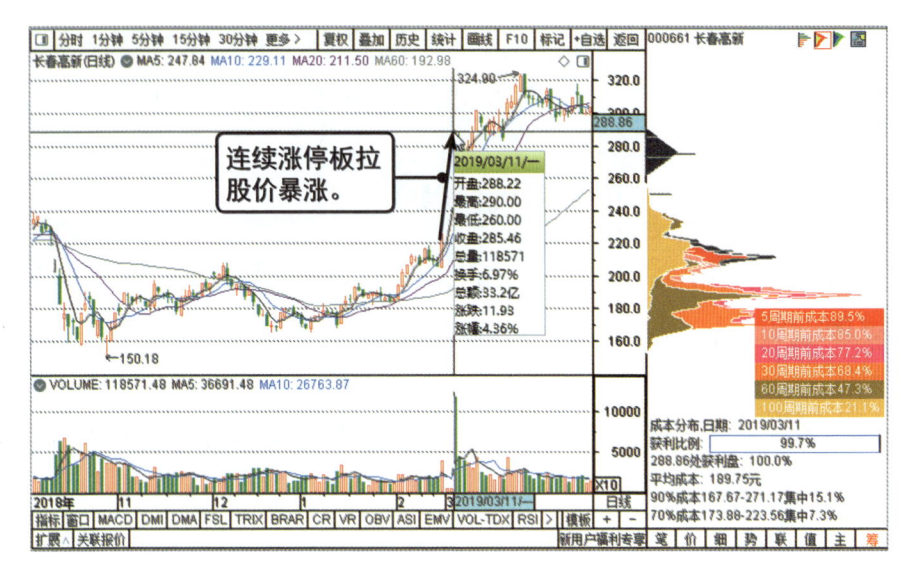

图6-6 长春高新2018年9月至2019年4月的K线图

如图6-7所示为长春高新2019年2月22日的筹码分布图。

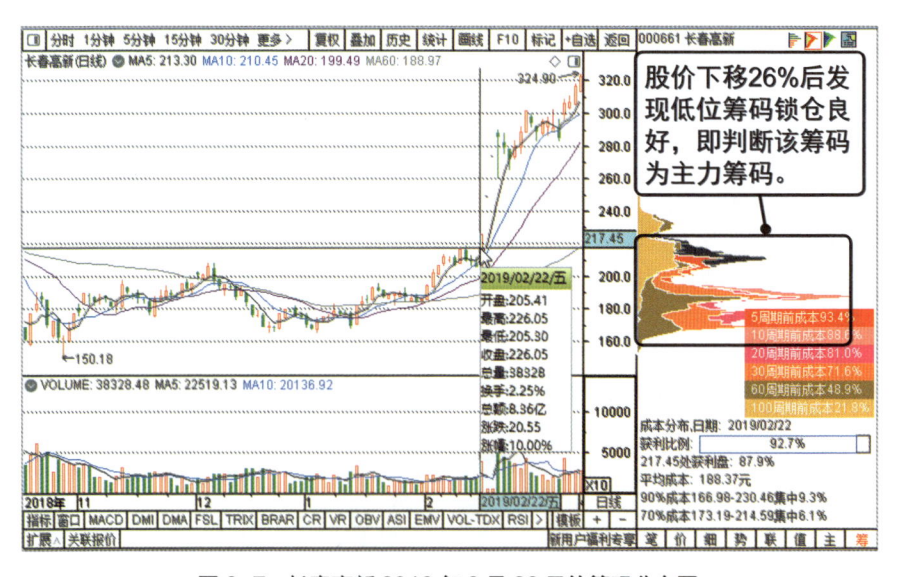

图6-7 长春高新2019年2月22日的筹码分布图

从图中可以看到，2月22日当日的收盘价为226.05元，而3月11日当日的收盘价位285.46元，股价上涨幅度约为26%。

观察 2 月 22 日当日的筹码分布图可以发现，虽然筹码分布图相对分散，但是在 160.00～220.00 元的价格区间有两个明显的密集峰，此时市场中的获利比例为 92.7%，并且随着股价大幅上涨 26% 后，这两个密集峰并没有出现明显变化，获利比例更是达到 99.7%。

由此可以推断出这两部分筹码密集峰都是主力筹码。只要这两部分筹码不出现明显减少，散户追涨都是安全的。

在对主力基础知识及主力成本的监测有一定了解后，下面将具体介绍不同坐庄阶段中，如何结合筹码分布图来分析主力的坐庄过程，以指导散户更好地制定操作策略，跟庄获利。

6.3 解析主力建仓的筹码分布图

任何主力资金在运作一只股票时都是从建仓开始的，如果能通过筹码分布及时发现主力的建仓动作，那么投资者就可以紧跟庄家抄底，买在低位，最大化降低持仓成本。

6.3.1 低位温和吸筹建仓，筹码逐步集中

低位温和吸筹建仓是主力比较常用的一种建仓手法。当主力采用该方法吸筹建仓时，盘面上会呈现如下的特点。

- ◆ 股价大幅下跌后在低价位区企稳，之后股价在底部长时间小幅震荡盘整，成交量随着股价的涨跌会呈现出一定的规律性变化，但股价整体的涨跌幅度都不大。

- ◆ 随着股价盘整时间的不断延长，筹码分布图中的高位筹码逐渐下移至低位，并逐步形成低位单峰密集形态，此时就说明主力接近完成吸筹，这个单峰密集区就是主力的成本分布区。

◆ 通常情况下，在主力吸筹进入尾声时，股价会小幅上涨，成交量也会随之小幅放大。当股价上涨突破低位单峰密集形态的压制时，就是散户介入的时机。

实例分析

美锦能源（000723）低位温和吸筹建仓的筹码分布分析

如图 6-8 所示为美锦能源 2017 年 8 月至 2018 年 8 月的 K 线图。

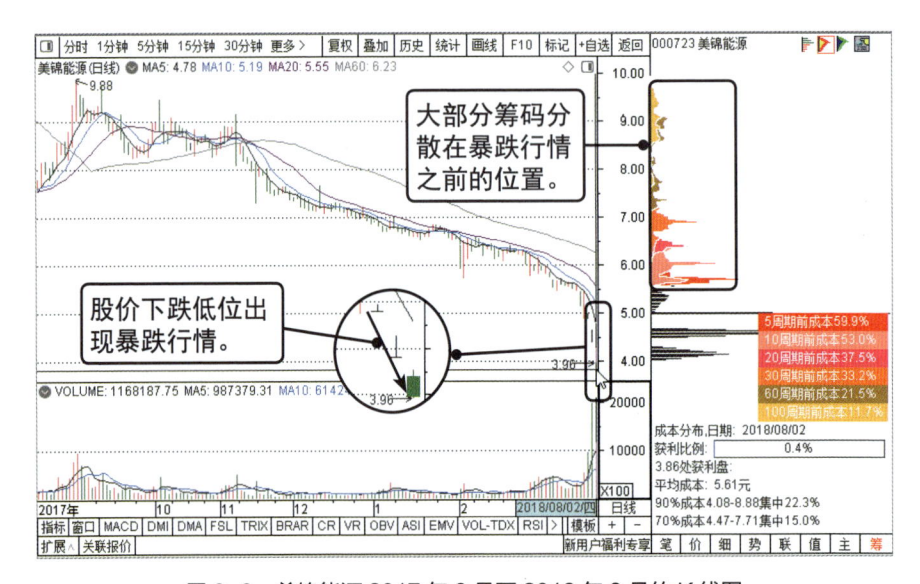

图 6-8　美锦能源 2017 年 8 月至 2018 年 8 月的 K 线图

从图中可以看到，该股大幅下跌后于 2018 年 7 月下跌到低位。在 7 月 31 日、8 月 1 日和 8 月 2 日，该股连续 3 日出现跳空低开，跌停报收使股价走出一波急速下跌行情，并创出 3.96 元的最低价。

观察此时的筹码分布图可以发现，在连续暴跌的 3 个交易日中，新增了大量的低位筹码，但是此时市场中的大部分筹码仍然分散在股价快速下跌前的位置。如果这些筹码不能转移至主力手中，主力是不可能向上拉升股价的。

下面继续观察该股后市的走势。

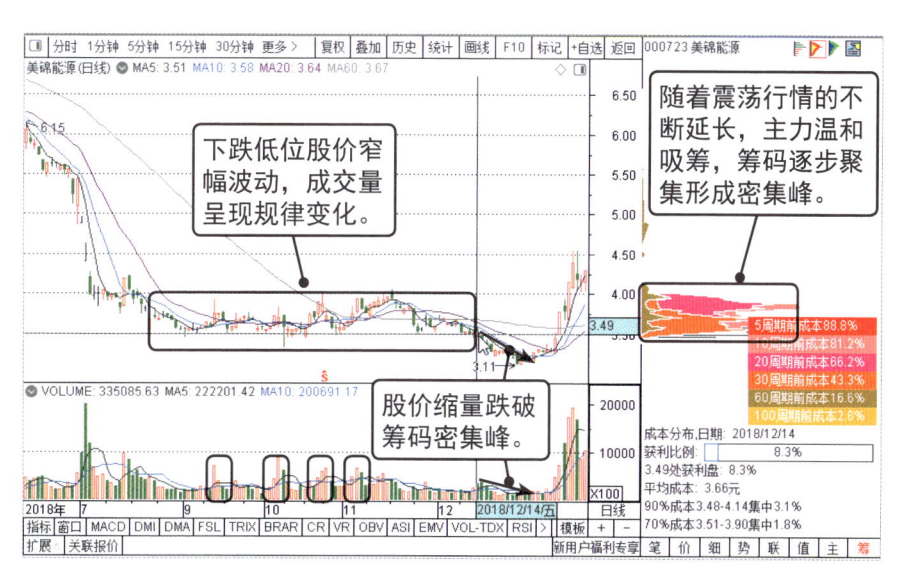

如图 6-9 所示为美锦能源 2018 年 7 月至 2019 年 1 月的 K 线图。

图 6-9　美锦能源 2018 年 7 月至 2019 年 1 月的 K 线图

从图中可以看到，该股在经历 3 个交易日的暴跌后股价跌势减缓，股价下跌走势有走进尽头的意味。之后该股出现了 3 个多月的横盘走势，股价始终维持在 3.50～4.00 元的价格区间窄幅震荡，且在每次震荡上涨时，成交量出现规律性温和放量。

在震荡接近尾声时可以看到，此时筹码分布图中，上方筹码随着震荡行情的不断延长，逐步下移并在 3.50～4.00 元的价格区间形成单峰密集形态。

在 2018 年 12 月中旬，该股出现了一波快速下跌后又迅速上攻的走势。从下跌的走势来看，股价虽然跌破低位筹码密集峰，但是股价下跌时的成交出现缩量形态，说明此时的下跌是主力诱空的手段，并且表明此时主力已经掌握了大部分筹码，控盘程度较高，股价随时都可能出现拉升行情，此时投资者要密切关注该股的走势。

如图 6-10 所示为美锦能源 2018 年 12 月至 2019 年 3 月的 K 线图。

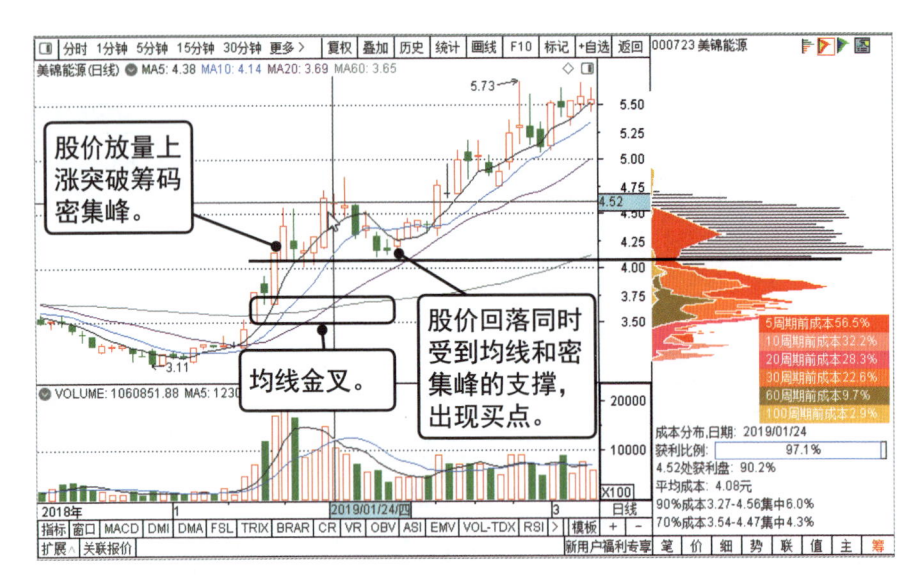

图 6-10　美锦能源 2018 年 12 月至 2019 年 3 月的 K 线图

　　从图中可以看到，主力诱空下跌创出 3.11 元的低价后企稳回升，随后出现放量拉升股价的走势，股价一举突破前期低位的筹码密集峰运行到 4.00 元的价格之上。

　　同时，观察此时的均线系统可以发现，短期均线纷纷拐头向上，依次上穿拐头向上的 60 日均线，出现多次金叉，也印证了股价见底回升的转势行情。

　　之后股价在 2019 年 1 月下旬有过一波短暂回落，但是股价在当月底同时受到前期低位筹码峰的上边缘和 20 日均线的支撑止跌，此时就是一个很好的抄底时机，投资者应果断逢低吸纳，跟庄建仓。

　　如图 6-11 所示为美锦能源 2018 年 12 月至 2019 年 5 月的 K 线图。

　　从图中可以看到，该股均线系统呈现发散的多头排列。股价依托 5 日均线走出了一波可观的上涨行情，短短 3 个多月的时间，股价从 4.00 元最高上涨到 21.54 元，涨幅超过 438%。

　　如果投资者在前期分析出主力建仓的动作后，积极买入做多，持股一段时间后在任意时间点卖出，都将获得丰厚的收益。

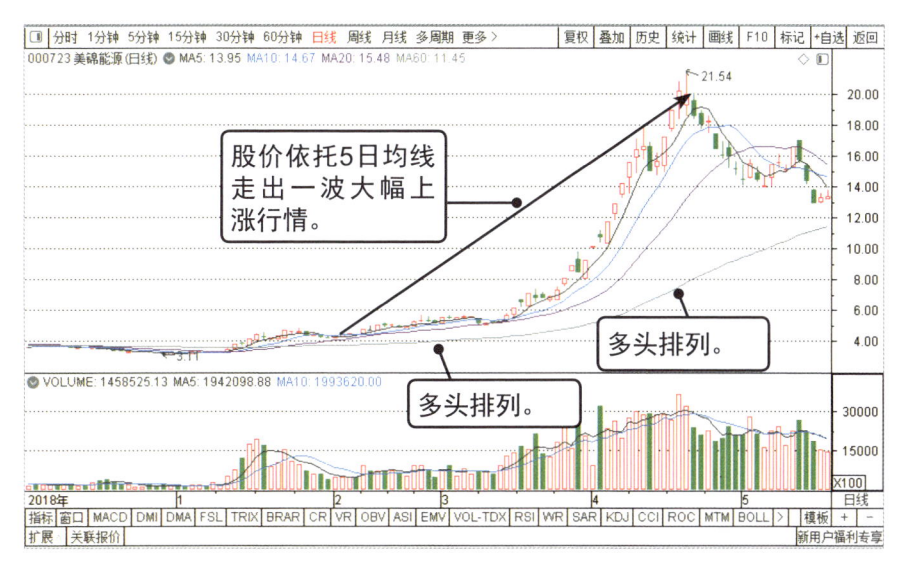

图6-11　美锦能源2018年12月至2019年5月的K线图

6.3.2　打压建仓，筹码快速聚集

主力资金为了获取更便宜的筹码，往往会在建仓阶段不断打压股价，一方面迫使投资者交出手中的筹码，另一方面则能以更低的成本收集更多的筹码。

打压式建仓在盘面上会呈现如下特点。

- 打压建仓过程中，当股价大幅下跌时，都会伴随着成交量的放大。因此，价跌量增是打压式建仓比较显著的特征之一。
- 打压建仓过程中，K线图上会留下非常恶劣的走势形态，如跳空下跌、大阴线等。
- 当主力建仓接近尾声的时候，总会在K线图上留下止跌企稳的信号，如底部十字星或者在底部收出大阳线。

在打压建仓的过程中，主力之所以能收获更多的廉价筹码，主要是由很多散户对市场的恐慌情绪导致的。他们在看到股价疯狂下跌的时候，不可能无动于衷，即使不全部抛出，也会适当减少持仓量，以降低风险。

在打压建仓时，股价会快速下跌，而成交量也应该有所放大，这样主力才能达到吸筹的目的。当主力打压力度很大时，筹码会快速向低位聚集，最终在主力成本附近形成筹码密集区。之后股价上涨突破低位密集峰就是投资者入场的时机。

理财贴士 快速打压时前期阶段高位筹码峰不转移的说明

随着股价的放量下跌，前期上涨阶段高位的筹码峰没有出现下移，股价在支撑位止跌上涨后再次向上突破高位筹码峰，此时可以证明之前阶段高位产生的筹码峰也是主力持有的。之后只用少量筹码就将股价打压下去，收集到更多的廉价筹码，当股价重新上攻突破高位筹码峰时就是散户入场的时机。

实例分析

达安基因（002030）打压建仓的筹码分布分析

如图 6-12 所示为达安基因 2016 年 10 月至 2018 年 2 月的 K 线图。

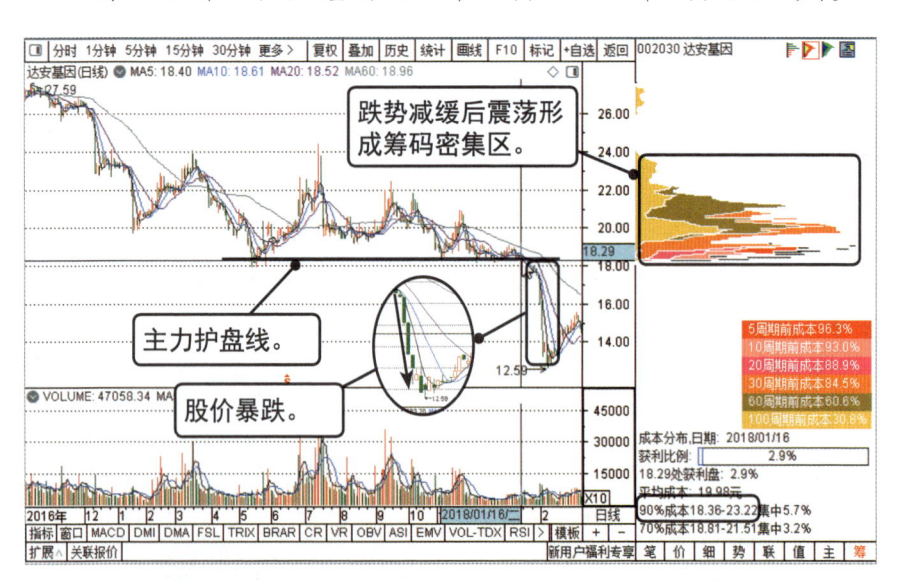

图 6-12　达安基因 2016 年 10 月至 2018 年 2 月的 K 线图

从图中可以看到，该股大幅下跌后于2017年5月中旬下跌到18.00元的价位线附近后跌势减缓，出现多次震荡反弹行情，反弹上涨时成交量放大，反弹结束下跌时成交量减少，且反弹的高点越来越低，但是反弹低点基本都受到18.00元价位线的支撑。这是主力进入的标志，股价每次下跌到18.00元价位线时受到的支撑就是主力护盘的行为。

最终在2017年12月初至2018年1月中旬进入横向整理的走势，股价在18.00元价位线附近窄幅波动。

观察此时的筹码分布图可以发现，从跌势逐步减缓开始，到2018年1月中旬的窄幅横盘整理结束时，上方高位筹码下移到股价震荡区间，并在18.00～24.00元的价格区间形成密集峰，市场中90%的筹码成本在18.36～23.22元。

之后股价出现一波急速下跌的行情，创出12.59元的新低，观察此时的成交量可以发现，成交量相对于前期横盘来说只有少许的变大。

如图6-13所示为达安基因2017年7月至2018年11月的K线图。

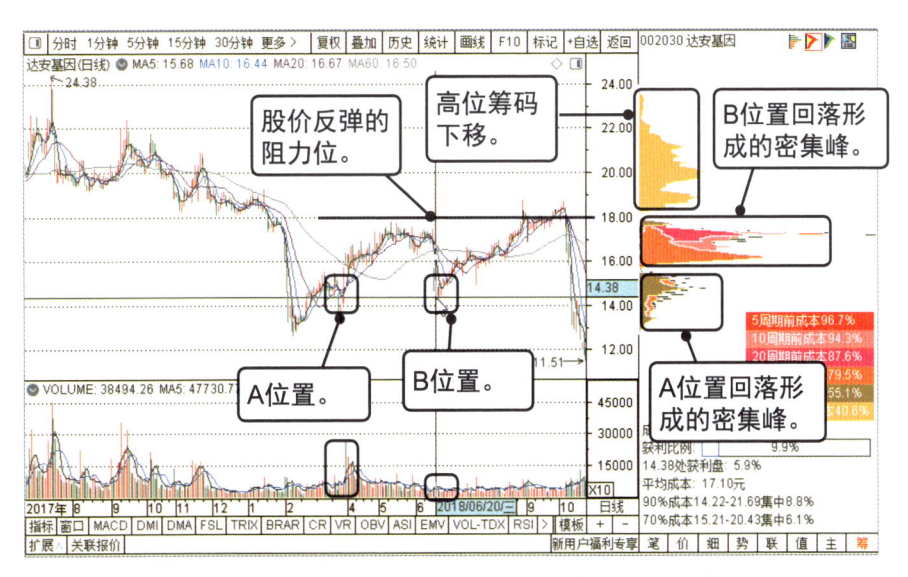

图6-13 达安基因2017年7月至2018年11月的K线图

从图中可以看到，该股在创出12.59元的阶段低点后，该股止跌回升，经历了一波较大幅度的震荡拉升行情，但是反弹两次触及18.00元的价位线时都受到明显的阻力滞涨。整个反弹期间，该股有过两次明显的回落。

在A位置回落后伴随着成交量放大，在B位置回落后成交量变化不大，但是两次回落在筹码分布图上均形成两个比较明显的筹码峰，说明18.00元上方的高位筹码开始下移到低位。

如图6-14所示为达安基因2017年7月至2018年11月的K线图。

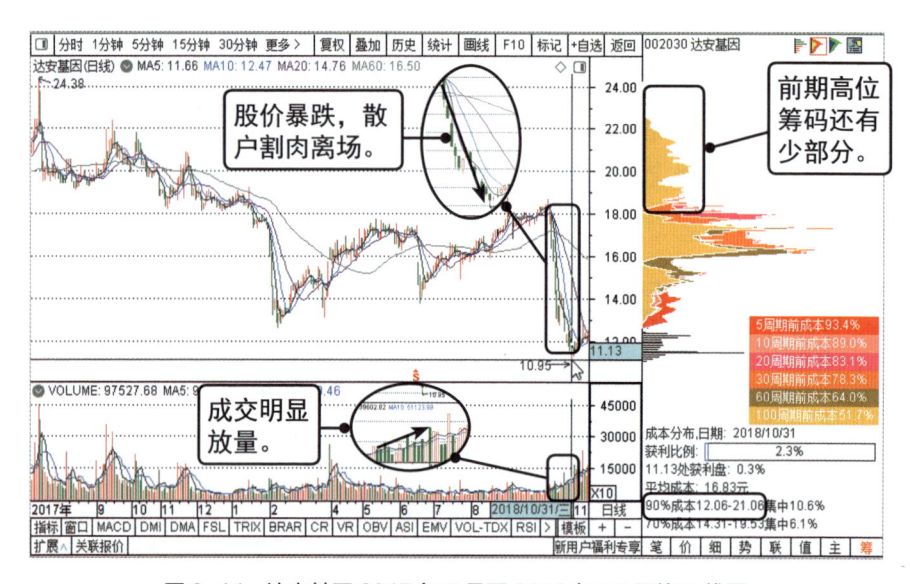

图6-14 达安基因2017年7月至2018年11月的K线图

从图中可以看到，该股在2018年10月上旬左右再次上攻18.00元的价位线时受阻，之后股价再次经历了一波快速下跌行情，短短半个月左右的时间，该股从18.00元上方下跌创出10.95元的低价，在整个下跌过程中，成交出现明显温和放量。

观察对应的筹码分布图可以发现，此时18.00元上方大部分的高位筹码已经下移，温和放量下跌说明主力已经收集了足够控盘的筹码，用少量筹码即可将股价快速打压出现暴跌行情。另一方面筹码快速下移后在低位聚集，也说明主力通过无量快速打压→无量反弹→温和放量打压这一轮操作，已经将成本向下拉低。通过筹码分布图也可以清晰地看到，此时市场中90%的筹码成本在12.06～21.06元之间。

如图6-15所示为达安基因2017年8月至2019年3月的K线图。

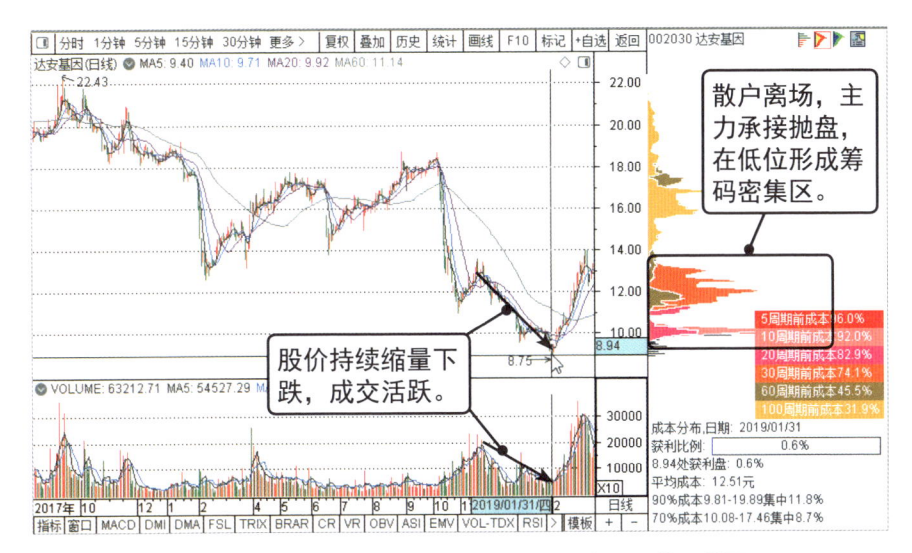

图6-15 达安基因2017年8月至2019年3月的K线图

从图中可以看到，该股温和放量快速下跌创出10.95元的低价后短暂反弹后继续下跌，整个下跌过程中成交出现了明显缩量。

但是整个市场成交相对前期而言明显活跃，成交量明显放大，这就说明了前期还比较坚定持有的散户在面对这样的暴跌和持续下跌行情时已经对市场产生了恐慌情绪，再次面对股价持续下跌时，已经经受不住煎熬，纷纷交出手中筹码。主力则顺势承接，在低位吸收大量的筹码进行建仓，继续拉低持仓成本，这也标志着主力打压建仓已经接近尾声。

从筹码分布图上也可以看到，高位筹码已经出现快速下跌，并且在之后一轮的持续缩量下跌走势中，多次出现低位筹码密集峰。

在通过这轮打压建仓操作后，市场中90%的筹码成本已经降低到了9.81～19.89元的价格区间。此时投资者就应该密切关注该股了，因为行情随时可能出现止跌反转。

如图6-16所示为达安基因2018年12月至2020年8月的K线图。

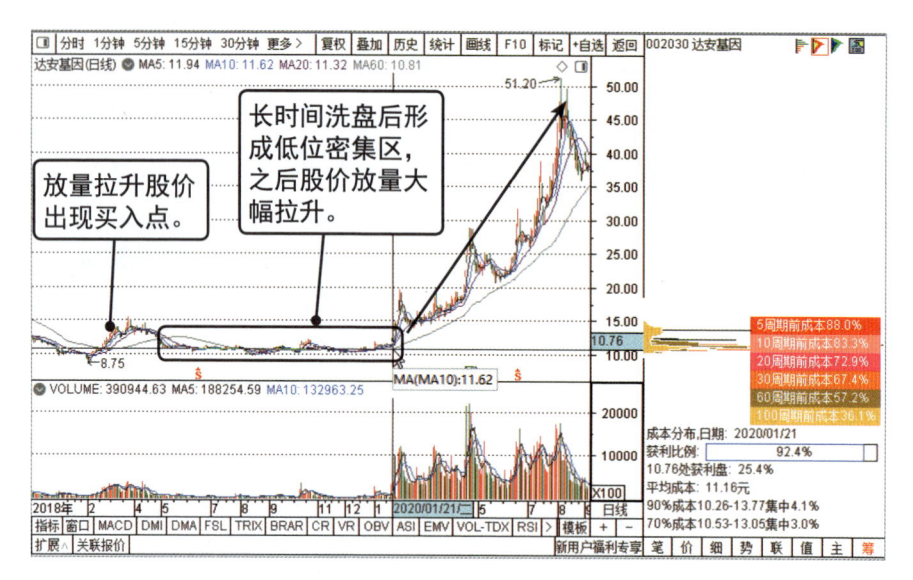

图 6-16　达安基因 2018 年 12 月至 2020 年 8 月的 K 线图

从图中可以看到，该股在 2019 年 1 月 31 日创出 8.75 元的最低价后止跌，之后股价放量拉升步入上涨，此时就是一个买入时机。

但是这里建议投资者不要满仓抄底，因为从图 6-15 的筹码分布图来看，虽然通过打压建仓，主力将成本拉低了，但是整个筹码分布图还相对比较分散，虽然高位可能仍然存在主力筹码，但是市场中可能还存在散户筹码，因此主力不会立即拉升，可能会再次进行洗盘操作。

从后市的走势来看，该股后市经历了一波长时间的横盘整理，将上方高位筹码全部转移到下方形成低位筹码密集区后，才开始真正拉升。这轮上涨也是十分可观的，从 10.00 元左右最高上涨到 51.20 元的最高价，翻了 5 倍。

6.4　解析主力洗盘的筹码分布图

主力在建仓过程中通常不会一步到位就完成所有仓位的建立。为了尽可能地掌握更多筹码，降低后市的拉升阻力，在建仓之后主力还会采取一系列的洗盘手法，清理掉前期套牢盘和短线获利盘。下面就来介绍两种比较常见的主力洗盘阶段的筹码分布图。只有洞悉了主力的洗盘手段，才不会被轻易清理出局。

6.4.1 震荡洗盘，筹码逐步集中

震荡洗盘是主力比较惯用的一种洗盘手法，其具体操作方法是：主力操纵股价在某一价格区间内反复波动。在较长时间反复震荡后，市场中的前期套牢盘和短期获利盘往往都会失去持股耐心而清盘出局，主力则趁机接盘，从而达到洗盘控盘的目的。

从筹码分布图来看，在不断震荡的过程中，上方套牢的筹码逐渐减少直至消失；而下方的获利筹码出现上移，使得套牢筹码和短期获利筹码在震荡价格区间内不断集中。

主力通过震荡洗盘的方式，也会将市场平均成本拉抬到震荡价格区间，最终筹码分布图中会形成新的筹码密集峰。这也是主力高度控盘的表现，一旦股价突破这个密集峰，拉升行情就开始了。

实例分析

北方华创（002371）宽幅震荡洗盘的筹码分布分析

如图6-17所示为北方华创2018年9月至2019年11月的K线图。

从图中可以看到，该股大幅下跌到2018年10月底后跌势减缓，之后创出35.69元的最低价后进入了一个横向整理阶段。在2019年1月，该股结束整理放量拉升股价步入上涨行情，并在3月中旬运行到80.00元的阶段高位附近，此时涨幅达到124%。

从筹码分布图来看，在出现翻倍上涨行情后，下方低位筹码并没有出现明显缩小，但是随着股价的不断上涨，盘中出现了大量的短线获利盘，

这部分筹码和前期的套牢盘都会对股价的继续拉升形成阻力。

为了更好地实施操盘计划，主力此时采取了震荡洗盘的策略，之后股价进入了长达 9 个多月的横盘震荡走势中。

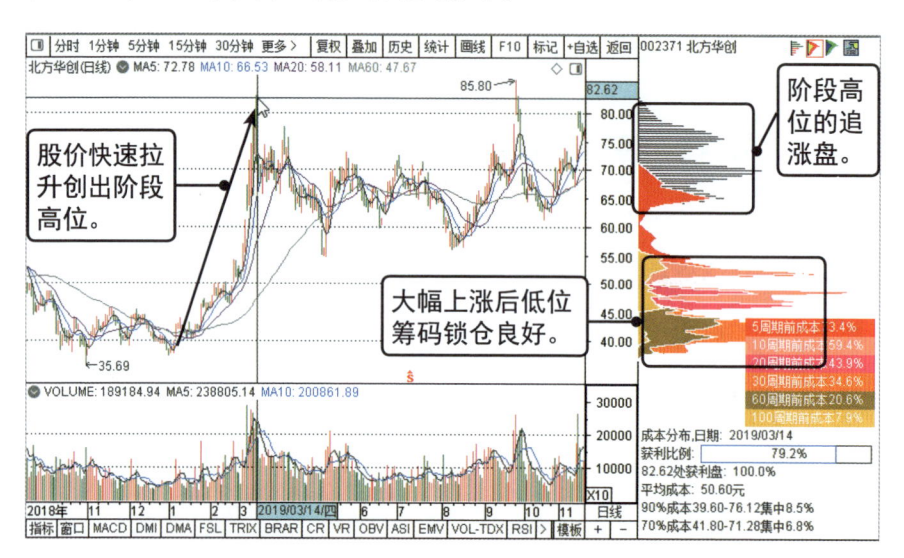

图 6-17　北方华创 2018 年 9 月至 2019 年 11 月的 K 线图

如图 6-18 所示为北方华创 2018 年 12 月至 2020 年 2 月的 K 线图。

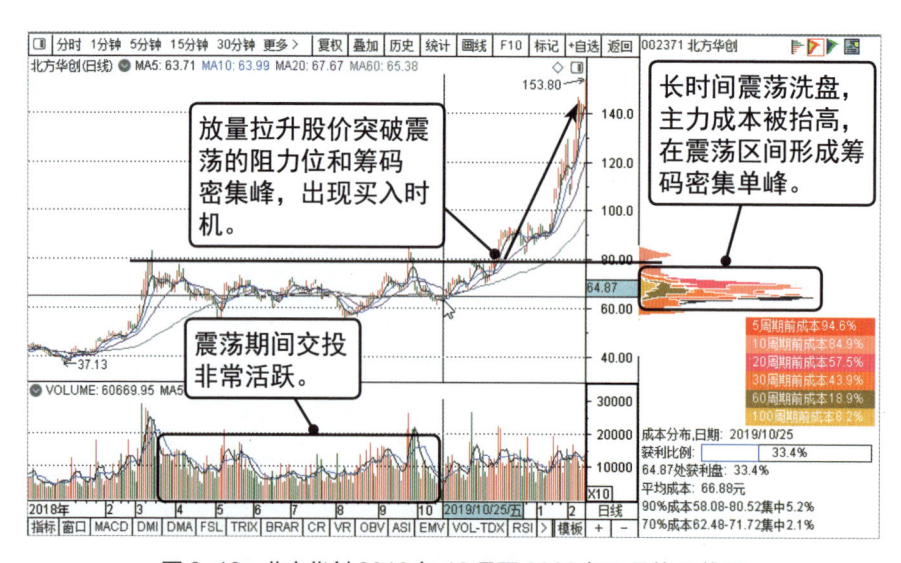

图 6-18　北方华创 2018 年 12 月至 2020 年 2 月的 K 线图

从图中可以看到，在 9 个多月横盘整理过程中，交投比较活跃，也充分展示了套牢盘和获利盘在震荡期间被震荡出局，在筹码分布图上前期阶段高位形成的筹码下移，下方获利盘也纷纷抛售，低位筹码上移。并且通过长时间震荡洗盘，此时主力成本被抬高，最终在 60.00～80.00 元的价格区间形成筹码单峰。

此时可以判断出主力在长时间的震荡行情中洗盘彻底，筹码高度集中也显示了主力的高度控盘。因此，该股后市走势非常可期，投资者要密切关注该股走势。

在 2019 年 10 月下旬，股价止跌回升，股价放量拉升突破前期震荡高位与筹码密集峰，拉升行情正式启动，此时即为一个非常不错的买入时机。之后股价依托 5 日均线一路震荡攀升，最高上涨到 153.80 元，翻倍上涨。

6.4.2 打压洗盘，部分低位筹码上移

大部分散户投资者都抱有投机的心态，一旦股价走势变坏，就会抛售持股，落袋为安。而打压洗盘就是主力通过不断主动抛售持股，使得股价走势变坏，诱使前期套牢盘和获利盘卖出持股，主力则趁机收集更多的筹码，对股价形成高度控盘状态，从成交量上来看，打压洗盘的尾声，成交会不断缩量，甚至出现地量状态。

从筹码分布图来看，随着股价被不断打压，会出现下方筹码减少，部分筹码上移的现象，上移的筹码就是经过打压洗盘逐渐转移到主力手中的浮筹，虽然下方筹码会减少，但是大部分低位筹码还是维持在低位，这部分筹码即为主力筹码。在主升行情没有到来之前，其变化都不会太明显。

通常在打压洗盘阶段，主力不会放任股价一直下跌。股价通常都会在均线位置、筹码峰位置或者前期重要低位获得支撑，这是主力护盘的一种行为，这也更加证明了主力的洗盘意图。一旦股价获得支撑止跌，就是投资者入场或者加仓的时机。

实例分析

亚厦股份（002375）打压洗盘的筹码分布分析

如图6-19所示为亚厦股份2016年11月至2018年11月的K线图。

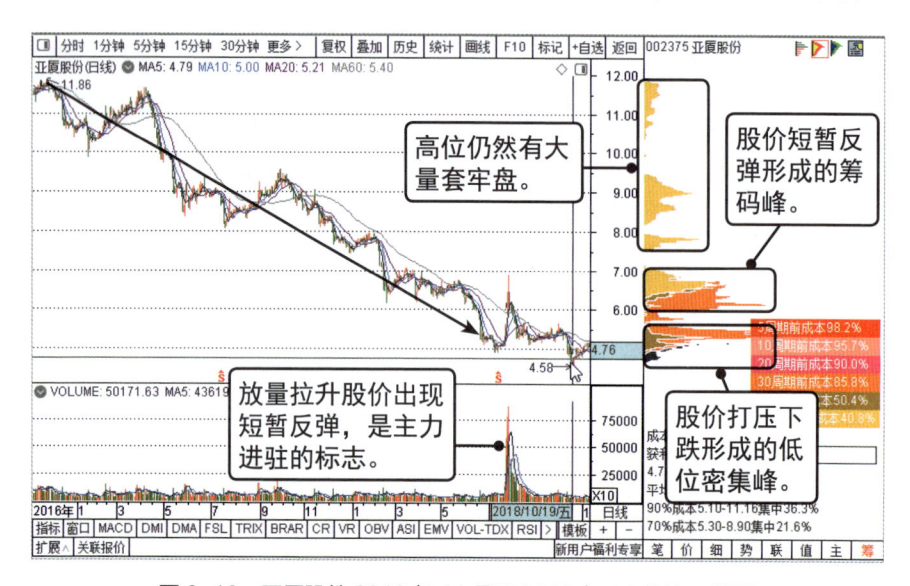

图6-19 亚厦股份2016年11月至2018年11月的K线图

从图中可以看到，该股大幅下跌后在2018年7月运行到5.00元的价位线附近止跌，之后股价放巨量出现一波短暂的反弹行情，在筹码分布图上出现一个明显的筹码密集峰，因此判断这一阶段的放量可能是主力资金入驻。

之后股价反弹见顶后出现下跌，但是成交量相对前期的下跌行情而言也是明显放大，可以判断这是主力打压建仓的一种手段。

之后股价继续缩量下跌，并在2018年10月19日创出4.58元的最低价，筹码分布图中再次出现一个低位密集峰。

除了低位的两个明显筹码峰以外，高位还存在大量的套牢盘，说明主力吸筹不够。

如图6-20所示为亚厦股份2016年11月至2019年3月的K线图。

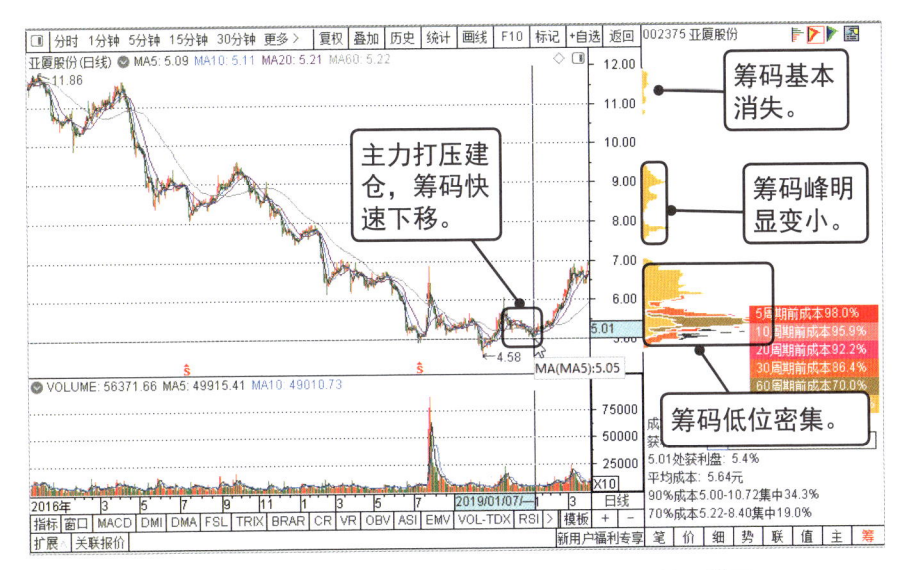

图6-20　亚厦股份2016年11月至2019年3月的K线图

从图中可以看到，该股在创出4.58元的最低价后出现了止跌回升的走势，但是股价在触碰6.00元的价位线时受阻，此时成交量相对前期明显放大，之后股价持续下跌，并在5.00元的价位线获得支撑。

观察此时的筹码分布图可以发现，11.00元上方的高位筹码基本消失，9.00元和8.00元附近的套牢盘也出现了明显减少，此时大部分筹码被集中到了5.00~7.00元的价格区间，说明主力经过两次打压操作后完成了建仓操作。之后股价企稳回升步入上涨行情中。

如图6-21所示为亚厦股份2019年3月至2020年6月的K线图。

从图中可以看到，该股之后放量拉升股价触及7.00元价位线滞涨，观察此时的筹码分布图可以发现，上方高位筹码只有少许，但是随着股价的上涨，在上涨的阶段高位出现了许多追涨盘，这些筹码会对后市的拉升形成较强的阻力，因此主力需要通过洗盘将这部分浮筹清理出局。

之后该股出现了一波长达11个多月的打压下跌走势。

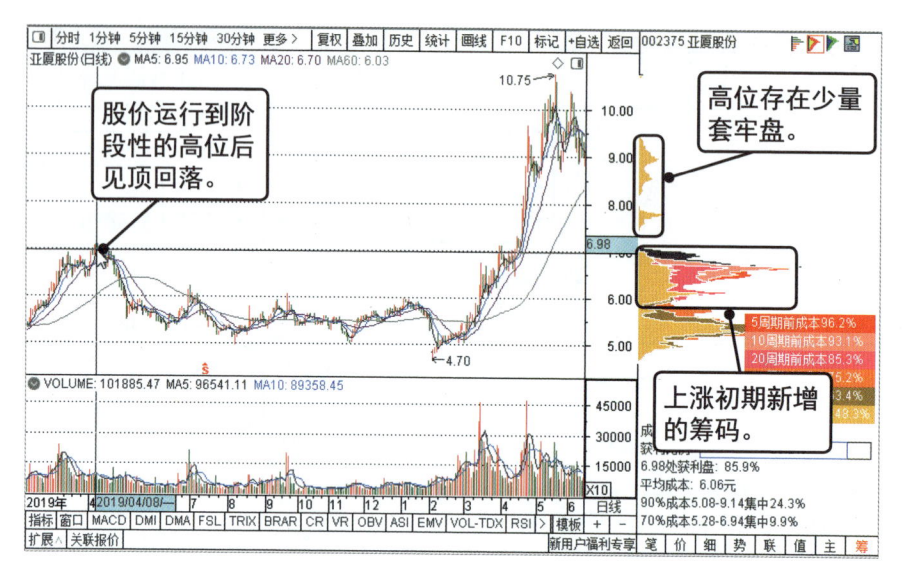

图 6-21　亚厦股份 2019 年 3 月至 2020 年 6 月的 K 线图

如图 6-22 所示为亚厦股份 2018 年 10 月至 2020 年 8 月的 K 线图。

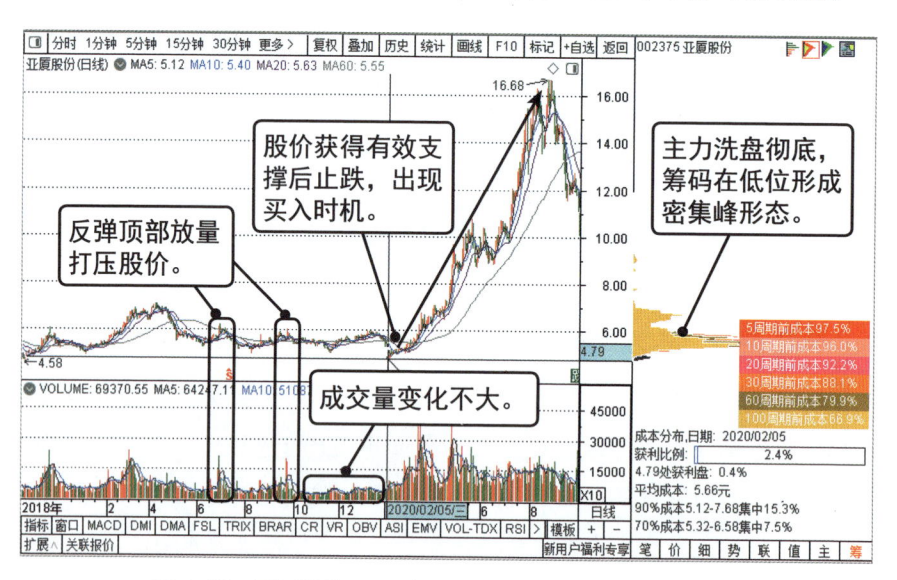

图 6-22　亚厦股份 2018 年 10 月至 2020 年 8 月的 K 线图

从图中可以看到，在整个打压下跌过程中，也出现过几次明显的反弹行情，每次反弹高点成交量都出现明显放大，之后股价被打压继续下跌，这是很明显的主力打压洗盘的手法。在 2019 年 10 月之后，股价的反弹和下跌，成交量变化都不大，而且相对于前期的成交量来说，出现了明显的缩量，说明洗盘接近尾声。

从筹码分布图上来看，随着股价的不断打压，下方低位筹码出现了少许减少，而上方高位的筹码基本被转移到低位，最终股价在 5.00～7.00 元的价格区间形成低位密集峰，说明主力高度控盘。

此时股价也在 5.00 元价格线附近获得支撑，通过前面的分析也可以知道，这个价位是比较可靠的支撑位。因此，在之后止跌放量拉升股价的时候，就是散户买进的时机。

从后市的走势来看，该股一路大幅上涨，最高上涨到 16.68 元，出现 3 倍上涨的行情，如果投资者分析出主力洗盘结束时积极买入，持股一段时间后在之后的任意时间点卖出，都将获得不错的收益。

6.5 解析主力拉升的筹码分布图

经过建仓和洗盘之后，主力资金将迎来拉升阶段。对散户投资者而言，拉升过程是投资最安全的阶段，也是最有可能获利的阶段，能否把握这个阶段，也可以从筹码分布图上来分析。

6.5.1 暴涨拉升，筹码跳跃上移

暴涨拉升是指股价在短时间内，被主力连续大幅度拉升。这种拉升方式使股价的上涨更为凶猛，大有一去不回头之势。在 K 线走势图上，多以大阳线出现，或以一字涨停或 T 形线连续涨停。这种拉升行情的成交量不一定会放大，有时甚至还出现缩量或者地量形态。

股价要想达到快速暴涨，那么必定市场中的拉升阻力非常小，或者无

拉升阻力，这就要求大部分筹码必须牢牢控制在主力手中。在暴涨拉升之前，主力在建仓阶段必须吸收足够的低价筹码，且在洗盘过程中要将浮筹彻底清洗。

从筹码分布图来看，在暴涨拉升之前，筹码分布图上通常会出现低位筹码密集峰。当股价出现快速暴涨行情时，部分筹码会出现跳跃式上移，筹码分布图上呈现出快速发散的形态。但是此时的低位筹码仍然大量存在，在这种情况下，投资者可以放心追涨。

实例分析

章源钨业（002378）暴涨拉升的筹码分布分析

如图6-23所示为章源钨业2020年3月至2021年2月的K线图。

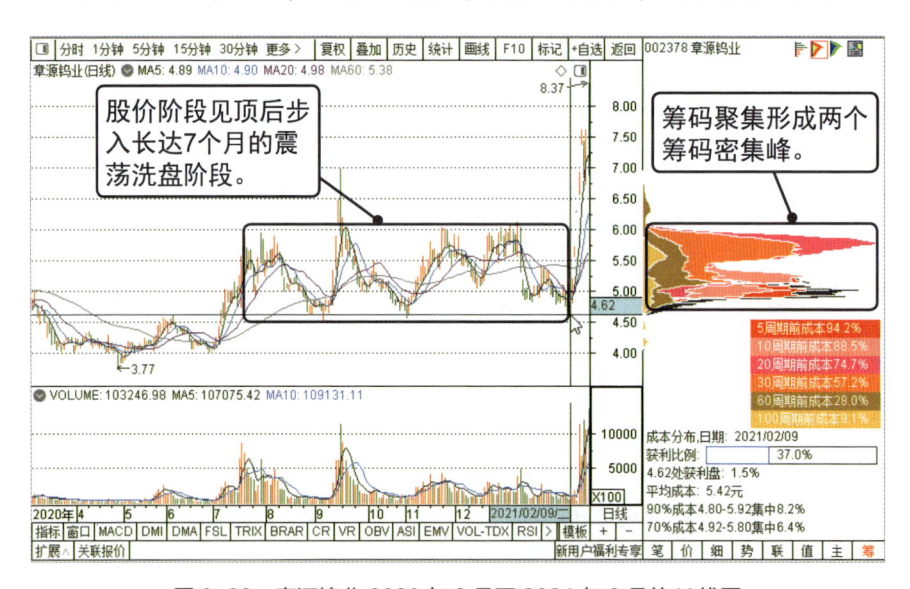

图6-23　章源钨业2020年3月至2021年2月的K线图

从图中可以看到，该股在2020年4月底创出3.77元的最低价后企稳回升步入震荡拉升的行情。在股价上涨突破5.50元的价位线后快速阶段见顶回落，之后股价步入长达7个月的横盘震荡阶段。在整个整理阶段，筹码逐步向5.50～6.00元的价格区间聚集，并形成密集峰单峰形态。

在 2021 年 1 月，股价再次触及 6.00 元价位线时快速回落，并在 4.50 元的价位线处止跌，这是主力震荡洗盘的最后下跌震荡。前期还坚持的获利盘经受不住长时间震荡，在这一下跌中松动了，纷纷抛售，而主力也在这一下跌中收获了大量的低位筹码，使得筹码分布图在 4.50～5.50 元的价格区间出现一个低位密集峰。

通过股价前期震荡走势来看，股价震荡下跌始终受到 4.50 元价位线的支撑，因此可以判断这个价位的支撑作用非常可靠。此时股价止跌并形成低位密集区，很大程度上可以判定主力洗盘结束，后市可能随时拉升，激进的投资者此时可以少量建仓。

如图 6-24 所示为章源钨业 2020 年 11 月至 2021 年 3 月的 K 线图。

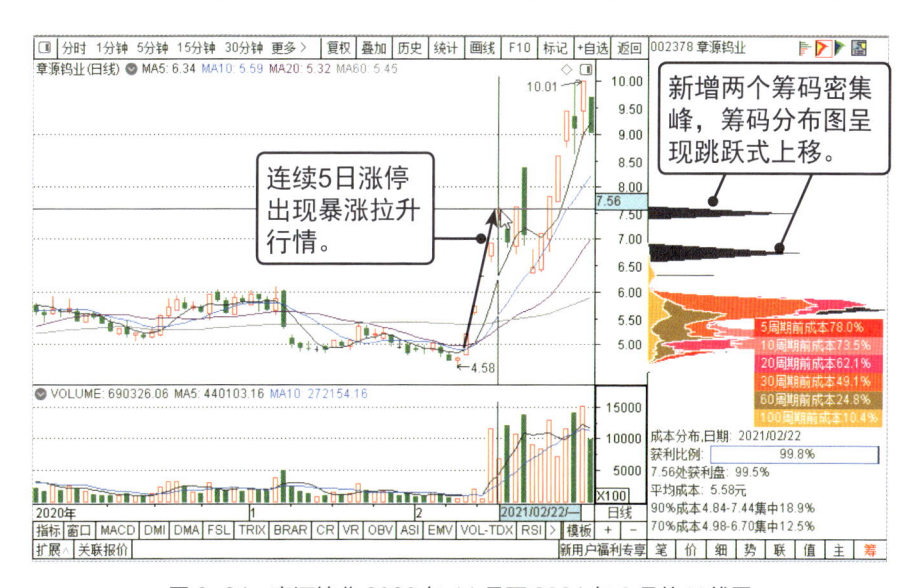

图 6-24　章源钨业 2020 年 11 月至 2021 年 3 月的 K 线图

从图中可以看到，该股在 4.58 元获得支撑止跌，此时成交量已经非常小了，之后股价连续出现 5 个涨停板的暴涨拉升，前 3 个涨停板是地量拉升，后两个涨停板是放量拉升，并且这两个涨停拉升分别在筹码分布图上形成两个密集单峰，筹码分布呈现跳跃式上移，而下方低位筹码密集区的筹码形态变化不大，说明了此时主力正在拉升股价。投资者可以积极逢低吸纳，坚定持股。

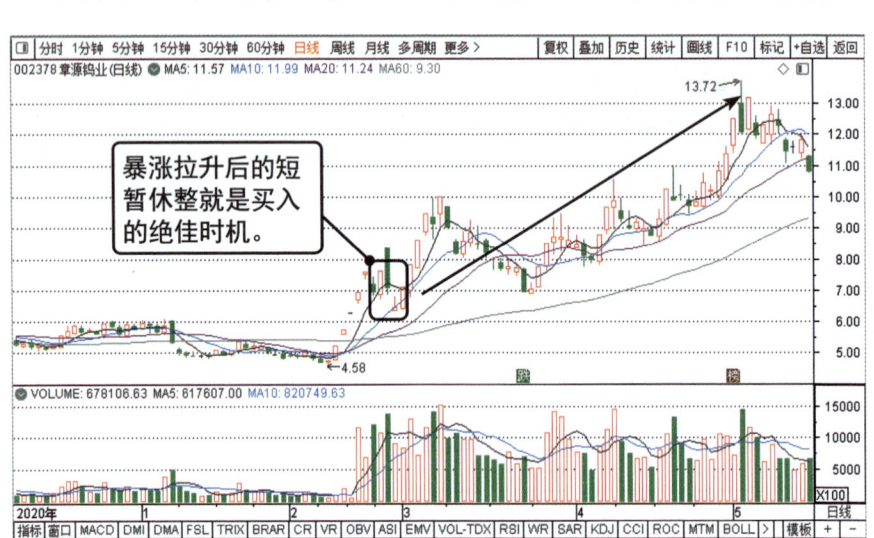

如图 6-25 所示为章源钨业 2020 年 12 月至 2021 年 5 月的 K 线图。

图 6-25　章源钨业 2020 年 12 月至 2021 年 5 月的 K 线图

从图中可以看到，该股在连续 5 个涨停的暴涨后出现短暂修正，这就是投资者建仓的好时机，此时的建仓成本在 7.00 元左右。之后股价一路震荡拉升，短短两个多月的时间，股价最高上涨到 13.72 元，涨幅达到 96%。如果投资者操作得好，至少也会有 90% 以上的收益。

6.5.2　对倒拉升，筹码滚动上移

任何人或者机构都不能准确预判行情的底部，因此主力也可能错过在底部连续建仓的时机。在牛市行情中，虽然主力在底部完成了建仓，但是其持仓量可能并没有达到控盘状况。在这种情况下，主力就会采用对倒拉升的手法，将股价由最初的低位拉到高位。

对倒拉升运作手法是在拉升股价时主力在盘中自买自卖，通过大单成交优势将股价推高，同时吸引跟风盘入场，共同推高股价，主力也能节约

一定的资金。从筹码分布图上来看，就是筹码一步步滚动上移，即下方低位筹码相对减少后转移到上方形成新的密集峰。

需要特别注意的是，新密集峰形成时，原来的相对低位密集峰并没有消失，此时投资者可以积极买入，持股待涨。如果投资者在盯盘时发现，新密集峰增大的同时，原来的相对低位密集峰出现迅速变小的形态，则说明主力不通过对倒手法拉升股价，而是在疯狂出货，此时投资者就要谨慎操作了，不要盲目追涨。

实例分析

双象股份（002395）对倒拉升的筹码分布分析

如图6-26所示为双象股份2018年8月至2019年5月的K线图。

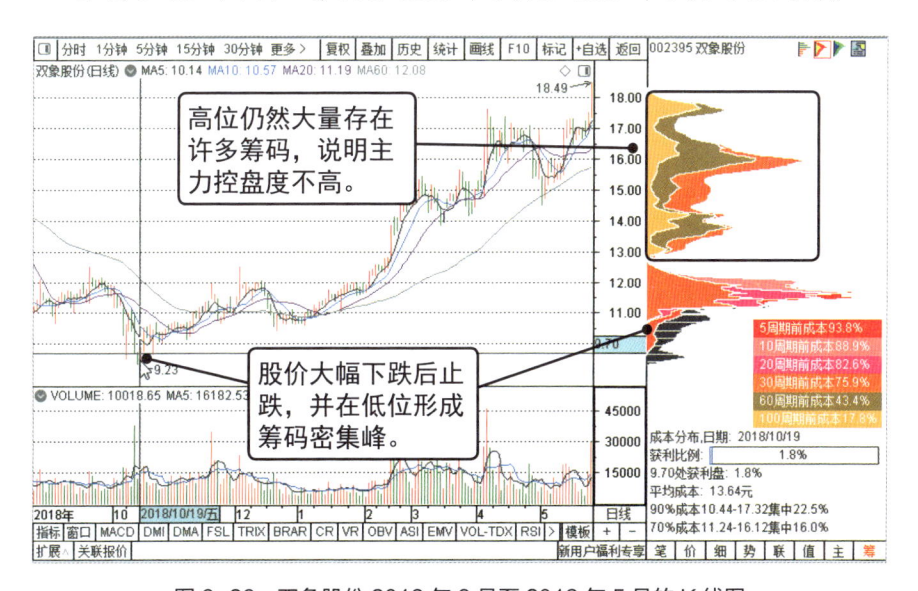

图6-26　双象股份2018年8月至2019年5月的K线图

从图中可以看到，该股大幅下跌后于2018年10月19日创出9.23元的最低价后企稳回升。观察此时的筹码分布图可以发现，虽然在行情底部出现了筹码密集峰，但是上方仍然存在大量的套牢盘，主力手中持有的筹码并不多。

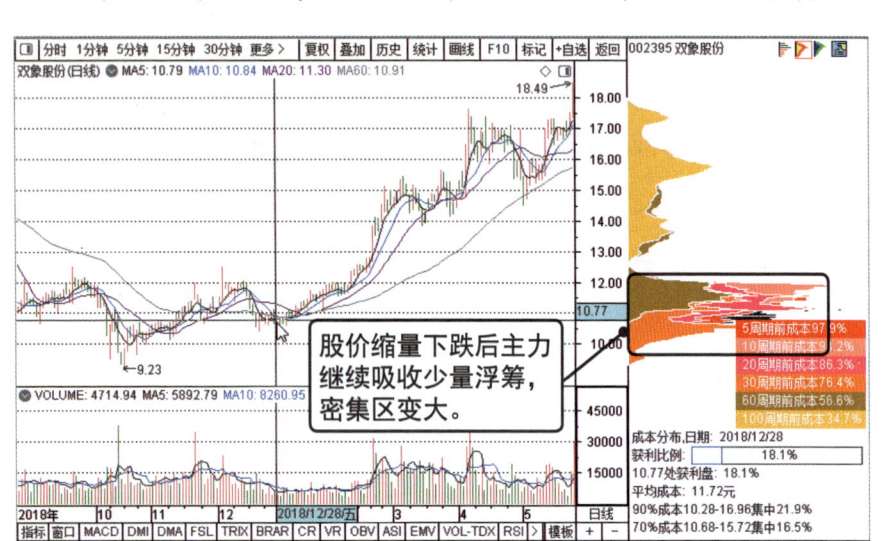

如图 6-27 所示为双象股份 2018 年 8 月至 2019 年 5 月的 K 线图。

图 6-27　双象股份 2018 年 8 月至 2019 年 5 月的 K 线图

从图中可以看到，该股行情见底回升后经历了一波上涨，在股价运行到 12.00 元的价位线时受阻，行情出现缩量下跌走势，这是主力常见的一种洗盘策略。

但是观察此时对应的筹码分布图可以看到，虽然经过这一轮洗盘后，部分套牢盘和短期获利盘被清理出局，但是高位仍然存在大量筹码。短时间内，这些高位筹码是不能全部清理掉的。

如图 6-28 所示为双象股份 2018 年 9 月至 2019 年 6 月的 K 线图。

从图中可以看到，该股在 2018 年 12 月底止跌后便步入上涨行情，均线很快出现多头排列，行情呈现良好的涨势。

股价上涨到 2019 年 3 月出现阶段顶部，观察此时的筹码分布图可以发现，低位筹码出现了相对减少，但是在 14.00 元附近却新增了明显的高位筹码峰。对应的成交量在 2019 年 2 月股价快速上涨时出现明显放大，这就意味着在股价上涨过程中，主力资金通过对倒操作，卖出低位筹码，同时在高位买入适当筹码，从而抬高股价。此时即为投资者买入的时机，投资者要积极买入做多，持股待涨。

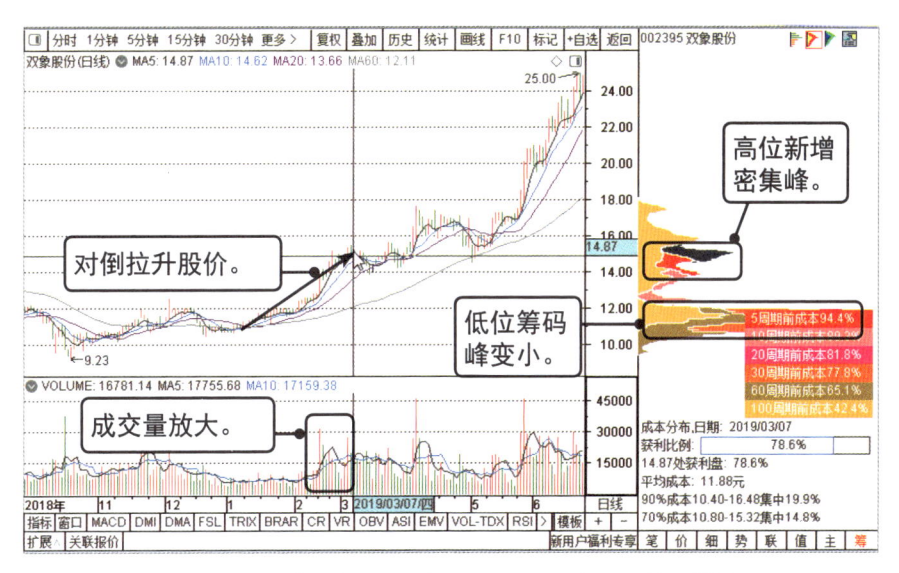

图 6-28　双象股份 2018 年 9 月至 2019 年 6 月的 K 线图

如图 6-29 所示为双象股份 2018 年 10 月至 2019 年 8 月的 K 线图。

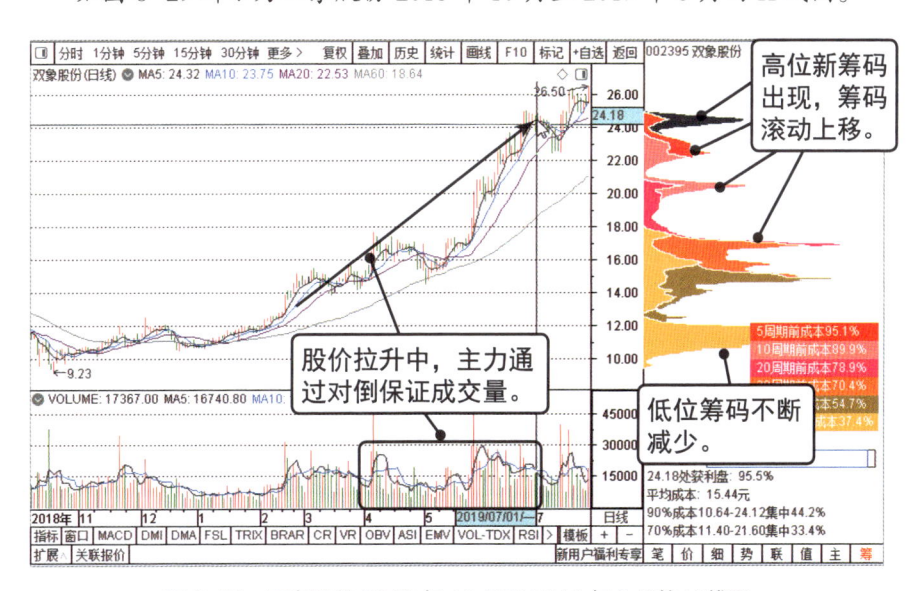

图 6-29　双象股份 2018 年 10 月至 2019 年 8 月的 K 线图

从图中可以看到，之后股价继续对倒拉升，主力不断通过对倒让成交量保持在高位，筹码分布图中低位筹码峰继续变小，高位也不断出现新的筹码峰，呈现出滚动上移的特点。只要低位筹码峰不快速消失，每一次拉升过程中的回调，都是投资者的加仓时机。

6.6 解析主力出货的筹码分布图

当主力将股价拉升至高位后，达到操盘目标后就要准备出货操作了。出货对主力而言，是最为关键的一环，因为它是主力长时间操盘后的收益体现。

主力出货的手段也有很多，如拉高出货、震荡出货、对倒出货等。无论以哪种方式出货，在筹码分布图中都能发现主力的出货痕迹。下面将针对两种比较常见的出货方式来分析其筹码分布图的变化。

6.6.1 震荡出货，筹码缓慢上移

高位震荡出货是最常见的一种主力出货手法。当主力的持仓量比较大，且出货时间比较充足时，一般都会采用这种方式出货。高位震荡出货的盘面特点是：

- 股价被大幅拉升到一个高位，之后股价会在高位维持一段时间，而这段时间内，主力会把股价控制在一个价格的范围内波动，使自己能以尽可能高的价格卖出筹码。

- 高位震荡出货的时间比较长，因为筹码厚重，加上前期获利盘较多，主力需要较长的时间出货，以保证其出货价格在理想的区间内，所以2~3个月的震荡周期比比皆是。

- 高位震荡出货时，在行情末端往往会出现放量的中阴线或大阴线，并且会在短时间内跌破平台，进入下跌通道。

从筹码分布图来看，高位震荡出货时，筹码会缓慢向上移动。当主力震荡出货结束后，散户筹码一般将集中在高位震荡区域，成为接下来下跌趋势中的套牢盘。而且这些筹码在高位震荡也容易形成高位单峰形态，一旦股价形成高位筹码单峰密集形态，那么股价后市的下跌将是非常惊人的。

实例分析

长江健康（002435）震荡出货的筹码分布分析

如图6-30所示为长江健康2020年6月至2021年6月的K线图。

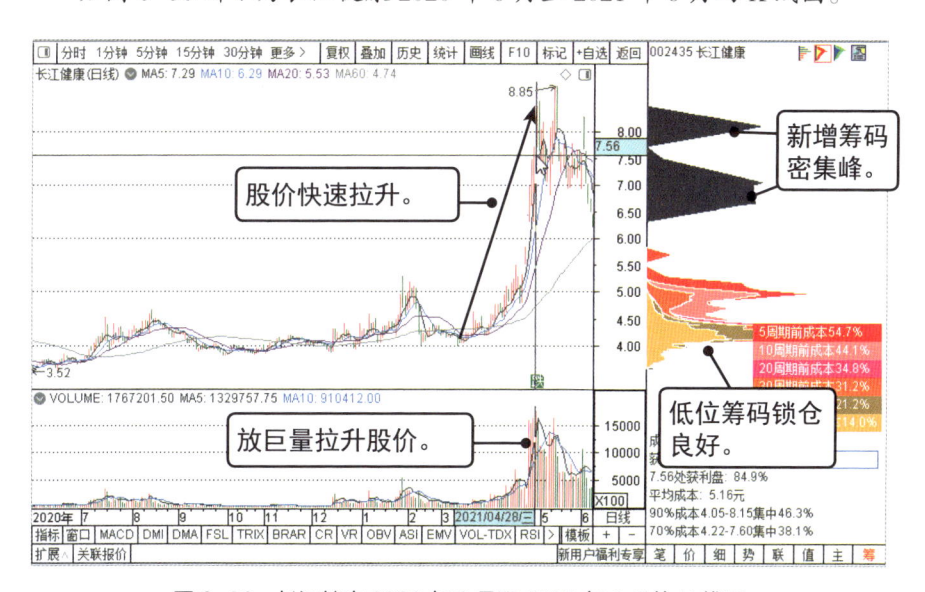

图6-30　长江健康2020年6月至2021年6月的K线图

从图中可以看到，该股在2021年3月之前，整个上涨呈现出长时间大幅震荡缓慢上涨的走势。在2021年3月之后，该股出现了快速拉升的行情，并在4月下旬放出巨量拉升股价出现暴涨。

观察2021年4月28日的筹码分布图可以发现，在行情出现暴涨后，下方低位筹码锁仓良好，但是在高位却出现两个较大的筹码密集峰。行情是否见顶了呢？下面继续分析后市走势。

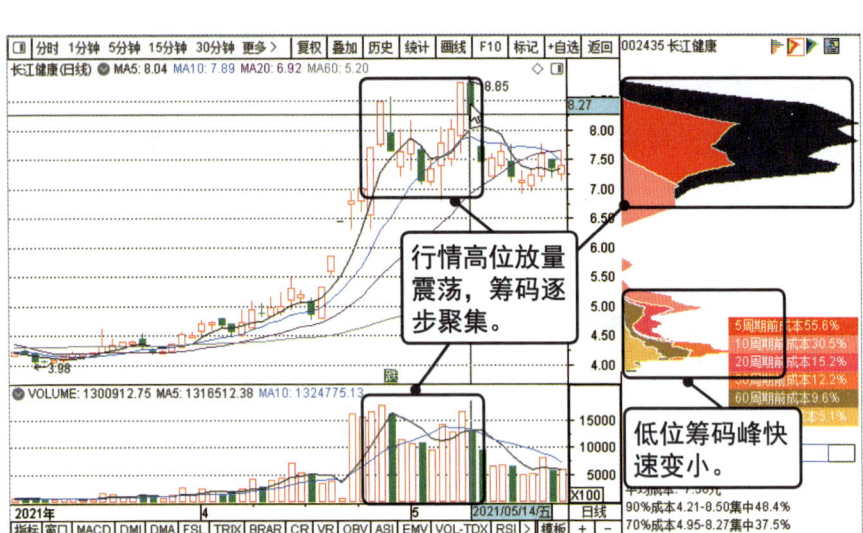

如图 6-31 所示为长江健康 2021 年 3 月至 5 月的 K 线图。

图 6-31　长江健康 2021 年 3 月至 5 月的 K 线图

从图中可以看到，该股之后滞涨，在高位出现横盘震荡的走势，并在 5 月 14 日创出震荡高价 8.85 元。观察这一期间的成交量可以发现，在整个震荡期间，成交量相较前期上涨而言出现明显放大。

观察此时对应的筹码分布图可以发现，下方筹码峰出现快速变小的现象，而高位筹码密集峰却出现快速变大的走势，说明主力高位滞涨可能是在出货，稳健的投资者此时可以卖出部分持仓。

如图 6-32 所示为长江健康 2021 年 6 月至 9 月的 K 线图。

从图中可以看到，该股继续震荡，但是始终受到前期震荡低位的有效支撑，在 7.00 元的价位线附近止跌。在 6 月 1 日，该股跳空高开后一路走低，当日放量收出带长上影线的中阴线。

观察此时的筹码分布图可以发现，下方低位筹码在这两个月左右的震荡行情中已经快速转移到了上方，并在高位形成筹码单峰密集形态，更加确定了股价高位震荡时主力出货的表现，而且此时下方筹码所剩无几，说明主力出货已经接近尾声，此时投资者要果断清仓出局。

之后股价连续 10 日阴线报收拉低股价跌破高位筹码密集峰，步入下跌通道中，如果投资者在高位震荡期间没有及时离场，将在后市的大幅下跌行情中损失严重。

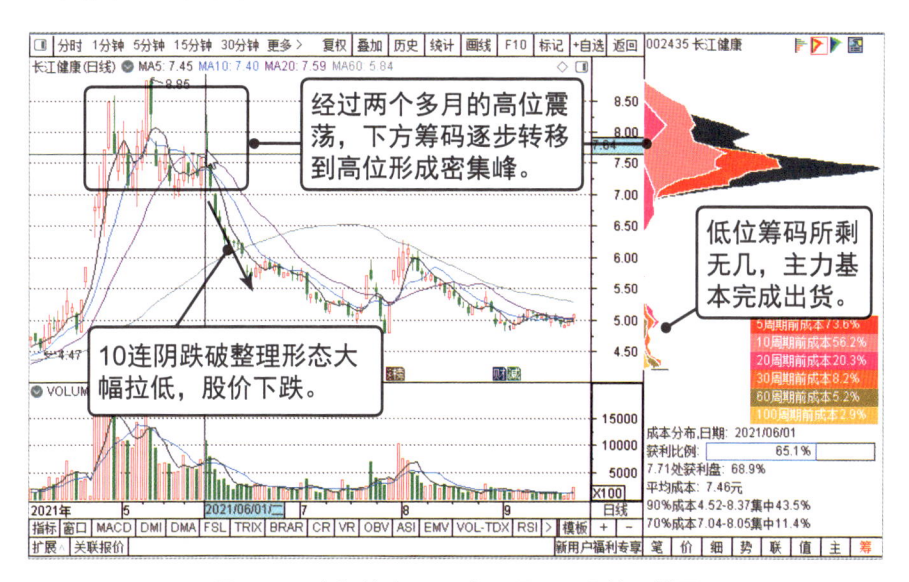

图 6-32　长江健康 2021 年 6 月至 9 月的 K 线图

6.6.2　边拉边出，筹码快速上移

在人气最旺的时候，主力资金预先在上涨前预埋好买单，然后借助大势向好人气旺盛，一路带着散户向上攻。

追涨热情不足时，主力资金就亲自出马，大笔吃掉几个卖单，向上打开上涨空间。等散户的热情被激发起来，主力资金就停止买进，转向卖出，把筹码让散户去吃。这样始终维持股价上涨，但实际上庄家买得少卖得多，在悄悄出货。

要找到主力是否在边拉边出的迹象，也需要从成交量上着手。通常如果主力在拉高过程中出货，成交量会比之前单纯拉高时大出很多，并且可能是持续一段时间的成交量放大。

而从筹码分布图上也可以看出一些端倪。因为主力在拉升过程中出货，筹码必然会向上转移，如果突然发现上方筹码增长速度过快，那么很有可能是主力已经在此位置出货了。

实例分析

垒知集团（002398）边拉升边出货的筹码分布分析

如图 6-33 所示为垒知集团 2019 年 1 月至 2020 年 8 月的 K 线图。

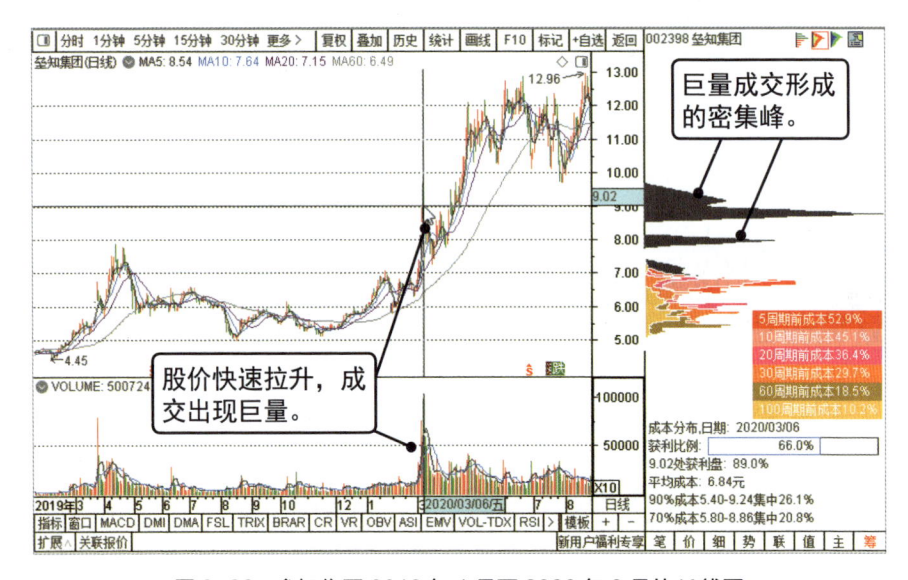

图 6-33 垒知集团 2019 年 1 月至 2020 年 8 月的 K 线图

从图中可以看到，该股前期上涨到 8.00 元价位线下方时阶段性见顶，之后股价经历了长达 8 个月左右的震荡回调洗盘阶段，经过这一波操作，此时市场中大部分筹码集中在 5.00～7.00 元价格区间。

2019 年 12 月初，股价企稳回升重拾升势，在 2020 年 3 月初放量拉升股价突破前期的阶段高点，运行到 8.00 元价位线上方。从成交量来看，股价在前期阶段性见顶回落后到股价止跌重拾升势开始，整个成交量变化都不大，但是 2020 年 3 月初放量拉升的成交出现明显的天量成交。

观察此时的筹码分布图可以发现，此时放天量拉高股价的过程中，在8.00元价位和9.00元价位突然出现非常明显的两个筹码密集峰，且密集峰异常大。此时的筹码密集峰不可能是追涨盘造成的，只能是主力行为，可能是主力主动拉升股价，也可能是主力借拉升开始布局出货，毕竟股价从5.00元左右上涨到此时的9.00元附近，已经有80%的涨幅了。

如图6-34所示为垒知集团2019年1月至2020年8月的K线图。

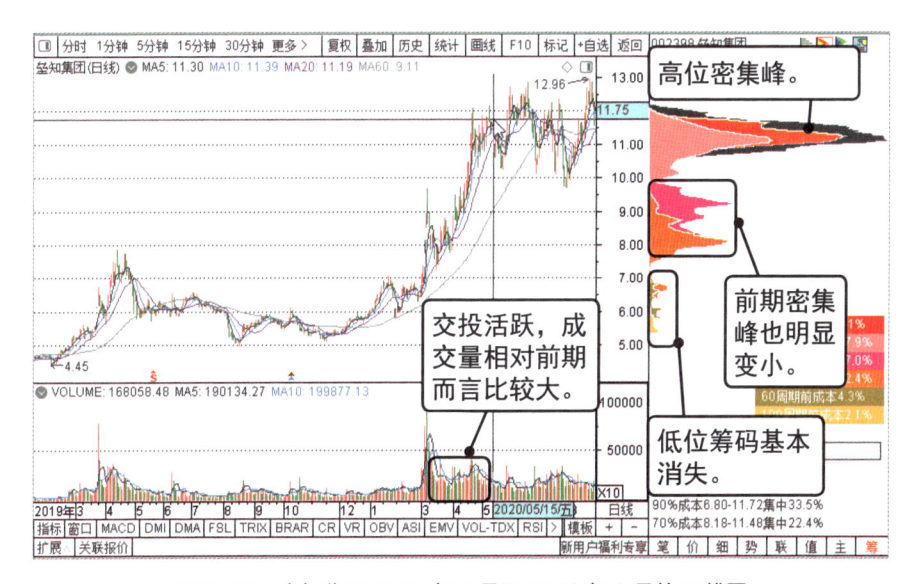

图6-34 垒知集团2019年1月至2020年8月的K线图

从图中可以看到，该股在连续几天放出较大成交量拉升股价后，该股出现了短暂的回调，但是股价下跌快速受到均线支撑止跌，之后股价继续上涨，在2020年5月中旬上涨到12.00元价位线附近后滞涨。

观察此时的成交量可以发现，在短暂回调时成交出现了明显缩量，但是整个短暂回调及之后的拉升过程中，成交量相对上涨初期和之前长时间的下跌来说，也是明显放大。

同时，观察此时对应的筹码分布图可以发现，短短两个多月的时间，高位新筹码出现的速度非常快，并且在11.00～12.00元价格区间形成高位密集峰，下方5.00～7.00元价格区间的筹码所剩无几，之前在8.00元和9.00

元出现的密集峰也出现快速变小的形态。这是主力边拉边出货的重要表现，而且下方筹码已经比较少了，说明主力已经完成了大部分筹码的派发，此时投资者要谨慎追涨。

如图 6-35 所示为垒知集团 2020 年 4 月至 2021 年 8 月的 K 线图。

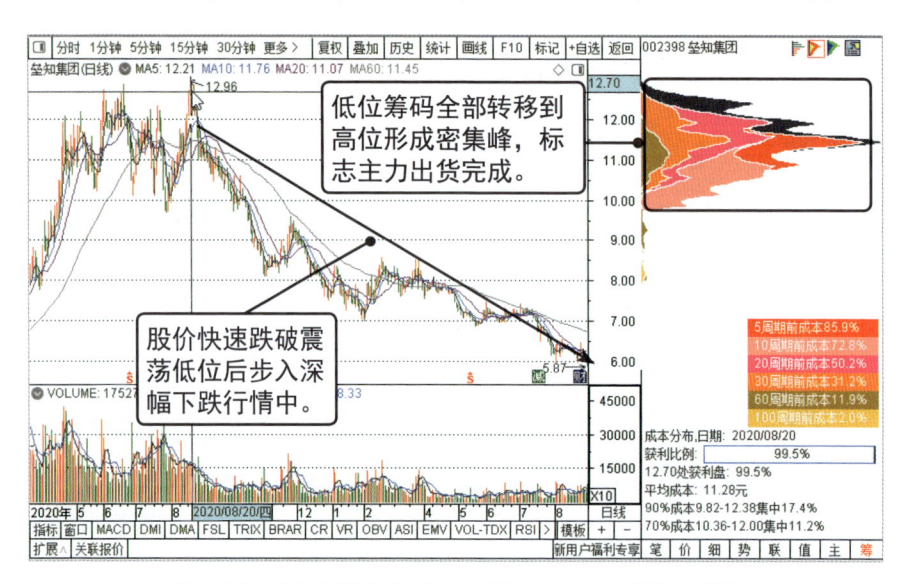

图 6-35　垒知集团 2020 年 4 月至 2021 年 8 月的 K 线图

从图中可以看到，该股之后在高位出现横盘震荡走势，整个震荡期间成交呈现明显的大量成交，最终该股在 2020 年 8 月 20 日创出 12.96 元最高价。观察此时的筹码分布图可以发现，下方低位筹码基本消失，低位筹码快速转移到高位并形成密集峰，说明主力已经派发完成，之后迎来的将是深幅下跌行情，此时投资者要果断清仓出局。

从后市的走势来看，该股之后快速跌破震荡低位，高位筹码峰对股价形成了强大的压力，之后股价经历了一波长时间的大幅下跌行情。